普通高等职业教育"十三五"规划教材

财经法规与会计职业道德
第二版

刘翠屏 主　编
彭　婷　任　璐　阳慧玲 副主编
詹桂芬　李晓健　范　丽　王　艳 参　编
　　　　　张　莉　郑和斌

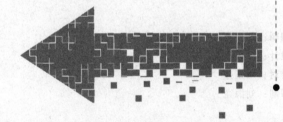

清华大学出版社
北京

内 容 简 介

2017年，财政部取消了会计从业资格证考试，《财经法规与会计职业道德》不再作为考证科目。然而撇开之前的考证科目属性，从课程内容本身来讲，《财经法规与会计职业道德》专门针对会计从业人员上岗前必备的会计核算、支付结算、税费计算、财政预决算处理技能以及会计从业人员必须遵循的爱岗敬业等会计职业道德进行的内容设计与安排，其内容的针对性及实用性，使在后会计从业资格证考试时代仍然意义非凡。本书编写组依照《财经法规与会计职业道德》的职业技能、职业道德两大属性，安排了会计法律制度、支付结算法律制度、税收法律制度、财政法律制度、会计职业道德五部分内容，融合了2019年增值税、个人所得税调整等最新财税内容，充分体现了"案例说法论德、税法时效性强、课岗融通"的课程改革思想，也兼顾了本书的学术性与趣味性。

本书封面贴有清华大学出版社防伪标签，无标签者不得销售。
版权所有，侵权必究。举报：010-62782989，beiqinquan@tup.tsinghua.edu.cn。

图书在版编目（CIP）数据

财经法规与会计职业道德/刘翠屏主编. —2版. —北京：清华大学出版社，2019（2022.1重印）
（普通高等职业教育"十三五"规划教材）
ISBN 978-7-302-52679-7

Ⅰ. ①财… Ⅱ. ①刘… Ⅲ. ①财政法-中国-高等职业教育-教材 ②经济法-中国-高等职业教育-教材 ③会计人员-职业道德-高等职业教育-教材 Ⅳ. ①D922.2 ②F233

中国版本图书馆CIP数据核字（2019）第059273号

责任编辑：刘志彬
封面设计：汉风唐韵
责任校对：宋玉莲
责任印制：刘海龙

出版发行：清华大学出版社
网　　址：http://www.tup.com.cn，http://www.wqbook.com
地　　址：北京清华大学学研大厦A座　　邮　　编：100084
社 总 机：010-62770175　　邮　　购：010-62786544
投稿与读者服务：010-62776969，c-service@tup.tsinghua.edu.cn
质量反馈：010-62772015，zhiliang@tup.tsinghua.edu.cn

印 装 者：三河市吉祥印务有限公司
经　　销：全国新华书店
开　　本：185mm×260mm　　印　张：17　　字　数：403千字
版　　次：2016年2月第1版　2019年8月第2版　印　次：2022年1月第5次印刷
定　　价：48.00元

产品编号：083085-01

Preface 前言

2017年,财政部取消了会计从业资格证考试,《财经法规与会计职业道德》不再作为一门考证科目,去掉了其作为考证科目的属性。

从课程内容本身来讲,《财经法规与会计职业道德》专门针对会计从业人员上岗前必备的会计核算、支付结算、税费计算、财政预决算处理技能以及会计从业人员必须遵循的爱岗敬业等会计职业道德进行的内容设计与安排,内容的针对性及实用性,使其在后会计从业资格证考试时代仍然意义非凡。

本书编写组依照《财经法规与会计职业道德》的职业技能、职业道德两大属性,安排了会计法律制度、支付结算法律制度、税收法律制度、财政法律制度、会计职业道德五部分内容,提高学生对会计岗位的实际处理能力,规范会计工作行为,提高对会计业务、支付结算、税务、政府采购等财经业务的合法性判断以及法律后果的预判能力,培养学生良好的会计职业道德。本书具有三大鲜明特色:

(1) 案例说法论德。在每节内容中引入丰富的案例,以切实培养学生对财经业务的合法性分析与处理能力,规范学生的会计工作行为,培养良好的会计职业道德。在选用案例之时,既考虑内容上的针对性,又以图文并茂的方式增强书中的趣味性,以此解决《财经法规与会计职业道德》内容枯燥之难题。

(2) 习题突破重难点。认真研究会计人员的职业知识点、技能点,准确把握重点、难点,在书中安排了经典题目,在学习指南中安排了精讲与配套习题与之配合,帮助学生全面掌握相关知识点、技能点。

(3) 时效性与实用性。实时跟进税法变化,按照2019年最新税法,全面融合了2019年增值税税率调整及统一小规模纳税人标准的内容、个人所得税调整等最新财税内容,并进行修改前后的比对,极大增强了本书的时效性。

本书的编写历时三年，经过了会计专业人士以及法律人士的多次论证与修改，充分体现了"案例说法论德、经典习题破难、税法时效性强、课岗融通"的课程改革思想，且以图文并茂等形式兼顾了本书的学术性与趣味性。当然，由于编者水平有限，在本书的编写过程中，难免会出现一些疏漏和错误之处，恳请广大读者批评指正。

欢迎大家下载云课堂智慧职教APP，加入刘翠屏老师的免费湖南省精品在线课程《财经法规与会计职业道德》学习，本课程资源上配备了详细且好看的课件、学习详案、视频、动画、专题、章节作业和测试，最后有考试，学习效果有保障。

如果之前已有智慧职教账号，也下载了云课堂智慧职教APP，只需打开APP登录账号，在MOOC学院课程中搜索刘翠屏老师的《财经法规与会计职业道德》课程并加入该课程即可参与学习，或直接复制网址（https://mooc.icve.com.cn/course.html?cid=CJFCS381370）此链接加入课程学习。

编 者

Contents 目 录

第一章 会计法律制度

第一节 会计法律制度 ……………………………………………………… 1
第二节 会计工作管理体制 ………………………………………………… 8
第三节 会计核算 …………………………………………………………… 18
第四节 会计监督 …………………………………………………………… 38
第五节 会计机构和会计人员 ……………………………………………… 52
第六节 法律责任 …………………………………………………………… 63

第二章 支付结算法律制度

第一节 现金结算 …………………………………………………………… 72
第二节 支付结算概述 ……………………………………………………… 76
第三节 银行结算账户 ……………………………………………………… 81
第四节 票据结算方式 ……………………………………………………… 96
第五节 银行卡 ……………………………………………………………… 113
第六节 其他结算方式 ……………………………………………………… 116

第三章 税收法律制度

第一节 税收概述 …………………………………………………………… 123
第二节 主要税种 …………………………………………………………… 129
第三节 税收征收管理 ……………………………………………………… 171

第四章　财政法律制度

第一节　预算法律制度 …………………………………………………… 193
第二节　政府采购法律制度 ……………………………………………… 207
第三节　国库集中收付制度 ……………………………………………… 218

第五章　会计职业道德

第一节　会计职业道德概述 ……………………………………………… 226
第二节　会计职业道德规范的主要内容 ………………………………… 235
第三节　会计职业道德教育 ……………………………………………… 248
第四节　会计职业道德建设组织与实施 ………………………………… 254
第五节　会计职业道德的检查与奖惩 …………………………………… 258

参考文献 ……………………………………………………………………… 265

第一章 会计法律制度
Chapter 1

>>> 教学目的与要求

1. 了解会计工作管理体制的四个方面的内容，了解会计监督过程中的权利和义务。
2. 理解会计法律制度构成的四个层次的内容，理解代理记账的相关规定、会计人员回避制度的主要内容。
3. 掌握会计核算的基本要求、内容、会计年度、记账本位币、填制会计凭证的要求、会计账簿的规定、会计处理方法、编制财务会计报告的基本规定、会计档案保管基本要求、特别规定。
4. 掌握会计监督的构成、会计机构设置的形式、会计机构负责人（会计主管人员）的任职资格、总会计师的任职条件、会计专业职务与会计专业技术资格的有关规定。
5. 掌握会计工作的交接的程序与交接内容。
6. 掌握违反会计法律法规的法律责任。
7. 规范学生会计工作的相关行为。
8. 加强学生会计工作的法律意识。

第一节 会计法律制度

案例导入

如果有人说，只要动动手、笔尖轻松写下几个字，就能一次进财几万元甚至几十万元，你信吗？生活中就有人做到了，然而，代价也是惨痛的。

据检察机关指控，报账员王荣看到别人花钱大手大脚时，羡慕不已，并决定利用单位报账管理漏洞套取公款。在不到4年时间里，通过虚开报销发票或自制费用单，并冒充领导签名，贪污135万余元。该报账员被控贪污罪，在法院开庭受审过程中，她表示不了解会计法律制度，不知道自己触犯了法律。

案例思考：我国现行会计法律制度有哪些？会计人员要了解些什么呢？

分析与提示：我国现行会计法律制度有会计法律、会计行政法规、会计部门规章和地方性会计法规等内容，会计人员需要掌握会计法律制度的内容与规定，严格遵守各项法律法规。

一、法的含义及特征

(一) 含义

法，是由国家制定或认可，并由国家强制力保证实施的，由物质生活条件决定的，反映掌握国家政权的统治阶级意志，规定人们在社会关系中的地位、权利和义务，确认、维护和发展有利于统治阶级的社会关系和社会秩序的规范系统。

▶ 1. 狭义的法律

狭义的法律专指拥有立法权的国家机关依照立法程序制定和颁布的规范性文件。

▶ 2. 广义的法律

广义的法律指法的整体，即国家制定或认可并由国家强制力保证实施的各种行为规范的总和。

(二) 特征

法的特征如下。

(1) 法是经过国家制定或认可才得以形成的规范。

(2) 法凭借国家强制力的保证而获得普遍遵行的效力。

(3) 法是确定人们在社会关系中的权利和义务的行为规范。

(4) 法是明确而普遍适用的规范。

【经典习题·判断题】法是特定的国家机关按照特定的方式发布的规范性文件，因此并不是国家发布的任何文件都是法。（　　）

【正确答案】√。

二、法的本质及作用

(一) 本质

法的本质由物质生活条件决定，反映一定社会阶段经济、政治、文化生活发展要求，并上升为国家统治阶级的意志。

【经典习题·判断题】法的本质是由物质生活条件决定，反映社会经济、政治、文化生活发展要求，并上升为国家统治阶级的意志。（　　）

【正确答案】√。

(二) 作用

概括起来，法的作用有两大方面。

(1) 法是实现统治阶级意志和国家权力运行的具体手段和表现。

(2) 法体现社会经济基础的现状并反映社会经济基础的具体要求。有什么样的经济基础就产生什么性质的法律，而法律一旦产生就必然为其赖以产生的经济基础服务。

三、法的分类

（一）根据立法机关的不同

▶ 1. 狭义的法

狭义的法指由国家立法机关（仅指全国人民代表大会或全国人民代表大会常务委员会——国家最高权力机关）按照立法程序制定和颁布的规范性文件，如《会计法》。

▶ 2. 广义的法

广义的法除包括狭义的法外，还包括由国家政权机关制定的所有行为规则，如各种法令、命令、条例、决议、指示、规则、办法、章程等。

（二）根据法律效力、内容和制定程序的不同

▶ 1. 根本法

根本法指宪法，在一个国家的法律体系中具有最高地位和效力，其内容一般规定国家的基本制度、公民的基本权利和义务、主要国家机关的构成和职权等根本问题。

【经典习题·单选题】规定国家的基本制度、公民的基本权利和义务、主要国家机关的构成和职权等问题的法是(　　)。

A. 根本法　　　　B. 普通法　　　　C. 程序法　　　　D. 狭义的法

【正确答案】A。

▶ 2. 普通法

普通法指《宪法》以外的其他法律，其法律地位与效力低于《宪法》，不得与《宪法》相抵触。它的制定和修改程序比《宪法》简单。

（三）根据法的内容不同

▶ 1. 实体法

实体法指规定主要权利和义务的法律，如《民法》《刑法》《公司法》等。

▶ 2. 程序法

程序法是指为保证实体法所规定的权利和义务的实现而制定的诉讼程序的法律，也叫诉讼法，如《民事诉讼法》《刑事诉讼法》《行政诉讼法》等。

【经典习题·单选题】根据法的内容不同来划分，行政诉讼法属于(　　)。

A. 狭义的法　　　B. 程序法　　　　C. 实体法　　　　D. 普通法

【正确答案】B。

四、我国法律体系的层次与效力

（一）特点

法律体系是指一国现行的全部法律规范按照不同的法律部门分类组合而形成的一个呈体系化的有机联系的统一整体。从一般意义上讲，法律体系具有统一性、稳定性、程序性与开放性的特点。

（二）我国的法律体系

我国的法律体系包括七个门类、三个层次。

▶ 1. 七个门类

七个门类包括宪法及宪法相关法、民商法、经济法、行政法、社会法、刑法、诉讼法和非诉讼法。

知识窗

宪法是国家的根本大法，它规定了国家的根本任务和根本制度，以及公民的基本权利义务等内容，是建设中国特色社会主义的根本法制保障。宪法相关法则是依据宪法制定的，带有宪法内容的普通法律，如选举法、代表法、特别行政区基本法等，分别具体地规定有关国家机关的组成、产生、活动、权限和责任等。

民法是调整作为平等主体的公民之间、法人之间、公民和法人之间等的财产关系和人身关系的法律。单行民事法律主要有《合同法》《担保法》《婚姻法》《继承法》《收养法》《商标法》《专利法》《著作权法》等。此外还包括一些单行的民事法规，如《著作权法实施条例》、《商标法实施细则》等。商法是调整平等主体之间的商事关系或商事行为的法律。从表现形式看，我国的商法包括《公司法》《证券法》《票据法》《保险法》《企业破产法》《海商法》等。民法规定的有关民事关系的很多概念、规则和原则也通用于商法。从这一意义讲，我国实行"民商合一"的原则。

经济法是调整国家在经济管理中发生的经济关系的法律。经济法这一法律部门的表现形式包括有关企业管理的法律，如《全民所有制工业企业法》《中外合资经营企业法》《外资企业法》《中外合作经营企业法》《乡镇企业法》等；有财政、金融和税务方面的法律、法规，如《中国人民银行法》《商业银行法》《个人所得税法》《税收征收管理法》等；有关宏观调控的法律、法规，如《预算法》《统计法》《会计法》《计量法》等；有关市场主体、市场秩序的法律、法规，如《产品质量法》《反不正当竞争法》《消费者权益保护法》等。

行政法是调整国家行政管理活动中各种社会关系的法律规范的总和。它包括规定行政管理体制的规范，确定行政管理基本原则的规范，规定行政机关活动的方式、方法、程序的规范，规定国家公务员的规范等。我国一般行政法方面的规范性文件较少，主要有《行政复议法》《行政处罚法》《行政监察法》《政府采购法》《国家公务员暂行条例》等。

社会法是我国近年来在完善市场经济法律体系，落实科学发展观、构建社会主义和谐社会的历史大潮中应运而生的新兴法律门类和法律学科。社会法的主旨在于保护公民的社会权利，尤其是保护弱势群体的利益。《劳动法》《劳动合同法》《工会法》《未成年人保护法》《老年人权益保障法》《妇女权益保障法》《残疾人保障法》《矿山安全法》《红十字会法》《公益事业捐赠法》《消费者权益保护法》等都属于社会法。

刑法是规定犯罪和刑罚的法律，是当代中国法律体系中一个基本的法律部门。在人们日常生活中，刑法也是最受人关注的一种法律。刑法这一法律部门中，占主导地位的规范性文件是刑法，一些单行法律、法规的有关条款也可能规定刑法规范（如《文物保护法》中有关文物犯罪的准用性条款的内容）。

诉讼与非诉讼程序法是调整因诉讼活动和非诉讼活动而产生的社会关系的法律规范的总和。它包括民事诉讼、刑事诉讼、行政诉讼和仲裁等方面的法律。同时，《律师法》《法官法》《检察官法》《仲裁法》《监狱法》等法律的内容也大体属于这个法律部门。

2. 三个层次

以宪法为统帅，法律为主干，包括行政法规、地方性法规、自治条例和单行条例等规范性文件。按照法律效力从高到低排列如下。

宪法，是由全国人民代表大会制定，具有最高的法律效力，一切法律、行政法规、地方性法规、自治条例和单行条例、规章都不得与宪法相抵触。

法律，由全国人民代表大会及其常设机构制定的规范性文件。法律的效力高于行政法规、地方性法规、规章。

行政法规，是指国务院根据并为实施宪法和法律而制定的关于国家行政管理活动方面的规范性文件。行政法规的效力高于地方性法规、规章。

地方性法规、自治条例和单行条例，是指由省、自治区、直辖市的人民代表大会及其常务委员会、较大的市的人大及其常委会（需报省、自治区的人大常委会批准后施行），在与宪法、法律、行政法规不相抵触的前提下，根据地区情况制定、发布的规范性文件。地方性法规的效力高于本级和下级地方政府规章。

行政规章，是指国务院各管理部门和地方人民政府在其职权范围内依法制定、发布的规范性文件。行政规章区分为部门规章和地方规章两种。国务院各部、委员会、中国人民银行、审计署和具有行政管理职能的直属机构，可以根据法律和国务院的行政法规、决定、命令，在本部门的权限范围内，制定部门规章。部门规章之间、部门规章与省、自治区、直辖市人民政府规章之间具有同等效力，在各自的权限范围内施行。省、自治区的人民政府制定的规章的效力高于本行政区域内的较大的市的人民政府制定的规章。

法 律 位 阶

所谓法律位阶，是指每一部规范性法律文本在法律体系中的纵向等级。法的效力位阶，是指不同国家机关制定的规范性文件在法律渊源体系中所处的效力位置和等级。

在法的位阶中处于不同或相同的位置和等级，其效力也是不同或相同的，据此，可以分为上位法、下位法和同位法。上位法，是指相对于其他规范性文件，在法的位阶中处于较高效力位置和等级的那些规范性文件。下位法，是指相对于其他规范性文件，在法的位阶中处于较低效力位置和等级的那些规范性文件。同位法，是指在法的位阶中处于同一效力位置和等级的那些规范性文件。下位阶的法律必须服从上位阶的法律，所有的法律必须服从最高位阶的法。

我国《立法法》根据法的效力原理规定了法的位阶问题，详细规定了属于不同位阶的上位法与下位法和属于同一位阶的同位法之间的效力关系，如图1-1所示。

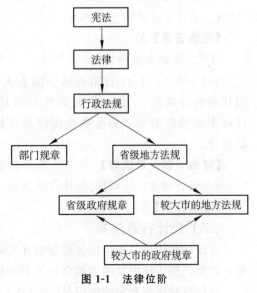

图 1-1 法律位阶

五、会计法律制度的概念

会计法律制度是指国家权力机关和行政机关制定的,用以调整会计关系的各种法律、法规、规章和规范性文件的总称。

会计关系是指会计机构和会计人员在办理会计事务过程中,以及国家在管理会计工作过程中发生的各种经济关系。

【经典习题·单选题】(　　)是指调整经济关系中各种会计关系的法律规范。

A. 会计法律制度　　B. 会计行政法规　　C. 会计制度　　D. 会计规章

【正确答案】A。

六、我国会计法律制度的构成

我国会计法律制度主要包括会计法律、会计行政法规、会计部门规章和地方性会计法规。

(一) 会计法律

会计法律是指由全国人民代表大会及其常务委员会经过一定立法程序制定的有关会计工作的法律。我国目前有两部会计法律,分别是《中华人民共和国会计法》(以下简称《会计法》)和《中华人民共和国注册会计师法》(以下简称《注册会计师法》)。

▶ 1.《会计法》

《会计法》于1985年1月21日由第六届全国人民代表大会常务委员会第九次会议通过,1993年、1999年和2017年全国人大常委会三次对《会计法》作了修订。目前施行的是于2017年11月4日第十二届全国人大常委会第三十次会议表决通过了关于修改《会计法》的决定之后,自2017年11月5日起施行的《会计法》,共七章五十二条,主要对会计工作总的原则、会计核算、会计监督、会计机构和会计人员以及法律责任等做了详细规定。

【经典习题·单选题】我国会计法律制度中层次最高的法律法规是(　　)。

A. 会计法　　　　　　　　　　B. 注册会计师法

C. 会计法、注册会计师法　　　D. 总会计师条例

【正确答案】A。

▶ 2. 注册会计师法

1993年10月31日第八届全国人大常委会第四次会议修订通过了《中华人民共和国注册会计师法》。该法主要对注册会计师行业管理体制、注册会计师考试和注册会计师事务所组织形式和业务范围以及法律责任等做了详细规定,是我国中介行业第一部法律。

【经典习题·单选题】《中华人民共和国注册会计师法》属于(　　)。

A. 会计法律　　B. 会计行政法规　　C. 会计规章　　D. 会计规范性文件

【正确答案】A。

(二) 会计行政法规

会计行政法规是指由国务院制定并发布,或者国务院有关部门拟定并经国务院批准发布,调整经济生活中某些方面会计关系的法律规范。

会计行政法规制定的依据是《会计法》,会计行政法规的效力仅次于会计法律。

当前行使的会计行政法规仅《总会计师条例》和《企业财务会计报告条例》两部。

▶ 1.《总会计师条例》

国务院于 1990 年 12 月 31 日以第 72 号令颁布的《总会计师条例》，细化和补充《会计法》中的关于总会计师的规定，共分五章二十三条，主要规定了单位总会计师职责、权限、任免、奖惩等。该条例规定了国有大、中型企业及国有资产占控股地位或主导地位的大、中型企业，必须设置总会计师。

▶ 2.《企业财务会计报告条例》

国务院于 2000 年 6 月 21 日以第 287 号令颁布发布的《企业财务会计报告条例》，自 2001 年 1 月 1 日起施行，细化和补充《会计法》中的有关财务会计报告的规定，共分六章四十六条，主要规定了企业财务会计报告的构成、编制和对外提供的要求、法律责任等。

【经典习题·单选题】2000 年国务院以第 287 号令颁布的会计法律制度是（   ）。

A. 会计法　　　　　　　　　　B. 会计从业资格管理办法
C. 总会计师条例　　　　　　　D. 企业财务会计报告条例

【正确答案】D。

（三）会计部门规章

会计部门规章是指国家主管会计工作的行政部门即财政部以及其他相关部委根据法律和国务院的行政法规、决定、命令，在本部门的权限范围内制定的、调整会计工作中某些方面内容的国家统一的会计准则制度和规范性文件，包括国家统一的会计核算制度、会计监督制度、会计机构和会计人员管理制度及会计工作管理制度等。国务院其他部门根据其职责权限制定的会计方面的规范性文件也属于会计部门规章，但必须报国务院财政部门审核或备案。

会计部门规章的具体形式也较多，如 2001 年 2 月 20 日以财政部第 10 号令形式发布的《财政部门实施会计监督办法》，2005 年 1 月 22 日以财政部第 26 号、第 27 号令发布，于同年 3 月 1 日起实施的《会计从业资格管理办法》《代理记账管理办法》等。除此之外，由国务院财政部门制定并发布的《企业会计制度》《金融企业会计制度》《小企业会计准则》《企业会计准则——基本准则》《行政单位会计制度》《会计基础工作规范》等也属于会计部门规章。

【经典习题·单选题】《会计基础工作规范》属于（   ）。

A. 会计法　　　　　　　　　　B. 会计部门规章
C. 会计行政法规　　　　　　　D. 地方性法规

【正确答案】B。

（四）地方性会计法规

地方性会计法规是指由省、自治区、直辖市人民代表大会或常务委员会在同宪法、会计法律、行政法规和国家统一的会计准则制度不相抵触的前提下，根据本地区情况制定发布的关于会计核算、会计监督、会计机构和会计人员以及会计工作管理的规范性文件。

根据规定，实行计划单列管理的计划单列市、经济特区的人民代表大会及其常委会在宪法、法律和行政法规允许范围内制定、实施的有关会计工作的规范性文件，也属于地方性会计法规。

【经典习题·单选题】（   ）是由省、自治区、直辖市人大及其常务委员会制定发布的。

A. 行政法规　　　B. 地方性法规　　　C. 法律　　　D. 宪法

【正确答案】B。

案情简介

某上市公司财务部经理在组织会计人员学习会计法规知识的讨论会上说:"《会计法》是从事财务会计工作的根本规范,我们一定要认真学习贯彻好《会计法》。此外,只要认真执行会计行政法规和《企业会计准则》,坚持会计人员职业道德,就能把会计服务企业、服务经济的工作做好。"

案例思考: 请分析这位上市公司财务部经理的讲话是否正确,说明原因。

分析与提示: 该上市公司财务部经理的讲话不完全正确。会计工作贯彻执行《会计法》、会计行政法规和坚持会计人员职业道德是正确的。此外,还要执行会计部门规章和地方性会计法规,而《企业会计准则》只是会计部门规章的部分内容。

复习思考题

1. 我国法律规范有哪些层次?其法律效力如何?
2. 我国会计法律制度由哪些内容构成?各自法律效力如何?
3. 我国各层次的会计法律制度由哪些机关制定?其文件形式有何特点?
4. 《会计从业资格管理办法》《会计档案管理办法》属于哪个层次的会计法律制度?

第二节　会计工作管理体制

案例导入

风行公司业绩持续下滑,亏损情况不断加剧,财务经理对此电话请示在外度假的董事长。董事长表示近期会有一家大型投资机构来考察,暗示把财务报表做得漂亮。

此事被查处后,董事长认为:"我前段时间不在公司,对公司情况不太了解,对会计事项也不专业,虽然签名并盖了章,但只是在履行会计手续,我不应该负责。"

案例思考: 谁是风行公司的单位负责人?谁

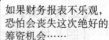

应该对此负责?

分析与提示: 董事长是风行公司的单位负责人,应该对本单位的会计工作和会计资料的真实性、完整性负责。

一、会计工作管理体制

(一) 内涵

会计工作管理体制是划分管理会计工作职责权限关系的制度,包括会计工作管理组织形式、管理权限划分、管理机构设置等内容。

(二) 范围

目前,我国形成了会计工作的行政管理、会计工作的自律管理和单位内部会计工作管理协调发展的会计工作管理体制。

(三) 内容

我国的会计工作管理体制,主要包括五个方面内容:一是明确会计工作的主管部门;二是明确国家统一的会计制度的制定权限;三是明确对会计工作监督检查的部门和监督检查的范围;四是明确对会计人员的管理内容;五是明确单位内部会计工作管理。

二、会计工作的行政管理

(一) 国务院财政部门主管全国的会计工作

▶ 1. 会计工作的主管部门

根据《会计法》的规定,国务院财政部门主管全国的会计工作,县级以上地方各级人民政府财政部门管理本行政区域内的会计工作。这就明确了由财政部门主管会计工作的管理体制,并要求会计工作行政管理体制遵循"统一领导,分级管理"的原则。

【经典习题·单选题】在我国代表国家对会计工作行使职能的政府部门是(   )。

A. 财政部门   B. 国务院   C. 审计部门   D. 税务部门

【正确答案】A。

▶ 2. 国务院财政部门主管会计工作的职责

国务院财政部门主管会计工作的职责如下。

(1) 拟定有关加强会计工作管理的法律、法规草案,制定和执行财政、财务、会计管理的规章制度。

(2) 研究、拟定有关加强会计工作管理的方针、政策。

(3) 制定国家统一的会计制度。

(4) 拟定和监督执行会计规章制度、企业会计准则,制定和监督执行政府总预算、行政和事业单位及行业会计制度,指导和监督注册会计师和会计师事务所业务。

(5) 审批、指导和管理社会审计机构,审批外国会计公司驻华代表机构的设置。

(6) 审批国务院有关部门依照《会计法》和国家统一的会计制度制定的,对会计核算和会计监督有特殊要求的行业,实施国家统一的会计制度的具体办法或者补充规定。

(7) 对国家机关、社会团体、企事业单位和其他组织执行会计法律、法规和国家统一的会计制度的情况实施监督检查。

(8) 对违反会计法律、法规和国家统一的会计制度的行为,依法予以处罚等。

(二)县级以上政府财政部门管理本行政区域内的会计工作

地方各级人民政府财政部门的职责主要包括会计人员准入、上岗培训、继续教育、技术职称管理等。当然也要配合财政部及其他有关部门。

(三)业务主管部门和其他政府管理部门在监管会计工作中的作用

《会计法》规定:"财政、审计、税务、人民银行、证券监管、保险监管部门应当依照法律、行政法规规定的职责,对有关单位的会计资料实施监督检查。"

另外,国务院各业务主管部门的财务会计机构,对其所属单位的会计工作负有指导、管理、监督的责任。

(四)财政部门履行的会计行政管理职能

▶ 1. 制定国家统一的会计准则制度

制定和组织实施国家统一的会计准则制度是财政部门管理会计工作的一项最基本的职能。《会计法》规定:"国家实行统一的会计制度。国家统一的会计制度由国务院财政部门据本法制定并公布。国务院有关部门可依照本法和国家统一的会计制度制定对会计核算和会计监督有特殊要求的行业实施国家统一的会计制度的具体办法或者补充规定,报国务院财政部门审核批准。中国人民解放军总后勤部可以依据本法和国家统一的会计制度制定军队实施国家统一的会计制度的具体办法,报国务院财政部门备案。"

【经典习题·单选题】我国财政部门履行会计行政管理的最基本职能是( )。

A. 会计监督检查
B. 会计专业人才评价
C. 会计市场管理
D. 制定和组织实施国家统一的会计准则制度

【正确答案】D。

▶ 2. 会计市场管理

我国财政部门对会计市场管理包括会计市场的准入管理、会计市场的过程管理、会计市场的退出管理三个部分。

(1)准入管理。会计市场准入管理,是指财政部门对从事会计工作的资格、注册会计师资格的取得及代理记账机构的设立、注册会计师事务所的设立等进行的条件设定。这是对会计人员从事会计工作的准入要求,由我国县级以上财政部门进行管理。

新《会计法》规定,从事会计工作的人员,应当具备从事会计工作所需要的专业能力。从事社会审计的人员必须具有注册会计师资格。代理记账机构应当经所在地的县以上人民政府财政部门批准设立,并取得由财政部统一印制的代理记账许可证。会计师事务所的设立应当经所在地的省级以上人民政府财政部门批准设立,并取得由财政部统一印制的会计审计许可证。

【经典习题·单选题】财政部门对会计从业资格的取得进行的条件设定,称为( )。

A. 会计培训市场的管理 B. 会计市场准入管理
C. 会计市场运作管理   D. 会计市场退出管理

【正确答案】B。

(2)过程管理。会计市场过程管理,是指财政部门对获准进入会计市场的机构和人员,是否遵守各项法律法规,依据相关准则、制度和规范执行业务的过程及结果所进行的监督和检查。

对于获准进入会计市场的机构和人员是否持续符合相关的资格和条件,也属于会计市场过程管理的范畴。

【经典习题·单选题】对于获准进入会计市场的机构和人员是否持续符合相关的资格和条件,也属于(   )的范畴。

A. 会计培训市场管理　　　　　　B. 会计市场准入管理
C. 会计市场过程管理　　　　　　D. 会计市场退出管理

【正确答案】C。

(3) 退出管理。会计市场的退出管理,是指财政部门对在执业过程中有违反《会计法》《注册会计师法》行为的机构和个人进行处罚,情节严重的,可以撤回行政许可或者吊销其执业资格,强制其退出会计市场。

例如,持证人员有《会计法》第四十二条不依法设置会计账簿等违法违纪情形之一,情节严重的;或有第四十三条伪造、变造会计凭证、会计账簿,编制虚假财务会计报告的行为、第四十四条隐匿或故意销毁依法应当保存的会计资料的,五年内不得从事会计工作。

再如,《注册会计师法》规定,注册会计师协会应当将被予注册的人员名单报至国务院财政部门备案。国务院财政部门发现注册会计师协会的注册不符合本法规定的,应当通知有关的注册会计师协会撤销注册。已取得注册会计师证书的人员,注册后有违反《注册会计师法》规定的情形的,由被予注册的注册会计师协会撤销注册,收回注册会计师证书。

根据《代理记账管理办法》的规定,代理记账机构采取欺骗手段获得代理记账许可证书的,由审批机关撤销其代理记账资格。代理记账机构在经营期间达不到《代理记账管理办法》规定的设立条件的,由县级以上人民政府财政部门责令其在不超过 2 个月的期限内整改,逾期仍达不到规定条件的,由审批机关撤回代理记账资格等。

此外,对于会计出版市场、培训市场、境外资格的管理等也属于会计市场管理的范畴。

▶ **3. 会计专业人才评价**

对会计专业人才评价包括会计专业技术资格考试、会计行业领军人才的培养评价、对先进会计人员的表彰奖励和会计人员继续教育等内容。

(1) 会计专业技术资格分为初级、中级和高级三种级别的会计专业技术资格,由财政部门组织实施。高级会计师为高级职务,会计师为中级职务,助理会计师为初级职务。初级和中级会计资格的取得实行全国统一考试,高级会计资格的取得实行考试与评审相结合制度。

(2) 会计领军(后备)人才评价。财政部 2007 年制定了《全国会计领军(后备)人才培养十年规划》,在全国范围内有计划地按企业类、行政事业类、注册会计师类、学术类,争取用 10 年左右的时间培养 1000 名左右会计领军人才,担负会计行业的领军重任。

(3) 对先进会计人员的表彰和奖励。《会计法》规定,对认真执行会计法、忠于职守、坚持原则、做出显著成绩的会计人员,给予精神的或者物质的奖励。为了对先进会计人员的表彰奖励做到经常化、制度化,财政部制定了《全国先进会计工作者评选表彰办法》,明确了评选范围、条件和程序等。

广东省会计工作先进集体、先进会计人员奖励办法

第一条 为奖励忠于职守,做出显著成绩的会计工作先进集体、先进会计人员,发挥财会人员在经济管理工作中的作用,根据《中华人民共和国会计法》第四条第二款规定,制定本办法。

第二条 本办法适用于本省全民所有制的企业、事业单位、国家机关、社会团体和县以上集体所有制企业、事业单位的财务会计单位和会计人员。

第三条 凡坚持四项基本原则,认真执行《会计法》,并符合下列条件之一者,可分别由省、地、市、县、部门评选为会计工作先进集体或先进会计人员:

(一)认真贯彻《会计法》和成本管理条例,严格遵守财经纪律,执行财会制度,维护国家利益,保护社会主义公共财产表现突出的。

(二)认真履行会计人员职责,廉洁奉公,忠于职守,在搞好单位资金筹措、结算和运用管理,完善单位经济核算和会计监督制度,以及其他会计事务工作中事迹突出的。

(三)善于理财,积极参与本单位重大经济活动的预测、计划、控制、分析工作,促进增产节约、增收节支,降低物质消耗,提高经营效益成绩显著的。

(四)努力钻研会计业务,刻苦学习,自学成才,或在培训会计人员、提高在职会计人员的专业知识和专门技能工作中贡献突出的。

(五)在改革会计核算工作中有创新,或在会计理论研究、会计电算化等方面有所突破的。

第四条 各主管部门可结合年终工作总结,组织所属单位每年评比一次,对评选为会计工作先进集体和先进会计人员的,可给予精神奖励,并发给适当的奖励金。奖励金的额度为:先进集体二百元至三百元,先进个人一百元至二百元。奖励金来源:企业单位在企业奖励基金中开支,行政事业单位在预算包干经费结余中解决。

第五条 市、县人民政府或地区行政公署可根据具体情况,在各部门评比奖励的基础上,每二至三年召开一次会计工作先进集体和先进会计人员表彰大会,由本级人民政府(行政公署)授予称号,发给证书和适当的物质奖励。

第六条 地方各级会计工作先进集体和先进会计人员的评选、表彰奖励工作,由各级人民政府的财政部门统一组织和布置。

第七条 在一定时间召开全省会计工作先进集体和先进会计人员表彰奖励大会,具体办法由省财政厅另行制定。

第八条 会计工作先进集体和先进会计人员的评选、奖励工作,要严肃认真,不得弄虚作假。对弄虚作假的,撤销奖励,并追究评选单位负责人的责任。

第九条 本办法由省财政厅负责解释。各地区和省主管部门可根据本办法的精神,制定具体规定。

第十条 本办法自公布之日起施行。

(4)会计人员职业道德与业务素质。会计人员应当遵守职业道德,提高业务素质。对会计人员的后继教育和培训工作应当加强,不断提高会计人员的专业胜任能力,促进会计人员整体政治思想素质、业务能力和职业道德水平的提高，使之更好地适应社会主义市场经济发展要求。

会计人员继续教育是会计专业人才评价的又一重要内容。为了不断提高会计人员的专业胜任能力，促进会计人员整体素质的提高，我国规定会计人员应当参加继续教育。

【经典习题·多选题】财政部门在会计人员管理中的工作职责包括（　　）。
A. 会计从业资格管理　　　　　　　B. 会计专业技术职务资格管理
C. 追究违法会计人员的刑事责任　　D. 会计人员继续教育管理
【正确答案】A、B、D。

▶ 4. 会计监督检查

会计监督检查是对国家机关、社会团体、公司、企业、事业单位和其他组织（以下统称单位）执行《会计法》和国家统一的会计制度的行为实施监督检查以及对违法会计行为实施行政处罚。我国财政部门实施的会计监督检查包括会计信息质量检查和会计师事务所执业质量检查。

会计信息质量检查主要是综合治理会计信息失真问题，提高会计信息质量，是对自我监督的再监督。根据《会计法》的规定，财政部组织实施全国会计信息质量检查，县级以上人民政府财政部门组织实施本区域内的会计信息质量检查，并依法对违反《会计法》的行为实施行政处罚。

对会计师事务所执业质量检查主要是确保注册会计师客观公正地发挥审计鉴证作用，是对社会监督的再监督。根据《注册会计师法》的规定，财政部组织实施对全国会计师事务所执业质量检查，省、自治区、直辖市人民政府财政部门组织实施本区域内的会计师事务所职业质量检查，并依法对违反《注册会计师法》的行为实施行政处罚。

【经典习题·多选题】我国财政部门实施的会计监督检查包括（　　）。
A. 会计信息质量检查会计从业资格管理
B. 会计专业技术职务资格管理
C. 会计师事务所执业质量检查
D. 会计人员继续教育管理
【正确答案】A、C。

三、会计工作的自律管理

会计工作的自律管理是会计工作的行政管理的补充，是会计职业组织对整个会计职业的会计行为进行自我约束。会计工作的自律管理对督促会计人员依法开展会计工作、树立良好的行业风气、促进行业的发展具有重要意义。会计工作的自律管理主要包括中国注册会计师协会、中国会计学会和中国总会计师协会的行业自律管理。

（一）中国注册会计师协会

中国注册会计师协会（以下简称"中注协"）是依据《中华人民共和国注册会计师法》（以下简称《注册会计师法》）和《社会团体登记条例》的有关规定设立，在财政部党组和理事会领导下开展行业管理和服务的法定组织。注册会计师应当加入注册会计师协会。中国注册会计师协会是注册会计师行业的全国组织，省、自治区、直辖市注册会计师协会是注册会计师行业的地方组织。

中注协成立于1988年11月15日，分别于1996年10月和1997年5月加入亚太会计师联合会(CAPA)和国际会计师联合会(IFAC)，并与50多个境外会计师职业组织建立了友好合作和交往关系。中注协最高权力机构为全国会员代表大会，全国会员代表大会选举产生理事会。理事会选举产生会长、副会长、常务理事会，理事会设若干专门委员会和专业委员会。常务理事会在理事会闭会期间行使理事会职权。协会下设秘书处，为其常设执行机构。

中注协的主要职责如下。

(1) 审批和管理本会会员，指导地方注册会计师协会办理注册会计师注册。

(2) 拟定注册会计师执业准则、规则，监督、检查实施情况。

(3) 组织对注册会计师的任职资格、注册会计师和会计师事务所的执业情况进行年度检查。

(4) 制定行业自律管理规范，对会员违反相关法律法规和行业管理规范的行为予以惩戒。

(5) 组织实施注册会计师全国统一考试。

(6) 组织、推动会员培训和行业人才建设工作。

(7) 组织业务交流，开展理论研究，提供技术支持。

(8) 开展注册会计师行业宣传。

(9) 协调行业内、外部关系，支持会员依法执业，维护会员合法权益。

(10) 代表中国注册会计师行业开展国际交往活动。

(11) 指导地方注册会计师协会工作。

(12) 承担法律、行政法规规定和国家机关委托或授权的其他有关工作。

注册会计师行业发展现状

目前，全国具有注册会计师资质的人员超过25万人，全行业从业人员超过30万人。截至2014年12月31日，中注协有团体会员(会计师事务所)8295家，其中，有40家证券期货资格会计师事务所，获准从事H股企业审计业务的内地大型会计师事务所11家；个人会员超过20万人，其中，注册会计师99 045人，资深会员684人，名誉会员17人，非执业会员103 566人。注册会计师行业服务于包括2500余家上市公司在内的420万家以上企业、行政事业单位。2013年全行业业务收入达到563.21亿元，连续多年保持两位数的增长水平。

(二) 中国会计学会

中国会计学会创建于1980年，是财政部所属由全国会计领域各类专业组织，以及会计理论界、实务界专业人员自愿结成的学术性、专业性、非营利性社会组织，接受财政部和民政部的业务指导、监督和管理。省、自治区、直辖市、计划单列市注册会计师协会是其地方组织。

中国会计学会的业务范围如下。

(1) 组织协调全国会计科研力量，开展会计理论研究和学术交流，促进科研成果的推广和运用。

(2) 总结我国会计工作和会计教育经验，研究和推动会计专业的教育改革。

(3) 编辑出版会计刊物、专著、资料。
(4) 发挥学会的智力优势，开展多层次、多形式的智力服务工作，包括组织开展中高级会计人员培养、会计培训和会计咨询与服务等。
(5) 开展会计领域国际学术交流与合作。
(6) 发挥学会联系政府与会员的桥梁和纽带作用，接受政府和其他单位委托，组织开展有关工作。
(7) 其他符合学会宗旨的业务活动。

(三) 中国总会计师协会

中国总会计师协会是经财政部审核同意、民政部正式批准，依法注册登记成立的跨地区、跨部门、跨行业、跨所有制的非营利性国家一级社团组织，是总会计师行业的全国性自律组织。

中国总会计师协会成立于1990年5月，省、自治区、直辖市、计划单列市总会计师协会或研究会是地方性总会计师行业自律组织，依法接受地方有关部门的管理。协会现有十八个行业分会，基本上涵盖了各行各业。

中国总会计师协会的业务范围主要是培训认证、理论研究、信息交流、书刊编辑、国际合作、咨询服务。会员单位主体为国有重点大型企业、具有一定规模的民营企业及设置总会计师职位的行政事业单位。个人会员包括总会计师、首席财务官、财务总监、财务主管及直接以CFO命名的企业高管。协会主管单位、业务指导单位均是财政部。

【经典习题·判断题】在我国，中国注册会计师协会、中国会计学会和中国总会计师协会是会计工作的重要管理部门。（　　）

【正确答案】×。

四、单位内部的会计工作管理

单位内部的会计工作管理主要包括单位负责人的职责、会计机构的设置、会计人员的选拔任用、会计人员回避制度。

(一) 单位负责人的职责

▶ 1. 单位负责人的界定

单位负责人，是指单位法定代表人或者法律、行政法规规定代表单位行使职权的主要负责人。

单位负责人主要包括两类人员：一是单位的法定代表人（也称法人代表），是指依法代表法人单位行使职权的负责人，如国有工业企业的厂长（经理）、公司制企业的董事长、国家机关的最高行政官员等；二是依法代表非法人单位行使职权的负责人，如代表合伙企业执行合伙企业事务的合伙人、个人独资企业的投资人等。会计机构负责人不是单位负责人。

▶ 2. 单位负责人的职责

单位负责人是本单位会计行为的责任主体，其主要职责包括以下几方面。
(1) 对本单位的会计工作和会计资料的真实性、完整性负责。
(2) 组织领导会计机构、会计人员和其他人员严格遵守《会计法》的各项规定。

(3) 支持、保护、奖励敢于坚持原则，依法履行职责，抵制违法违纪行为的会计人员。

(4) 在财务会计报告上签名并盖章，并保证其真实、完整。

(5) 建立健全单位内部会计监督和内部控制制度。

(6) 保证会计机构、会计人员依法履行职责，不得授意、指使、强令会计机构、会计人员违法办理会计事项。

(7) 对发现账簿记录与实物、款项不符而会计机构、会计人员无权自行处理的报告做出查处决定，并对处理权限以外的会计事项负有上报、请求处理的责任。

(8) 如实向委托的注册会计师事务所提供资料，不得以任何方式要求或示意注册会计师出具不实或不当的审计报告。

(9) 组织本单位接受有关会计监督部门依法进行的监督。

(10) 依法设置会计机构和会计人员。

【经典习题·判断题】单位负责人为单位会计责任主体，就是说如果一个单位会计工作中出现违法违纪行为，单位负责人应承担全部责任。（　　）

【正确答案】×。

（二）会计机构的设置

单位是否需要设置会计机构取决于单位规模的大小、经济业务和财务收支的繁简以及经营管理的需要等因素。

（三）会计人员的选拔任用

新《会计法》第三十八条规定："会计人员应当具备从事会计工作需要的专业能力。担任单位会计机构负责人（会计主管人员）的，应当具备会计师以上专业技术职务资格或者从事会计工作三年以上经历。"

国有大、中型企业或者国有资产占主导或控股的大中型企业必须设置总会计师。总会计师的任职资格、任免程序、职责权限由国务院规定。设置总会计师的企业，不得再设置与总会计师职权重叠的副职。

【经典习题·判断题】某公司由于业务发展急需一名财务经理，经过层层选拔，选定了一位刚毕业但是业务能力突出的大学生担任财务经理一职。（　　）

【正确答案】×。

（四）会计人员回避制度

▶ 1. 回避制度

回避制度是指为了保证执法或者执业的公正性，对可能影响其公正性的执法或者执业的人员实行职务回避和业务回避的一种制度。

▶ 2. 范围

《会计基础工作规范》第十六条规定："国家机关、国有企业、事业单位任用会计人员应当实行回避制度。"

▶ 3. 内容

(1) 单位负责人的直系亲属不得担任本单位的会计机构负责人、会计主管人员。

(2) 会计机构负责人、会计主管人员的直系亲属不得在本单位会计机构中担任出纳工作。

需要回避的直系亲属包括配偶、直系血亲关系（父母子女、祖父母、外祖父母与孙子女、外孙子女）、三代以内旁系血亲（兄弟姐妹、叔侄等），以及近姻亲关系（岳父母与女婿、公婆与儿媳）。

血 缘 关 系

直系血亲关系，指有直接血缘关系的亲属，即生育自己和自己所生的上下各代亲属。前者如父母、祖父母、外祖父母；后者如子女、孙子女、外孙子女等，包括拟制血亲，如养父母与养子女，继父母与继子女。

三代以内旁系血亲，是指从自己上溯至同一血源的亲属，再向下数三代。例如，计算男方本人同表妹属于第几代旁系血亲，可先由个人经过母亲上溯至与表妹同一个血缘的外祖父母。外祖父母为第一代向下数至表妹的母亲，即本人的姨母为第二代，再向下数至表妹，为第三代。男方本人与表妹即属三代以内旁系血亲。按此计算，凡兄弟姐妹、表兄弟姐妹以及姑侄舅甥女等均属三代以内旁系血亲。血缘关系图如图1-2所示。

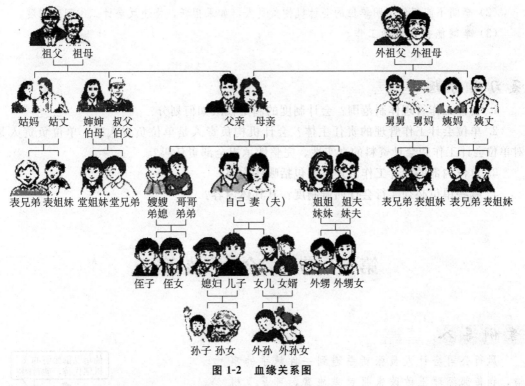

图1-2 血缘关系图

【经典习题·多选题】会计人员回避制度要求单位负责人的直系亲属不得担任本单位的（　　）。

A. 会计机构负责人　　　　　　　　B. 会计主管人员
C. 出纳　　　　　　　　　　　　　D. 销售会计

【正确答案】A、B。

案情简介

李朗大学会计专业毕业五年，先后考取了会计从业资格证、会计师，并在一家投资公司担任会计机构负责人，最近他所在的单位撤并，李朗赋闲在家，其兄李明

是某国有企业的老总，适逢该企业招聘会计机构负责人、出纳两个职位。

案例思考：

(1) 李朗是否具备会计机构负责人的任职资格？

(2) 李朗可否去李明单位担任会计机构负责人工作？如果担任，将违反会计工作的哪项制度？

(3) 李朗可否担任出纳工作？

分析与提示：

(1) 李朗具备会计机构负责人的任职资格。

(2) 李朗不能担任李明单位的会计机构负责人，如果担任，将违反会计工作回避制度。

(3) 李朗能担任出纳工作。

复习思考题

1. 会计工作管理体制范围？会计制度的制定权限如何划分？
2. 单位会计工作管理的责任主体？会计机构负责人是单位负责人吗？单位负责人是对单位会计工作和会计资料的真实性、完整性承担全部责任吗？
3. 单位内部的会计工作管理主要包括哪些内容？
4. 哪些单位必须实行会计回避制度？其具体内容？

第三节 会计核算

案例导入

风行公司会计人员张新手遇到一件棘手的事情，销售部经理王改改来报销差旅费，可是飞机票在回来时不慎弄丢了，王改改提出用他以前个人旅游的飞机票代替。

案例思考： 这个方案可行吗？会计人员应该怎么处理？

分析与提示： 不能代替。应该要求当事人写出详细情况，由会计机构负责人（会计主管人员）

和单位负责人批准后，代作原始凭证。

一、会计核算的总体要求

（一）会计核算依据

《会计法》第九条规定："各单位必须根据实际发生的经济业务事项进行会计核算，填制会计凭证，登记会计账簿，编制财务会计报告。任何单位不得以虚假的经济业务事项或者资料进行会计核算。"

根据实际发生的经济业务进行会计核算，是会计核算的重要前提，是填制会计凭证、登记会计账簿、编制财务会计报告的基础，是保证会计资料质量的关键，体现会计核算的真实性和客观性要求。

【经典习题·单选题】按照会计核算的真实性和客观性要求，各单位会计核算的依据必须是（　　）。

A. 原始凭证　　　　　　　　　B. 会计账簿
C. 记账凭证　　　　　　　　　D. 实际发生的经济业务

【正确答案】D。

（二）对会计资料的基本要求

▶ 1. 会计资料的生成和提供必须符合国家统一的会计准则制度的规定

会计资料（会计凭证、会计账簿、财务会计报告和其他会计资料），必须符合国家统一的会计制度的规定，保证会计资料的真实性和完整性。

会计资料的真实性是指会计资料所反映的内容和结果应当同单位实际发生的经济业务的内容及其结果相一致。

会计资料的完整性是指构成会计资料的各项要素必须齐全，必须如实、全面地记录和反映单位的经济活动情况。

【经典习题·单选题】会计资料的真实性是指（　　）。

A. 会计资料所反映的内容和结果应当同单位实际发生的经济业务的内容及其结果相一致
B. 构成会计资料的各项要素必须齐全，必须如实、全面地记录和反映单位的经济活动情况
C. 会计资料所反映的结果可与单位实际发生的经济业务的结果相一致
D. 会计资料所反映的内容不一定同单位实际发生的经济业务完全一致

【正确答案】A。

▶ 2. 提供虚假的会计资料是违法行为

《会计法》第十三条第三款规定："任何单位和个人不得伪造、变造会计凭证、会计账簿及其他会计资料，不得提供虚假的财务会计报告。"

（1）伪造会计资料，是指以虚假的经济业务事项为前提编造不真实的会计凭证、会计账簿和其他会计资料的行为。

【经典习题·单选题】某公司采购员张多要在采购办公用品过程中，伪造购物发票，多报销1000元。该行为属于（　　）。

A. 伪造会计凭证、会计账簿和其他会计资料

B. 变造会计凭证、会计账簿和其他会计资料

C. 编制虚假财务会计报告

D. 会计资料的不真实或不完整

【正确答案】 A。

(2) 变造会计资料，是指用涂改、挖补等手段来改变会计凭证、会计账簿等真实内容、歪曲事实真相的行为。

【经典习题·单选题】 某企业的现金出纳胡改改将一张报销凭证上的3000元金额涂改为8000元，属于（　　）。

A. 伪造会计凭证、会计账簿和其他会计资料

B. 变造会计凭证、会计账簿和其他会计资料

C. 编制虚假财务会计报告

D. 会计资料的不真实或不完整

【正确答案】 B。

(3) 编制虚假财务会计报告。是指通过编造虚假的会计凭证、会计账簿及其他会计资料或篡改财务会计报告上的数据，使财务会计报告不真实、不完整地反映真实财务状况和经营成果，借以误导、欺骗会计资料使用者的行为。

【经典习题·单选题】 某公司近期将迎来一位重要的战略投资者，公司会计主管何利好直接篡改财务会计报告中的收入与费用，借以吸引投资，该行为属于（　　）。

A. 伪造会计凭证、会计账簿和其他会计资料

B. 变造会计凭证、会计账簿和其他会计资料

C. 编制虚假财务会计报告

D. 会计资料的不真实或不完整

【正确答案】 C。

（三）会计核算的其他规定

▶ **1. 会计年度**

会计年度是以年度为单位进行会计核算的时间区间，是反映单位财务状况、核算经营成果的时间界限。通常情况下，一个单位的经营和业务活动，总是连续不断进行的，如果等到单位的经营和业务活动全部结束后，才核算财务状况和经营成果，既不利于单位外部利益关系方了解单位的经营情况，也不能满足企业自身经营管理的需要。因此，会计上就将连续不断的经营过程人为地划分为若干相等的时段，分段进行结算，分段编制财务会计报告，分段反映单位的财务状况和经营成果。这种分段进行会计核算的时间区间，会计上称为会计期间。

《会计法》规定，会计年度自公历1月1日起至12月31日止。

▶ **2. 记账本位币**

记账本位币是指用于日常登记账簿和编制财务会计报告时用以计量的货币。

《会计法》第十二条规定："会计核算以人民币为记账本位币。业务收支以人民币以外的货币为主的单位，可以选定其中一种货币作为记账本位币，但是编报的财务会计报告应当折算为人民币。"

记账本位币一经选定，不得随意变更。只有当企业主要经营业务发生根本性变化等特

殊情况下，在确有充分理由证明原有记账本位币已不再适应时，才能变更企业的记账本位币。一般应在新的会计年度开始时变更，并在变更年度的会计报告中做必要的说明。

▶ 3. 会计处理方法

会计处理方法包括会计确认、计量、记录和报告四个方面。具体操作中，通常包括收入确认方法、企业所得税的会计处理方法、存货计价方法、坏账损失的核算方法、固定资产折旧方法、编制合并会计报表的方法、外币折算的会计处理方法等。

采用不同的处理方法，都会影响会计资料的一致性和可比性，进而影响会计资料的使用。因此，《会计法》和国家统一的会计制度规定，各单位采用的会计处理方法前后各期应当保持一致，不得随意变更；确有必要变更的，应当按照国家统一的会计制度的规定进行变更，并将变更的原因、情况及影响，在财务会计报告中予以说明，以便于会计资料使用者了解会计处理方法变更及其对会计资料影响的情况。

【经典习题·多选题】下列各项中，属于会计处理方法的有（　　）。

A. 收入确认方法　　　　　　　　B. 固定资产折旧方法
C. 会计档案管理方法　　　　　　D. 坏账损失的核算方法

【正确答案】A、B、D。

▶ 4. 会计记录文字

《会计法》第二十二条规定："会计记录的文字应当使用中文。在民族自治地区，会计记录文字可以同时使用当地通用的一种民族文字。在中华人民共和国境内的外商投资企业、外国企业和其他外国组织的会计记录可以同时使用一种外国文字。"

要求统一使用中文进行会计记录，是因为中文是中国的正式语言，使用中文进行会计记录有利于保证会计核算资料的统一性。在这个前提下，为了适应某种实际需要，少数民族的文字或某种外国文字也可以与中文同时使用，但如果只用某种少数民族的文字或某种外国文字而不是与中文同时使用，则是不合规范的行为。

【经典习题·判断题】在中国境内设立的外商投资企业、外国企业可以使用选定的一种外国文字作为会计记录文字。（　　）

【正确答案】×。

▶ 5. 用电子计算机进行会计核算必须符合法律规定

使用电子计算机进行会计核算的，所使用的软件及其生成的会计凭证、会计账簿、财务会计报告和其他会计资料，必须符合国家统一的会计制度的规定，还应当符合国家有关规定。这方面的具体规定，主要包括财政部发布的《会计电算化管理办法》《会计电算化工作规范》《会计核算软件基本功能规范》等。

【经典习题·多选题】实行会计电算化的单位，所使用的会计软件及其生成的资料应当符合政府有关部门的规定，这些规定包括（　　）。

A. 《会计电算化管理办法》　　　　B. 《会计电算化工作规范》
C. 《会计档案管理办法》　　　　　D. 《会计核算软件基本功能规范》

【正确答案】A、B、D。

二、会计凭证

会计凭证是指记录经济业务发生或者完成情况的书面证明，是登记账簿的依据。填制、审核会计凭证是会计核算工作的首要工作。每个企业都必须按一定的程序填制和审核会计凭证，根据审核无误的会计凭证进行账簿登记，如实反映企业的经济业务。《中华人民共和国会计法》，对会计凭证的种类、取得、审核、更正等内容进行了规定。

会计凭证按照填制程序和用途，可分为原始凭证和记账凭证。

【经典习题·多选题】会计凭证按照其填制程序和用途，分为(　　)。

A. 原始凭证　　　　　　　　B. 复式记账凭证
C. 单式记账凭证　　　　　　D. 记账凭证

【正确答案】A、D。

（一）原始凭证

▶ 1. 原始凭证基本要素

原始凭证又名单据，是在经济业务发生时，由业务经办人员直接取得或者填制，用以表明某项经济业务已经发生或完成情况并明确有关经济责任的一种凭证。

《会计基础工作规范》规定，作为记账依据的原始凭证必须具备以下基本要素。

(1) 凭证的名称。

(2) 填制凭证的日期。

(3) 填制凭证单位的名称(加盖发票专用章或财务章)或者填制人的姓名。

(4) 经办人员的签名或盖章。

(5) 接收凭证单位的名称。

(6) 经济业务内容。

(7) 经济业务的数量、单价和金额。

此外，原始凭证一般还要载明凭证的附件和凭证的编号，如图1-3所示。

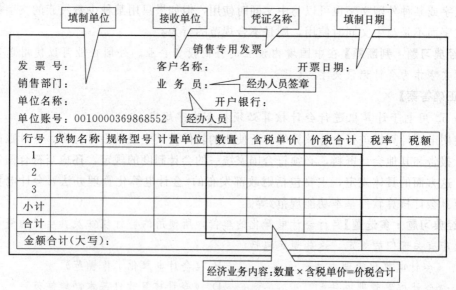

图1-3　销售专用发票

原始凭证是进行会计核算的原始资料和重要依据，要做到每一笔会计事项都有凭据，这是会计核算最基本的规范。因此，《会计法》规定，办理需要进行会计核算的经济业务事项，必须填制或取得原始凭证并及时送交会计机构。一般来说，为保证会计工作的正常进行和会计资料的真实、完整,原始凭证送交会计机构的时间最迟不应超过一个会计结算期。

【经典习题·判断题】原始凭证是对经济业务按其性质加以归类,确定会计分录,并据以登记会计账簿的凭证。（　　）

【正确答案】×。

▶ 2. 原始凭证的填制要求

(1) 记录要真实。原始凭证所填列的经济业务内容和数字,必须真实可靠,符合实际情况。

(2) 内容要完整。原始凭证所要求填列的项目必须逐项填列齐全,不得遗漏和省略。

(3) 手续要完备。单位自制的原始凭证必须有经办单位领导人或者其他指定的人员签名盖章；对外开出的原始凭证必须加盖本单位公章；从外部取得的原始凭证,必须盖有填制单位的公章；从个人取得的原始凭证,必须有填制人员的签名盖章。购买实物的原始凭证必须有验收证明。支付款项的原始凭证,必须有收款单位和收款人的收款证明。发生销货退回的,除填制退货发票外,还必须有退货验收证明；退款时,必须取得对方的收款收据或汇款银行的凭证,不得以退款发票代替收据。职工出差借款凭据,必须附在记账凭证之后。收回借款时应当另开收据或者退回借据副本,不得退还原借款凭据。

(4) 一式几联原始凭证,应当注明各联的用途,只能以一联作为报销凭证。一式几联的发票和收据,必须用双面复写纸(发票和收据本身具有复写功能的除外)套写,并连续编号。作废时应当加盖"作废"戳记,连同存根一起保存,不得撕毁。

(5) 书写要清楚、规范。原始凭证要按规定填写,文字要简要,字迹要清楚,易于辨认,不得使用未经国务院公布的简化汉字。

大小写金额必须相符且填写规范,小写金额用阿拉伯数字逐个书写,不得写连笔字。

在金额前要填写人民币符号"￥",人民币符号"￥"与阿拉伯数字之间不得留有空白。金额数字一律填写到角、分,无角、分的,写"00"或符号"—";有角无分的,分位写"0",不得用符号"—"。

大写金额用汉字壹、贰、叁、肆、伍、陆、柒、捌、玖、拾、佰、仟、万、亿、元、角、分、零、整等,一律用正楷或行书字书写。大写金额前未印有"人民币"字样的,应加写"人民币"三个字,"人民币"字样和大写金额之间不得留有空白。大写金额到元或角为止的,后面要写"整"或"正"字；有分的,不写"整"或"正"字。如小写金额为￥1008.00,大写金额应写成"壹仟零捌元整"。

(6) 编号要连续。如果原始凭证已预先印定编号,在写坏作废时,应加盖"作废"戳记,妥善保管,不得撕毁。

(7) 不得涂改、刮擦、挖补。原始凭证有错误的,应根据具体情况重开或更正。

(8) 填制要及时。各种原始凭证一定要及时填写,并按规定的程序及时送交会计机构、会计人员进行审核。

▶ 3. 原始凭证的审核内容

为了正确反映经济业务的执行和完成情况,发挥会计工作的监督作用,财会部门对各种原始凭证要进行严格的审查和核对。只有经过审核合格的原始凭证,才能作为编制记账凭证和登记账簿的依据。审核原始凭证是会计核算工作中必不可少的环节,是国家赋予财会人员的监督权限。原始凭证的审核内容主要包括原始凭证的真实性、合法性、准确性、完整性、合理性和及时性。

(1)真实性的审查。原始凭证是证明经济业务发生的依据,真实的原始凭证是保证会计信息真实性的基础,因此,对原始凭证进行审核时,首先要审核原始凭证的真实性,不真实的原始凭证不能办理会计程序。

(2)合法性的审查。对原始凭证的合法性的审核,是以国家的有关方针、政策、法令、规定等为依据,审查原始凭证所反映的经济业务是否合法,有无违反财经制度的行为,企业应当杜绝不合法的业务,自觉遵纪守法。

(3)准确性的审查。原始凭证上记录着经济业务的全貌,原始凭证的审核人员应检查有关数量、单价、金额是否正确无误,是否与实际业务一致。

(4)完整性的审查。对原始凭证完整性的审查是对审查原始凭证的内容和填制手续的完整性进行的审查。首先应审核原始凭证是否具备作为合法凭证所必须具备的基本内容;其次审核原始凭证上凭证的填写有无缺陷,有关人员是否已签名盖章等。

(5)合理性的审查。对原始凭证的合理性的审核,是比照企业的计划、预算及企业的生产经营目标进行的,通过对原始凭证的审核,检查各项业务活动是否按计划、预算办事,费用是否按成本开支范围开支,是否是合理的支出,是否具有经济效益。

(6)及时性的审查。经济业务发生后,业务经办人员应及时将原始凭证传递给会计部门进行处理,没有及时处理的经济业务会影响不同会计期间的会计信息的正确性,因此,原始凭证审核人员应检查原始凭证上记录的经济业务的发生时间。

经审核的原始凭证应根据不同情况处理:对于完全符合要求的原始凭证,应及时据以编制记账凭证入账;对记载不准确、不完整的原始凭证予以退回,并要求按照国家统一的会计制度的规定更正、补充;对不真实、不合法的原始凭证有权不予接受,并向单位负责人报告。

【经典习题·判断题】职工出差借款凭据,必须附在记账凭证之后作为记账依据。收回借款时另开收据或退回借据副本,不能退还原借款凭据。(   )

【正确答案】√。

▶ 4. 原始凭证的错误更正

原始凭证记载的各项内容均不得涂改、挖补。原始凭证有错误的,应当由出具单位重开或者更正,更正处应当加盖出具单位公章。原始凭证金额有错误的,应当由出具单位重开,不得在原始凭证上更正。

【经典习题·单选题】原始凭证金额有错误的,应当由出具单位(   )。

A. 更正,加盖原始凭证填制人印章　　B. 更正,加盖出具单位印章
C. 重开,不得在原始凭证上更正　　　D. 重开或者更正

【正确答案】C。

▶ 5. 对丢失原始凭证的处理

从外单位取得的原始凭证如有遗失,应当取得原开出单位盖有公章的证明,并证明原来凭证的号码、金额和内容等,由经办单位会计机构负责人(会计主管人员)和单位负责人批准后,才能代作原始凭证。

如果确实无法取得证明的,如火车、轮船、飞机票等凭证,由当事人写出详细情况,由会计机构负责人(会计主管人员)和单位负责人批准后,代作原始凭证。

【经典习题·单选题】 小李出差后将火车票遗失，无法报账，下列处理方法中，正确的是（　）。

A. 售票单位开具证明，加盖公章，单位会计机构负责人批准后，代作原始凭证

B. 小李写出详细情况，由会计机构负责人和单位负责人批准后，代作原始凭证

C. 售票单位开具证明，经售票单位会计机构负责人和单位领导批准后，代作原始凭证

D. 小李写出详细情况，加盖售票单位公章，单位领导批准后，代作原始凭证

【正确答案】 B。

（二）记账凭证

▶1. 记账凭证基本要素

记账凭证，亦称传票，是对经济业务按其性质加以归类，确定会计分录，并据以登记会计账簿的凭证，如图 1-4 所示。

按照记账凭证的用途，可分为专用记账凭证、通用记账凭证；按照记账凭证的填制方法，可分为复式记账凭证、单式记账凭证和汇总记账凭证。

记　账　凭　证

年　　月　　日　　　　编号

摘　要	一级科目	二级或明细科目	✓	借方金额										贷方金额										附件张
				千	百	十	万	千	百	十	元	角	分	千	百	十	万	千	百	十	元	角	分	
合　计																								

财会主管　　　　记账　　　　出纳　　　　复核　　　　制单

图 1-4　记账凭证

《会计基础工作规范》规定，记账凭证必须具备以下基本要素。

（1）填制凭证的日期。

（2）凭证的名称和编号。

（3）经济业务摘要。

（4）应计会计科目、方向及金额。

（5）记账符号。

（6）所附原始凭证的张数。

（7）填制人员、稽核人员、记账人员和会计机构负责人（会计主管人员）的签名或印章。

【经典习题·多选题】 需在记账凭证上签名的人员是（　　）。

A. 稽核人员　　B. 记账人员　　C. 填制人员　　D. 单位负责人

【正确答案】 A、B、C。

▶ 2. 记账凭证的填制要求

记账凭证是登记账簿的依据，正确填制记账凭证，是保证账簿记录正确的基础。填制记账凭证应符合以下基本要求。

(1) 审核无误。《会计法》第十四条第五款规定："记账凭证应当根据经过审核的原始凭证及有关材料编制。"

(2) 内容完整。即记账凭证应该包括的内容都要具备。应该注意的是：记账凭证的日期一般为编制记账凭证当天的日期，按权责发生制原则计算收益、分配费用、结转成本利润等调整分录和结账分录的记账凭证，虽然需要到下个月才能编制，仍应填写当月月末的日期，以便在当月的账内进行登记。

(3) 分类正确。即根据经济业务的内容，正确区别不同类型的原始凭证，正确应用会计科目。在此基础上，记账凭证可根据每一张原始凭证填制，或根据若干张同类原始凭证汇总填制，也可将原始凭证汇总表张数作为记账凭证的附件张数，再把原始凭证作为原始凭证汇总表的张数处理。但不得将不同内容和类别的原始凭证汇总填制在一张记账凭证上，否则会使摘要无法填写，会计科目失去对应关系，记账时审核困难，也容易造成记账错误。

(4) 连续编号。为了根据记账凭证顺序登记账簿和日后核对账簿、凭证以及保证会计凭证的安全和完整，要对记账凭证按自然顺序连续编号，不得跳号、重号。一笔经济业务需要编制两张以上的记账凭证的，采用分数编号。例如，某笔经济业务属某月转账业务的第 32 号，需填制三张转账凭证共同完成，那么这三张转账凭证的编号应是 32 1/3、32 2/3、32 3/3，分母 3 表示这笔业务需 3 张记账凭证，分子 1、2、3 分别表示第 1、2、3 张。

(5) 附件齐全。除了结账、更正错误的记账凭证可以不附原始凭证外，其他记账凭证应当附有原始凭证并注明张数。附件张数用阿拉伯数字写在记账凭证的右侧"附件××张"行内。如果一张原始凭证涉及几张记账凭证，可将原始凭证附在主要的一张记账凭证后，并在摘要栏内注明"本凭证附件包括××号记账凭证业务"字样，在其他记账凭证上注明"原始凭证附在××号记账凭证后面"字样或附原始凭证复印件。

一张原始凭证所列的支出需要由两个以上的单位共同负担时，应当由保存该原始凭证的单位开给其他应负担单位原始凭证分割单。

(6) 空行注销。记账凭证填制完经济业务事项后，如有空行，应当在金额栏自最后一笔金额数字下空行处至合计数上的空行处画线注销。

(7) 签章齐全。记账凭证填制完成后，一般应由填制人员、审核人员、会计主管人员、记账人员分别签名盖章，以示其经济责任，并使会计人员互相制约，互相监督，防止错误和舞弊行为的发生。对于收款凭证及付款凭证，还应由出纳人员签名盖章，以证明款项已收讫或付讫。

实行会计电算化的单位，对于机制记账凭证，在审核无误后，上述人员也要加盖印章或签字。

▶ 3. 记账凭证的审核内容

为使记账凭证的填制符合记账要求，正确反映经济业务的内容，登记账簿前，必须由专人对记账凭证进行审核。记账凭证的审核是在原始凭证审核的基础上所进行的再审核，要着重审核记账凭证的填制是否正确、是否符合规定要求。审核的主要内容有以下几点。

(1) 编制依据是否真实。审核是否按原始凭证填制记账凭证。主要审核所记录的内容与所附的原始凭证是否一致、金额是否相等，审核所附原始凭证的张数是否与记账凭证所列附件张数相符。

(2) 填写项目是否齐全。审核记账凭证摘要是否填写清楚，审核日期、凭证编号、所附张数以及有关人员签章等各个项目的填写是否齐全。

(3) 科目与金额计算是否正确。审核记账凭证应借、应贷的会计科目（包括一级科目、明细科目）和金额是否正确，借贷双方的金额是否平衡，明细科目金额之和与相应的总账科目金额是否相等。

实行会计电算化的单位，其机制记账凭证应当符合对记账凭证的一般要求，并应认真审核，做到会计科目使用正确，数字准确无误。打印出来的机制记账凭证上，要加盖制单人员、审核人员、记账人员和会计主管人员印章或者签字，以明确责任。

若发现记账凭证的填制有差错或者填列不完整、签章不齐全的，应查明原因，责令更正、补充或者重填。只有经过审核无误的记账凭证，才能据以登记账簿。

▶ 4. 记账凭证的错误更正

若记账之前发现记账凭证有错误，应重新编制正确的记账凭证，并将错误凭证作废或撕毁。

已经登记入账的记账凭证，在当年内发现填写错误时，应用红字填写一张与原内容相同的记账凭证，在摘要栏注明"注销某月某日某号凭证"，同时再用蓝字重新填制一张正确的记账凭证，注明"订正某月某日某号凭证"。如果会计科目没有错误，只是金额错误，也可以将正确数字与错误数字之间的差额，另编一张调整的记账凭证，调增金额用蓝字，调减金额用红字。发现以前年度的错误，应用蓝字填制一张更正的记账凭证。

▶ 5. 会计凭证的保管

(1) 会计凭证应当及时传递，不得积压，以保证会计核算的及时、正常进行。

(2) 会计凭证登记完毕后，应当按照分类和编号顺序保管，特别是记账凭证应当连同所附的原始凭证等要按照规定的要求装订、保管，不得散失。

三、会计账簿

（一）会计账簿的种类

会计账簿是指由一定格式的账页组成的，以经过审核的会计凭证为依据，全面、系统、连续地记录各项经济业务的簿籍。《会计法》对会计账簿的种类、登记规则等内容进行了详细的规定。设置和登记会计账簿，是重要的会计核算基础工作，是连接会计凭证和会计报表的中间环节，做好这项工作，对于加强经济管理具有十分重要的意义。

▶ 1. 按用途分类

按用途的不同，可以分为序时账簿、分类账簿和备查账簿三类。

(1) 序时账簿，又称日记账，是按照经济业务发生或完成时间的先后顺序逐日逐笔进行登记的账簿，包括现金日记账、银行存款日记账。

(2) 分类账簿，是指对全部经济业务事项按照会计要素的具体类别而设置的分类账户进行登记的账簿。分类账簿提供的核算信息是编制会计报表的主要依据。分类账簿按其提供核算指标的详细程度不同，又分为总分类账和明细分类账。

总分类账,简称总账,是根据总分类科目开设账户,用来登记全部经济业务,进行总分类核算,提供总括核算资料的分类账簿。

明细分类账,简称明细账,是根据明细分类科目开设账户,用来登记某一类经济业务,进行明细分类核算,提供明细核算资料的分类账簿。

(3)备查账簿,又称辅助登记账簿,是对某些在序时账簿和分类账簿等主要账簿中都不予以登记或登记不够详细的经济业务事项进行补充登记时所使用的账簿。如经营租赁方式租入、不属于本企业财产、不能计入本企业固定资产账户的机器设备,应收票据贴现等。

2. 按账页格式分类

按账页格式不同,可分为两栏式、三栏式、多栏式和数量金额式四种。

(1)两栏式账簿。只有借方和贷方,普通日记账通常采用此种。

(2)三栏式账簿。设有借方、贷方和余额。适用于只进行金额核算的资本、债权、债务明细账,如应收账款、应付账款、实收资本等账户的明细分类核算。

(3)多栏式账簿。是在账簿的两个基本栏目借方和贷方按照需要分设若干个专栏的账簿,适用于收入、成本、费用、利润和利润分配明细账,如生产成本、管理费用、营业外收入、本年利润等账户的明细分类核算。

(4)数量金额式。这种账簿的借方、贷方和余额三个栏目内,都分设数量、单价和金额三小栏,以反映财产物资的实物数量和价值量,如原材料、库存商品、产成品、固定资产明细账。

3. 按外形特征分类

(1)订本式账簿,简称订本账,是在启用前将编有顺序页码的一定数量账页装订成册的账簿。这种账簿,一般适用于重要的和具有统驭性的总分类账、现金日记账和银行存款日记账。

(2)活页式账簿,简称活页账,是将一定数量的账页置于活页夹内,可根据记账内容的变化而随时增加或减少部分账页的账簿。活页账一般适用于明细分类账。

(3)卡片式账簿,简称卡片账,是将一定数量的卡片式账页存放于专设的卡片箱中,账页可以根据需要随时增添的账簿。在我国一般只对固定资产明细账采用卡片账形式。

(二)会计账簿的设置

1. 依法设账

《会计法》规定:"各单位必须依法设置会计账簿,并保证其真实、完整。"国家机关、社会团体、企业、事业单位和其他组织,都应当按照要求设置会计账簿,进行会计核算。不具备设账条件的,应当实行代理记账。

这里所说的"法",既包括《会计法》《会计基础工作规范》,也包括其他法律、行政法规,如《税收征管法》《公司法》等。

【经典习题·多选题】下列提法正确的是( )。

A. 国家机关、社会团体、企业、事业单位都应当按照要求设置会计账簿,进行会计核算

B. 不具备建账条件的单位,应当委托经批准设立的代理记账机构代理记账

C. 各单位设置会计账簿的种类和具体要求,应当符合《中华人民共和国会计法》和国

家统一的会计制度的规定

D. 各单位根据本单位实际情况,报有关部门批准后可在法定会计账册外另行设置会计账簿进行登记、核算

【正确答案】A、B、C。

▶ 2. 账簿的设置要符合规定

设置会计账簿的种类和具体要求,应当符合《会计法》和国家统一的会计制度的规定。

【经典习题·判断题】设置会计账簿的种类和具体要求,应当符合《中华人民共和国会计法》和国家统一会计制度的规定。(　　)

【正确答案】√。

▶ 3. 禁止账外设账

各单位发生的各项经济业务(也称经济业务事项,下同)应当统一进行核算,不得违反规定私设会计账簿进行登记、核算。

设立账外账目前已成为企业偷税的一种主要方法。它是纳税人在生产经营过程中购入材料不需或不能取得合法凭证,而销售产品又不需开具发票的情形下,在正常设置的账簿以外设立的一种账。账外账由于纳税人以不需供货方发票为由,压低购货成本,可能导致供货方不缴或少缴税款;而纳税人自身又由于销售的货物不开具发票,直接导致了国家税款的流失,因此危害很大。

(三) 会计账簿的登记

▶ 1. 必须依据经过审核的会计凭证登记会计账簿

依据会计凭证登记会计账簿,是基本的会计记账规则;依据经过审核无误的会计凭证登记会计账簿,是保证会计账簿记录质量的重要环节。

▶ 2. 账簿内容逐项登记

登记会计账簿时,应当将会计凭证日期、编号、业务内容摘要、金额和其他有关资料逐项记入账内。

【经典习题·多选题】登记账簿时,应当将(　　)和其他有关资料逐次记入账内。

A. 会计凭证日期、编号　　　　B. 数量、单价

C. 经济业务内容摘要　　　　　D. 金额

【正确答案】A、C、D。

▶ 3. 各种账簿要按页次顺序连续登记,不得跳行、隔页

会计账簿应按照连续编号的页码顺序登记,不得跳行、隔页。如果发生跳行、隔页,应当将空行、空页画线注销,或者注明"此行空白""此页空白"字样,并由记账人员签名或者盖章。

【经典习题·判断题】各种会计账簿应按页次顺序连续登记,不得跳行、隔页。(　　)

【正确答案】√。

▶ 4. 结出余额

凡需结出余额的账户,应当定期结出余额。结出余额后,应当在"借或贷"等栏内写明"借"或者"贷"等字样。没有余额的账户,应当在"借或贷"等栏内写"平"字,并在余额栏内"元"位用"0"表示。现金日记账和银行存款日记账必须逐日结出余额。

▶ **5. 会计账簿记录发生错误时,应当按照规定的更正方法进行更正**

会计账簿记录发生错误时,不允许用涂改、挖补、刮擦、药水消除字迹等手段更正错误,也不允许重抄,而应根据情况,按照规定采用画线更正法、补充登记法、红字冲正法三种方法进行更正,由于记账凭证错误而使账簿记录发生错误,应当首先更正记账凭证,然后再按更正的记账凭证登记账簿,并由会计人员和会计机构负责人在更正处盖章。更不得随便更换账页和撤出账页,作废的账页也要留在账簿中。

▶ **6. 及时对账**

对账就是核对账目,即将会计账簿记录的有关数字与库存实物、货币资金、有价证券、往来单位或者个人等进行相互核对,保证账证相符、账账相符、账表相符、账实相符。根据《会计基础工作规范》规定,各单位的对账工作每年至少进行一次。

【经典习题·多选题】对账就是将账簿记录的有关数字与(   )等进行相互核对,以保证账证相符、账表相符、账实相符。

A. 库存实物　　　　B. 货币资金　　　　C. 有价证券　　　　D. 往来单位或个人

【正确答案】A、B、C、D。

▶ **7. 实行会计电算化的单位,其账簿的登记、更正也应当符合国家统一的会计制度规定**

《会计基础工作规范》第六十一条对实行会计电算化的单位提出了打印上的要求:"实行会计电算化的单位,总账和明细账应当定期打印";"发生收款和付款业务的,在输入收款凭证和付款凭证的当天必须打印出现金日记账和银行存款日记账,并与库存现金核对无误。"这是因为在以机器或其他磁性介质储存的状态下,各种资料或数据的直观性不强,而且信息处理的过程不明,不便于进行某些会计操作和进行内部或外部审计,对会计信息的安全和完整也不利。

四、财务会计报告

（一）财务会计报告的概念

财务会计报告是对企业财务状况、经营成果和现金流量的结构性表述。

（二）财务会计报告的组成

财务会计报告由会计报表、会计报表附注、财务情况说明书组成。其中,会计报表由资产负债表、利润表、现金流量表、所有者权益变动表组成。财务会计报告上述组成部分具有同等的重要程度。

▶ **1. 资产负债表**

资产负债表是指反映企业在某一特定日期的财务状况的报表。主要反映资产、负债和所有者权益三方面的内容,并满足"资产＝负债＋所有者权益"平衡式。我国企业资产负债表采用账户式结构,分为左右两方,左方为资产,右方为负债和所有者权益。

▶ **2. 利润表**

利润表是指反映企业在一定会计期间的经营成果的报表。它反映了一定期间企业的收入和相应的成本、费用以及最终形成的利润。我国采用的是多步式利润表,即分步进行计算,包括主营业务利润、营业利润、利润总额以及净利润。

3. 现金流量表

现金流量表是反映企业在一定会计期间现金和现金等价物流入和流出的报表。我国企业现金流量表采用报告式结构，分类反映经营活动产生的现金流量、投资活动产生的现金流量和筹资活动产生的现金流量，最后汇总反映企业某一期间现金及现金等价物的净增加额。在崇尚"现金为王"的时代，企业经营者必须更加重视这张报表。

4. 所有者权益变动表

所有者权益变动表是反映构成所有者权益的各组成部分当期的增减变动情况的报表。2007年以前，公司所有者权益变动情况是以资产负债表附表形式予以体现的。在所有者权益变动表中，企业还应当单独列示反映所有者权益总量的增减变动、所有者权益增减变动的重要结构性信息、直接计入所有者权益的利得和损失。

5. 会计报表附注

会计报表附注是对资产负债表、利润表、现金流量表和所有者权益变动表等报表中列示项目的文字描述或明细资料，以及对未能在这些报表中列示项目的说明等。附注应当按照如下顺序披露有关内容：企业的基本情况、财务报表的编制基础、遵循企业会计准则的声明、重要会计政策和会计估计、会计政策和会计估计变更以及差错更正的说明、报表重要项目的说明、其他需要说明的重要事项。

单位提供的担保、未决诉讼等或有事项，应当按照国家统一的会计制度的规定，在财务会计报告中予以说明。

（三）财务报告的编制要求

由于编制财务会计报告的直接依据是会计账簿，财务会计报告应当根据经过审核的会计账簿记录和有关资料编制，并符合会计法和国家统一的会计制度关于财务会计报告的编制要求、提供对象和提供期限的规定；其他法律、行政法规另有规定的，从其规定。

由于所有报告的数据都来源于会计账簿，因此为保证财务报告数据的正确性，编制报告之前必须做好对账和结账工作，做到账证相符、账账相符、账实相符以保证财务会计报告数据的真实准确。

1. 关于编制依据的要求

编制财务会计报告，必须根据经过审核无误的会计账簿记录和有关资料进行，做到数字真实、计算准确、内容完整、手续完备、报送及时。

（1）数字真实。财务会计报告中的各项数据必须真实可靠，如实地反映企业的财务状况、经营成果和现金流量。任何人不得篡改或者授意、指使、强令他人篡改财务会计报告数字，或者提供虚假的财务会计报告。这是对会计信息质量的基本要求。

（2）计算准确。日常的会计核算以及编制财务会计报告，涉及大量的数字计算，只有准确的计算，才能保证数字的真实可靠。这就要求编制财务会计报告必以核对无误后的账簿记录和其他有关资料为依据，不能使用估计或推算的数据，更不能以任何方式弄虚作假。

（3）内容完整。财务会计报告应当反映企业经济活动的全貌，全面反映企业的财务状况和经营成果，才能满足各方面对会计信息的需要。凡是国家要求提供的财务会计报告，各企业必须全部编制并报送，不得漏编和漏报。凡是国家统一要求披露的信息，都必须披露。

(4) 手续完备。企业对外提供的财务会计报告，应当依次编定页码，加具封面，装订成册，加盖公章。财务会计报告封面上应当注明：企业名称、企业统一代码、组织形式、地址、会计报告所属年度或者月份、报出日期，并由单位负责人、主管会计工作的负责人、会计机构负责人（会计主管人员）签名并盖章；设置总会计师的企业，还应当由总会计师签名并盖章。单位负责人对财务会计报告的真实性、完整性承担法律责任。

【经典习题·单选题】按照《中华人民共和国会计法》和《会计基础工作规范》的规定，单位有关负责人在财务会计报告上签章的下列做法中，正确的是（ ）。

A. 签名
B. 盖章
C. 委托他人签名或盖章
D. 签名并盖章

【正确答案】D

(5) 报送及时。及时性是信息的重要特征，财务会计报告信息只有及时地传递给信息使用者，才能为使用者的决策提供依据。一般单位必须编制月份、季度、年度财务会计报告，股份有限公司还应当编制半年度的中期财务会计报告。

财务报表对外报送时间要求

月报：月份终了后6日

季报：季度终了后15日

半年度报：半年终了后60日

年报：年度终了后4个月

▶ 2. 关于编制格式的要求

编制财务会计报告，应当根据国家统一的会计制度规定的格式和要求进行，认真编写会计报表附注及其说明，做到项目齐全，内容完整。

▶ 3. 关于编制标准一致的要求

单位向不同的会计资料使用者提供的财务会计报告，其编制的依据应当一致。根据《会计基础工作规范》第六十八条的规定："会计报表之间、会计报表各项目之间，凡有对应关系的数字，应当相互一致；本期会计报表与上期会计报表之间的有关的数字应当相互衔接；如果不同会计年度会计报表中各项目的内容和核算方法有变更的，应当在年度会计报表中加以说明。"

(四) 财务报告的审计

根据法律、行政法规规定应当对会计报表、会计报表附注、财务情况说明书须经注册会计师审计的，财务会计报告编制单位应当先行委托注册会计师进行审计，并将注册会计师及其所在的会计师事务所出具的审计报告随同财务会计报告一并对外提供。

(五) 财务报告的出错办理

如果发现对外提供的财务会计报告有错误，应及时办理更正手续。除更正本单位留存的财务会计报告外，应同时通知接受财务会计报告的单位更正。错误较多的财务会计报告，编制单位应当重新编制。

五、会计档案管理

(一) 会计档案的内容

▶ 1. 会计档案管理的法律依据

1. 会计档案管理的法律依据

《会计法》《会计基础工作规范》都对会计档案管理做出了原则性规定。由国务院财政部门和国家档案局于1998年8月会同制定《会计档案管理办法》,2015年12月11日修订发布了新的《会计档案管理办法》(中华人民共和国财政部 国家档案局令第79号令),自2016年1月1日起执行,对会计档案的内容、管理部门、归档、移交、查阅、保管期限及会计档案的销毁等内容均有明确规定,国家机关、社会团体、企业、事业单位和其他组织(以下统称单位)管理会计档案适用本办法。

【经典习题·单选题】制定并发布《会计档案管理办法》的单位是(   )。

A. 审计署、财政部 B. 财政部、国家保密局
C. 财政部、国家档案局 D. 全国人大财经委、国家档案局

【正确答案】C。

▶ 2. 会计档案的类别

《会计档案管理办法》第三条规定,会计档案是指单位在进行会计核算等过程中接收或形成的,记录和反映单位经济业务事项的,具有保存价值的文字、图表等各种形式的会计资料,包括通过计算机等电子设备形成、传输和存储的电子会计档案。

《会计档案管理办法》第六条规定,下列会计资料应当进行归档。

(1) 会计凭证类,包括原始凭证、记账凭证、汇总凭证、其他会计凭证。

(2) 会计账簿类,包括总账、明细账、日记账、固定资产卡片、辅助账簿、其他会计账簿。

(3) 财务报表类,包括月度、季度、半年度、年度财务会计报告,包括会计报表、附表、附注及文字说明、其他财务报告。

(4) 其他类,包括银行余额调节表、银行对账单、纳税申报表、其他应当保存的会计核算专业资料、会计移交清册、会计档案保管清册、会计档案销毁清册、会计档案鉴定意见书及其他具有保存价值的会计资料。

各单位的预算、计划、制度等文件材料属于文书档案,不属于会计档案。

【经典习题·多选题】下列各项中,属于会计档案有(   )。

A. 购货发票 B. 应收账款明细账
C. 资产负债表 D. 纳税申报表

【正确答案】A、B、C、D。

知识窗

形成电子会计档案的情形

《会计档案管理办法》第八条规定,同时满足下列条件的,单位内部形成的属于归档范围的电子会计资料可仅以电子形式保存,形成电子会计档案:

(1) 形成的电子会计资料来源真实有效,由计算机等电子设备形成和传输。

(2) 使用的会计核算系统能够准确、完整、有效接收和读取电子会计资料,能够输出符合国家标准归档格式的会计凭证、会计账簿、财务会计报表等会计资料,设定了经办、审核、审批等必要的审签程序。

(3) 使用的电子档案管理系统能够有效接收、管理、利用电子会计档案,符合电子档案的长期保管要求,并建立了电子会计档案与相关联的其他纸质会计档案的检索关系。

(4) 采取有效措施,防止电子会计档案被篡改。

(5) 建立电子会计档案备份制度,能够有效防范自然灾害、意外事故和人为破坏的影响。

(6) 形成的电子会计资料不属于具有永久保存价值或者其他重要保存价值的会计档案。

满足以上规定条件,单位从外部接收的电子会计资料附有符合《中华人民共和国电子签名法》规定的电子签名的,可仅以电子形式归档保存,形成电子会计档案。

▶ 3. 会计档案的作用

会计档案是对一个单位经济活动的记录和反映,通过会计档案,可以了解每项经济业务的来龙去脉;可以检查一个单位是否遵守财经纪律,在会计资料中有无弄虚作假、违法乱纪等行为;会计档案还可以为国家、单位提供详尽的经济资料,为国家制定宏观经济政策及单位制定经营决策提供参考。

《会计档案管理办法》第七条规定,单位可以利用计算机、网络通信等信息技术手段管理会计档案。

(二)会计档案的管理部门

《会计档案管理办法》第四条规定,财政部和国家档案局主管全国会计档案工作,共同制定全国统一的会计档案工作制度,对全国会计档案工作实行监督和指导。县级以上地方人民政府财政部门和档案行政管理部门管理本行政区域内的会计档案工作,并对本行政区域内会计档案工作实行监督和指导。

(三)会计档案的归档

《会计档案管理办法》第五条规定,单位应当加强会计档案管理工作,建立和完善会计档案的收集、整理、保管、利用和鉴定销毁等管理制度,采取可靠的安全防护技术和措施,保证会计档案的真实、完整、可用、安全。

单位的档案机构或者档案工作人员所属机构(以下统称单位档案管理机构)负责管理本单位的会计档案。单位也可以委托具备档案管理条件的机构代为管理会计档案。

《会计档案管理办法》第十条规定,单位的会计机构或会计人员所属机构(以下统称单位会计管理机构)按照归档范围和归档要求,负责定期将应当归档的会计资料整理立卷,编制会计档案保管清册。各单位每年形成的会计档案,应当由会计机构按照归档要求,负责整理立卷,装订成册,编制会计档案保管清册。

采用电子计算机进行会计核算的单位,应当保存打印出的纸质会计档案。

(四)会计档案的移交

《会计档案管理办法》第十一条规定,当年形成的会计档案,在会计年度终了后,可由单位会计管理机构临时保管一年，再移交单位档案管理机构保管。因工作需要确需推迟移交的，应当经单位档案管理机构同意。

单位会计管理机构临时保管会计档案最长不超过三年。临时保管期间，会计档案的保管应当符合国家档案管理的有关规定，且出纳人员不得兼管会计档案。

《会计档案管理办法》第十二条规定，单位会计管理机构在办理会计档案移交时，应当编制会计档案移交清册，并按照国家档案管理的有关规定办理移交手续。

纸质会计档案移交时应当保持原卷的封装。电子会计档案移交时应当将电子会计档案及其元数据一并移交，且文件格式应当符合国家档案管理的有关规定。特殊格式的电子会计档案应当与其读取平台一并移交。

单位档案管理机构接收电子会计档案时，应当对电子会计档案的准确性、完整性、可用性、安全性进行检测，符合要求的才能接收。

（五）会计档案的查阅

保存的会计档案应当积极为本单位提供和利用。

《会计档案管理办法》第十三条规定，单位应当严格按照相关制度利用会计档案，在进行会计档案查阅、复制、借出时履行登记手续，严禁篡改和损坏。

单位保存的会计档案一般不得对外借出。确因工作需要且根据国家有关规定必须借出的，应当严格按照规定办理相关手续。

会计档案借用单位应当妥善保管和利用借入的会计档案，确保借入会计档案的安全完整，并在规定时间内归还。

《会计档案管理办法》第二十五条规定，单位的会计档案及其复制件需要携带、寄运或者传输至境外的，应当按照国家有关规定执行。

【经典习题·多选题】下列关于会计档案的管理要求说法中，正确的有（　　）。

A. 纸质会计档案移交时应当保持原卷的封装

B. 当年形成的会计档案，在会计年度终了后，可暂由会计机构保管1年

C. 电子会计档案移交时应当将电子会计档案及其元数据一并移交，文件格式自定

D. 单位保存的会计档案一般不得对外借出，确因工作需要且根据国家有关规定必须借出的，应当严格按照规定办理相关手续

【正确答案】A、B、D。

（六）会计档案的保管期限

会计档案的保管期限分为永久和定期两类。定期保管期限一般分为10年和30年。会计档案的保管期限，从会计年度终了后的第一天算起。

《会计档案管理办法》第十六条规定，单位应当定期对已到保管期限的会计档案进行鉴定，并形成会计档案鉴定意见书。经鉴定，仍需继续保存的会计档案，应当重新划定保管期限；对保管期满，确无保存价值的会计档案，可以销毁。

《会计档案管理办法》第十七条规定，会计档案鉴定工作应当由单位档案管理机构牵头，组织单位会计、审计、纪检监察等机构或人员共同进行。

会计档案保管期限

（1）永久：会计档案保管清册、会计档案销毁清册、会计档案鉴定意见书以及年度财务报告。

（2）30年：会计凭证、会计账簿（固定资产卡片账于固定资产报废清理后保管5年）、会计档案移交清册。

（3）10年：月度、季度、半年度财务会计报告、纳税申报表、银行余额调节表、银行对账。

修订前的会计档案定期保管期限分为3年、5年、10年、15年和25年五类。

（七）会计档案的销毁

▶ 1. 销毁程序

《会计档案管理办法》第十八条规定，经鉴定可以销毁的会计档案，应当按照以下程序销毁：

（1）单位档案管理机构编制会计档案销毁清册，列明拟销毁会计档案的名称、卷号、册数、起止年度、档案编号、应保管期限、已保管期限和销毁时间等内容。

（2）单位负责人、档案管理机构负责人、会计管理机构负责人、档案管理机构经办人、会计管理机构经办人在会计档案销毁清册上签署意见。

（3）单位档案管理机构负责组织会计档案销毁工作，并与会计管理机构共同派员监销。监销人在会计档案销毁前，应当按照会计档案销毁清册所列内容进行清点核对；在会计档案销毁后，应当在会计档案销毁清册上签名或盖章。

电子会计档案的销毁还应当符合国家有关电子档案的规定，并由单位档案管理机构、会计管理机构和信息系统管理机构共同派员监销。

财会字〔1998〕32号发布的《会计档案管理办法》会计档案销毁程序

对于保管期满可以销毁的会计档案，应当按照规定的程序销毁。

（1）由本单位档案机构会同会计机构提出销毁意见，编制会计档案销毁清册。

（2）单位负责人在会计档案销毁清册上签署意见。

（3）单位档案管理机构负责组织会计档案销毁工作，并与会计管理机构共同派员监销。国家机关销毁会计档案时，应当由同级财政部门、审计部门派员参加监销。财政部门销毁会计档案时，应当由同级审计部门派员参加监销。

【经典习题·多选题】（　　）及会计管理机构经办人在会计档案销毁清册上签署意见。

A. 单位负责人　　　　　　　　B. 档案管理机构负责人
C. 会计管理机构负责人　　　　D. 档案管理机构经办人

【正确答案】A、B、C、D。

（4）监销人在销毁会计档案前，应当按照会计档案销毁清册所列内容清点核对所要销毁的会计档案;销毁后,应当在会计档案销毁清册上签名盖章,并将监销情况报告本单位负责人。

【经典习题·判断题】监销人在销毁会计档案后,应将监销情况报告上级主管单位负责人。（　　）

【正确答案】×。

▶ 2. 不得销毁的会计档案

《会计档案管理办法》第十九条规定,保管期满但未结清的债权债务会计凭证和涉及其他未了事项的会计凭证(修订前只涉及原始凭证)不得销毁,纸质会计档案应当单独抽出立卷,电子会计档案单独转存,保管到未了事项完结时为止。单独抽出立卷或转存的会计档案,应当在会计档案鉴定意见书、会计档案销毁清册和会计档案保管清册中列明。

知识窗

单位终止、分立、合并、项目建设期间的会计档案保管

第二十条　单位因撤销、解散、破产或其他原因而终止的,在终止或办理注销登记手续之前形成的会计档案,按照国家档案管理的有关规定处置。

第二十一条　单位分立后原单位存续的,其会计档案应当由分立后的存续方统一保管,其他方可以查阅、复制与其业务相关的会计档案。

单位分立后原单位解散的,其会计档案应当经各方协商后由其中一方代管或按照国家档案管理的有关规定处置,各方可以查阅、复制与其业务相关的会计档案。

单位分立中未结清的会计事项所涉及的会计凭证,应当单独抽出由业务相关方保存,并按照规定办理交接手续。

单位因业务移交其他单位办理所涉及的会计档案,应当由原单位保管,承接业务单位可以查阅、复制与其业务相关的会计档案。对其中未结清的会计事项所涉及的会计凭证,应当单独抽出由承接业务单位保存,并按照规定办理交接手续。

第二十二条　单位合并后原各单位解散或者一方存续其他方解散的,原各单位的会计档案应当由合并后的单位统一保管。单位合并后原各单位仍存续的,其会计档案仍应当由原各单位保管。

第二十三条　建设单位在项目建设期间形成的会计档案,需要移交给建设项目接受单位的,应当在办理竣工财务决算后及时移交,并按照规定办理交接手续。

案情简介

风行公司准备销毁一批保管期满的会计档案,在清理会计档案时发现一笔债权债务业务还没结清的原始凭证,会计人员张新手说只要是会计档案保管期满的会计档案就可以销毁。会计人员李资深说没有结清债务不可以销毁。

案例思考:

(1) 他们两人谁是对的,为什么?

(2) 哪些属于保管期满但不得销毁的会计档案？

(3) 对这笔债权债务业务还没结清的原始凭证，应该如何处理？

分析与提示：

(1) 会计人员李资深意见正确。根据《会计档案管理办法》的规定，保管期满但未结清的原始凭证，不得销毁。

(2) 对于保管期满但未结清的债权债务原始凭证和涉及其他未了事项的原始凭证，正处于项目建设期间的建设单位保管期满的会计档案，都不得销毁。

(3) 应单独抽出立卷，由档案部门保管到未了事项完结时为止。单独抽出立卷的会计档案，应当在会计档案销毁清册和会计档案保管清册中列明。

复习思考题

1. 企业可以账外设账吗？
2. 伪造、变造、编制虚假财务会计报告有何区别？
3. 审核出问题的原始凭证如何处理？金额出错的原始凭证可以直接更正吗？
4. 登记会计账簿有哪些基本规则？
5. 财务报表封面上需要哪些人签字并盖章？
6. 会计档案如何归档？会计档案是否可以外借？会计档案保管期限满即可销毁吗？销毁会计档案时需要哪些部门共同监销？

第四节　会计监督

案例导入

肤美化妆品公司是一家法资企业，其主要面向欧洲市场，故而该公司使用欧元作为其记账本位币且财务报告也采用欧元编制，采用法文作为其会计记录文字。近日，接到市财政局通知，市财政局要来检查该企业的会计信息质量工作。公司董事长兼总经理认为其属于外资企业，不受《会计法》约束，拒绝接受检查。

案例思考： 分析该公司拒绝接受市财政局检查的行为是否正确，该公司使用记账本位币、会计记录文字是否符合法律、行政法规和国家统一的会计制度的规定，并指出其应采取的正确做法。

分析与提示： 该企业拒绝接受财政局的依法检查是违法的。根据《会计法》第七条："国务院财政部门主管全国的会计工作。县级以上各级人民政府财政部门管理本行政区内的会计工作。"《会计法》第三十五条："各单位必须依照有关法律、行政法规的规定接受有关监督检查部门依法实施的监督检查,如实提供会计凭证、会计账簿、财务会计报告和其他会计资料以及有关情况,不得拒绝、隐匿、谎报。"

公司使用欧元作为记账本位币合法合规,但是编制财务会计报告应折算为人民币。该公司使用会计记录文字不正确,应该使用中文作为其会计记录文字,可以同时使用法文。

一、会计监督

(一) 会计监督体系

▶ 1. 会计监督的概念

会计监督是依照国家有关法律、法规、规章对会计工作进行控制,并利用正确的会计信息对经济活动进行全面、综合的协调、控制、监督和督促,以达到提高会计信息质量和经济效益的目的。

会计监督有狭义和广义之分。狭义的会计监督是会计的基本职能之一,是单位内部会计监督的一部分,是会计人员根据国家的财经政策、会计法规,利用会计所提供的信息,对会计主体经济活动进行的全面的监督和控制,使其达到预期目标的功能;广义的会计监督是本文所述及的,其内容既包括内部监督又包括外部监督,指单位内部的会计机构和会计人员、依法享有经济监督检查职权的政府有关部门、依法批准成立的社会审计中介组织对特定主体经济活动的合法件、合理性和会计资料的真实性、完整性所进行的监督。

▶ 2. 三位一体的会计监督体系

会计监督是会计的基本职能之一,是我国经济监督体系的重要组成部分。会计监督可以分为单位内部监督、国家监督和社会监督。目前,我国的会计监督实行单位内部会计监督、会计工作的政府监督和会计工作的社会监督"三位一体"的会计监督体系,三者缺一不可,如图1-5所示。

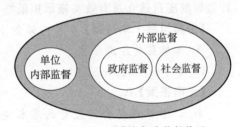

图1-5 "三位一体"的会计监督体系

【经典习题·多选题】我国会计监督体系是由(　　)构成的。

A. 单位内部会计监督　　　　B. 国家监督

C. 社会监督　　　　　　　　D. 职工代表大会监督

【正确答案】A、B、C。

(二) 法律依据

《会计法》《内部会计控制规范(试行)》《财政部门实施会计监督办法》等法律、行政法规、规章,对单位内部会计监督以及国家监督、社会监督都做出了规定。

(三) 会计监督的作用

▶ 1. 有利于维护国家财经法规和社会经济秩序

财经法规是一切经济单位从事经济活动必须遵循的基本准绳和依据。会计监督正是依据国家财经法规,对各单位经济活动的真实性、合法性、可行性等进行检查,从而促进各单位严格遵守国家财经法规。会计工作是财政经济工作的基础,一切财务收支都要通过会计这个"关口"。因此,有效地发挥会计监督职能,对于防范和制止违反财经法规的行为,保护国家和集体财产的安全完整具有非常重要的意义。

▶ 2. 有利于强化单位内部的经营管理

会计监督是经济管理的一种手段，其最终目的是促进各单位改善经营管理，提高经济效益。通过对单位经济活动的真实性、合法性、合理性等方面的监督，保证各单位的经济活动在遵守国家财经法规的同时，符合本单位的计划、定期、预算和经营管理要求，以便提高经济效益，或避免不必要的经济损失。

二、单位内部会计监督

（一）单位内部会计监督的概念与要求

▶ 1. 单位内部会计监督的概念

单位内部会计监督是指会计机构、会计人员依照法律的规定，通过会计手段对经济活动的合法性、合理性和有效性进行的一种监督。

各单位应当建立、健全本单位内部会计监督制度。

▶ 2. 单位内部会计监督的主体和对象

单位内部会计监督的主体是各单位的会计机构和会计人员，其实施部门为单位的会计机构，具体操作者为单位的会计人员。单位内部会计监督的对象是单位的经济活动。

虽然单位内部会计监督的主体是会计机构和会计人员，但单位内部会计监督不仅仅是会计机构和会计人员的事，单位负责人应当支持和保障会计机构、会计人员行使好会计监督职权。根据规定，单位负责人负责单位内部会计监督制度的组织实施，对本单位内部会计监督制度自建立及有效实施承担最终责任。

【经典习题·单选题】单位内部会计监督的对象是(　　)。

A. 本单位的经济活动　　　　　B. 本单位的会计机构和会计人员
C. 本单位负责人　　　　　　　D. 本单位经济业务的经办人员

【正确答案】A。

▶ 3. 单位内部会计监督的基本要求

《会计法》第二十七条规定如下。

（1）记账人员与经济业务事项或会计事项的审批人员、经办人员、财物保管人员的职责权限应当明确，并相互分离、相互制约。

四类人员相互分离的政策意图

（1）明确职责权限：避免因职责不清而相互推诿和越权行事，造成管理失控。
（2）实行职务分离：可以有效防止因权限集中、职务重叠而造成的贪污、舞弊和决策失误。
（3）实行相互制约：将失误、舞弊控制在最低限度。

【经典习题·多选题】按照《中华人民共和国会计法》的规定，记账人员与经济业务事项的(　　)的职责权限应明确，并相互分离，相互制约。

A. 审批人员　　　　　　　　　B. 经办人员
C. 财物保管人员　　　　　　　D. 稽核人员

【正确答案】A、B、C。

(2) 重大对外投资、资产处置、资金调度和其他重要经济业务事项的决策和执行的相互监督、相互制约的程序应当明确。

重大对外投资，是指单位数额较大、具有战略地位的对外投资，与一般性的收益性证券投资有显著区别。

重大资产处置，是指价值较高的资产的清理、报废、置换、出售等，与一般的产品销售不同。

重大资金调度是指数额较大的资金收入、付出、投放、收回等，与日常的资金收付不同。

《会计法》对重要经济业务事项决策和执行程序的要求，突出了两点：一是决策和执行的程序应当明确，做到制度化、规范化；二是决策和执行程序中应当体现决策人员与执行人员之间能够相互监督、相互制约，既要防止权限过于集中，也要防止政出多门、各行其是。

【经典习题·单选题】重大对外投资、资产处置、资金调度和其他重要经济业务事项的决策和执行的程序应当体现( )的要求。

A. 相互分离、相互制约   B. 相互监督、相互制约
C. 相互交叉、相互制约   D. 相互监督、相互配合

【正确答案】B。

(3) 财产清查的范围、期限和组织程序应当明确。

财产清查制度是单位内部会计监督制度的重要内容之一。财产清查，是根据账簿记录对各项财产、物资进行实地盘点和核对，查明财产物资、货币资金和债权、债务结算款项的实有数额，确定其账面结存数额和实际结存数额是否一致，以保证账实相符的一种会计专门方法。

《会计法》规定，各单位在内部会计监督制度中应当明确"财产清查的范围、期限和组织程序"，不仅要建立财产清查制度，而且要明确规定财产清查的范围（全面清查还是局部清查）、期限（定期还是临时）、组织程序，保证财产清查制度得以具体落实，也为有关管理部门监督检查财产清查制度建立和执行情况提供可靠依据。

【经典习题·判断题】企业在编制年度财务会计报告前，应当全面清查资产、核实债务。( )

【正确答案】√。

(4) 对会计资料定期进行内部审计的办法和程序应当明确。

内部审计是指在各单位负责人的领导下，在单位内设置独立的审计机构和配备专职的审计人员，根据国家法律、法规和政策规定，采用一定的程序和方法。

有内部审计机构或内部审计人员的单位，由内部审计机构或内部审计人员审计，没有设置内部审计机构或内部审计人员的单位，也可以由其他负责监督的机构、人员审计，如公司制企业的监事会、单位的纪检监察部门等。

▶ 4. 会计机构和会计人员在单位内部会计监督中的职权

(1) 依法开展会计核算和监督。对违反《会计法》和国家统一的会计制度规定的会计事项，会计机构和会计人员有权拒绝办理或者按照职权予以纠正。一是《会计法》赋予的监督

权;二是单位负责人在单位内部会计监督制度中赋予的监督权。

(2) 对单位内部的会计资料和财产物资实施监督。发现会计账簿记录与实物、款项及有关资料不相符的,会计机构和会计人员按照国家统一的会计制度的规定有权自行处理的,应当及时处理;无权处理的,应当立即向单位负责人报告,请求查明原因,做出处理。

对会计资料实施有效控制和监督,是会计机构和会计人员的基本职责。

【经典习题·多选题】会计机构、会计人员对下列会计事项无权自行处理的是( )。
A. 核对账目发现坏账
B. 登记账簿后发现遗漏
C. 财产清查时发现大额货币资金短缺
D. 发现贪污、舞弊行为
【正确答案】A、C、D。

▶ 5. 单位负责人在会计监督方面的义务

单位负责人在会计监督方面的义务主要有两点:一是应当保证会计机构、会计人员依法履行职责;二是不得授意、指使、强令会计机构、会计人员违法办理会计事项。

(二) 内部控制

▶ 1. 内部控制的概念

对企业而言,内部控制是指由企业董事会、监事会、经理层和全体员工实施的、旨在实现控制目标的过程。

对行政事业单位而言,内部控制是指单位为实现控制目标,通过制定制度、实施措施和执行程序,对经济活动的风险进行防范和管控。

▶ 2. 内部控制的目标

企业内部控制的目标主要有合理保证企业经营管理合法合规、资产安全、财务报告及相关信息真实完整,提高经营效率和效果,促进企业实现发展战略。

行政事业单位内部控制的目标主要有合理保证单位经济活动合法合规、资产安全和使用有效、财务信息真实完整,有效防范舞弊和预防腐败,提高公共服务的效率和效果。

▶ 3. 内部控制的原则

企业、行政事业单位建立与实施内部控制,均应遵循全面性原则、重要性原则、制衡性原则和适应性原则。此外,企业还应遵循成本效益原则。

(1) 全面性原则。内部控制应当贯穿决策、执行和监督的全过程,覆盖企业及其所属单位的各种业务和事项,实现全过程、全员性控制,不存在内部控制空白点。

(2) 重要性原则。内部控制应当在兼顾全面的基础上,关注重要业务事项和高风险领域,并采取更为严格的控制措施,确保不存在重大缺陷。

(3) 制衡性原则。内部控制应当在治理结构、机构设置及权责分配、业务流程等方面形成相互制约、相互监督的机制,同时兼顾运营效率。制衡性原则要求企业完成某项工作必须经过互不隶属的两个或两个以上的岗位和环节;同时,还要求履行内部控制监督职责的机构或人员具有良好的独立性。

(4) 适应性原则。内部控制应当与企业经营规模、业务范围、竞争状况和风险水平等相适应,并随着情况的变化加以调整。

(5) 成本效益原则。内部控制应当权衡实施成本与预期效益，以适当的成本实现有效控制。

▶ 4. 内部控制的责任人

对企业而言，董事会负责内部控制的建立健全和有效实施。监事会对董事会建立与实施内部控制进行监督。经理层负责组织领导企业内部控制的日常运行。企业应当成立专门机构或者指定适当的机构具体负责组织协调内部控制的建立实施及日常工作。

对行政事业单位而言，单位负责人对本单位内部控制的建立健全和有效实施负责。单位应当建立适合本单位实际情况的内部控制体系，并组织实施。

▶ 5. 内部控制的内容

企业建立与实施有效的内部控制，应当包括下列要素。

(1) 内部环境。内部环境是企业实施内部控制的基础，一般包括治理结构、机构设置及权责分配、内部审计、人力资源政策、企业文化等。

(2) 风险评估。风险评估是企业及时识别、系统分析经营活动中与实现内部控制目标相关的风险，合理确定风险应对策略。

(3) 控制活动。控制活动是企业根据风险评估结果，采用相应的控制措施，将风险控制在可承受度之内。

(4) 信息与沟通。信息与沟通是企业及时、准确地收集、传递与内部控制相关的信息，确保信息在企业内部、企业与外部之间进行有效沟通。

(5) 内部监督。内部监督是企业对内部控制建立与实施情况进行监督检查，评价内部控制的有效性，发现内部控制缺陷，应当及时加以改进。

行政事业单位建立与实施内部控制的具体工作包括梳理单位各类经济活动的业务流程，明确业务环节，系统分析经济活动风险，确定风险点，选择风险应对策略，在此基础上根据国家有关规定建立健全单位各项内部管理制度并督促相关工作人员认真执行。

▶ 6. 内部控制的控制方法

1) 企业内部控制的控制方法

对企业而言，内部控制措施一般包括不相容职务分离控制、授权审批控制、会计系统控制、财产保护控制、预算控制、运营分析控制和绩效考评控制等。

(1) 不相容职务相互分离控制。财政部发布的《企业内部会计控制规范》中，提出了"不相容职务分离"的问题。所谓不相容职务是指不能同时由一人兼任的职务。不相容职务分离的核心是"内部牵制"。

不相容职务分离控制要求企业全面系统地分析、梳理业务流程中所涉及的不相容职务，实施相应的分离措施，形成各司其职、各负其责、相互制约的工作机制。主要包括出纳与记账、业务与记账、业务经办与业务审批、业务审批与记账、财物保管与记账、业务经办与财务保管、业务操作与业务复核等。

(2) 授权审批控制。授权审批控制要求企业根据常规授权和特别授权的规定，明确各岗位办理业务和事项的权限范围、审批程序和相应责任。

企业应当编制常规授权的权限指引，规范特别授权的范围、权限、程序和责任，严格控制特别授权。

企业各级管理人员应当在授权范围内行使职权和承担责任,经办人员也必须在授权范围内办理业务。

【经典习题·多选题】授权批准控制要求单位应当明确规定会计及相关工作的授权批准的范围、权限、程序、责任等内容,授权批准的形式有( )。
A. 基本授权　　　B. 特殊授权　　　C. 常规授权　　　D. 特别授权
【正确答案】C、D。

常规授权与特别授权

常规授权是指企业在日常经营管理活动中按照既定的职责和程序进行的授权,包括制定产品销售价格的权力、购买固定资产的权力,以及招聘员工的权力等。

特别授权是指企业在特殊情况、特定条件下进行的授权,如重大的筹资行为、投资决策、资本支出和股票发行等。特别授权也可以用于超过一般授权限制的常规交易。

例如,某企业规定,在处理材料采购业务时,对于金额≤5000元的材料采购业务,采购员有权根据采购计划和市场实际情况自行决定是否购进,这属于常规授权;而对于金额＞5000元的材料采购业务,则必须经过主管领导批准方可购买,这属于特别授权。

(3) 会计系统控制。会计系统控制是指通过会计的核算和监督系统所进行的控制,主要包括会计凭证控制、复式记账控制、会计账簿控制、会计报表控制及其财务成果控制。

会计系统控制要求企业严格执行国家统一的会计准则制度,加强会计基础工作,明确会计凭证、会计账簿和财务会计报告的处理程序,保证会计资料真实完整。企业应当依法设置会计机构,配备会计从业人员。会计机构负责人应当具备会计师以上专业技术职务资格。大中型企业应当设置总会计师。设置总会计师的企业,不得设置与其职权重叠的副职。

(4) 财产保护控制。财产保护控制要求企业建立财产日常管理制度和定期清查制度,采取财产记录、实物保管、定期盘点、账实核对等措施,确保财产安全。

企业应当严格限制未经授权的人员接触和处置财产。

(5) 预算控制。预算控制要求企业实施全面预算管理制度,明确各责任单位在预算管理中的职责权限,规范预算的编制、审定、下达和执行程序,强化预算约束。

预算内资金实行责任人限额审批,限额以上资金实行集体审批。严格控制无预算的资金支出。

【经典习题·判断题】预算内资金实行单位负责人限额审批,限额以上资金实行集体审批。( )
【正确答案】×。

(6) 运营分析控制。运营分析控制要求企业建立运营情况分析制度,经理层应当综合运用生产、购销、投资、筹资、财务等方面的信息,通过因素分析、对比分析、趋势分析等方法,定期开展运营情况分析,发现存在的问题,及时查明原因并加以改进。

(7) 绩效考评控制。绩效考评控制要求企业建立和实施绩效考评制度,科学设置考核指标体系,对企业内部各责任单位和全体员工的业绩进行定期考核和客观评价,将考评结果作为确定员工薪酬以及职务晋升、评优、降级、调岗、辞退等的依据。

2)行政事业单位内部控制的控制方法

行政事业单位内部控制的控制方法一般包括不相容岗位相互分离、内部授权审批控制、归口管理、预算控制、财产保护控制、会计控制、单据控制、信息内部公开等。

（1）不相容岗位相互分离。合理设置内部控制关键岗位，明确划分职责权限，实施相应的分离措施，形成相互制约、相互监督的工作机制。

（2）内部授权审批控制。明确各岗位办理业务和事项的权限范围、审批程序和相关责任，建立重大事项集体决策和会签制度。相关工作人员应当在授权范围内行使职权、办理业务。

（3）归口管理。根据本单位实际情况，按照权责对等的原则，采取成立联合工作小组并确定牵头部门或牵头人员等方式，对有关经济活动实行统一管理。

（4）预算控制。强化对经济活动的预算约束，使预算管理贯穿于单位经济活动的全过程。

（5）财产保护控制。建立资产日常管理制度和定期清查机制，采取资产记录、实物保管、定期盘点、账实核对等措施，确保资产安全完整。

（6）会计控制。建立健全本单位财会管理制度，加强会计机构建设，提高会计人员业务水平，强化会计人员岗位责任制，规范会计基础工作，加强会计档案管理，明确会计凭证、会计账簿和财务会计报告处理程序。

（7）单据控制。要求单位根据国家有关规定和单位的经济活动业务流程，在内部管理制度中明确界定各项经济活动所涉及的表单和票据，要求相关工作人员按照规定填制、审核、归档、保管单据。

（8）信息内部公开。建立健全经济活动相关信息内部公开制度，根据国家有关规定和单位的实际情况，确定信息内部公开的内容、范围、方式和程序。

（三）内部审计

内部审计是指单位内部的一种独立客观的监督和评价活动，它通过单位内部独立的审计机构和审计人员审查和评价本部门、本单位财务收支和其他经营活动以及内部控制的适当性、合法性和有效性来促进单位目标的实现。

▶ 1. 内部审计的内容

内部审计的内容是一个不断发展变化的范畴，主要包括财务审计、经营审计、经济责任审计、管理审计和风险管理等。

（1）财务审计，是指审计机关按照《中华人民共和国审计法》及其实施条例和国家企业财务审计准则规定的程序和方法对国有企业（包括国有控股企业）资产、负债、损益的真实、合法、效益进行审计监督，对被审计企业会计报表反映的会计信息依法做出客观、公正的评价，形成审计报告，出具审计意见和决定，其目的是揭露和反映企业资产、负债和盈亏的真实情况，查处企业财务收支中各种违法违规问题，维护国家所有者权益，促进廉政建设，防止国有资产流失，为政府加强宏观调控服务。

（2）经营审计，是注册会计师为了评价被审计单位经营活动的效果和效率，而对其经营程序和方法进行的评价。在经营审计结束后，注册会计师一般要向被审计单位管理层提出经营管理的建议，在经营审计中，审计对象不限于会计，还包括组织机构、计算机系统、生产方法、市场营销以及注册会计师能够胜任的领域。在某种意义上，经营审计更像是管理咨询。

（3）经济责任审计，指针对企事业单位的法定代表人或经营承包人在任期内或承包期内应负的经济责任的履行情况所进行的审计。经济责任审计的主要目的是分清经济责任人任职期间在本部门、本单位经济活动中应当负有的责任，为组织人事部门和纪检监察机关和其他有关部门考核使用干部或者兑现承包合同等提供参考依据。

（4）管理审计，是现代审计一种新的审计类别，它是经济发展的必然结果，也是审计事业发展的必然结果，是审计人员对被审计单位经济管理行为进行监督、检查及评价并深入剖析的一种活动。它的目的是使被审计单位的资源配置更加富有效率。从管理审计的辅助手段上来说，它是相对于财务审计的一个概念，从被审计单位经济活动的外延来看，管理审计又是相对于经营审计的一种认知。对企业而言，经营讲的是市场，管理讲的是效率。从这个意义上讲，管理审计又可以称为效率审计。

（5）风险管理。风险管理是社会组织或者个人用以降低风险的消极结果的决策过程，通过风险识别、风险估测、风险评价，并在此基础上选择与优化组合各种风险管理技术，对风险实施有效控制和妥善处理风险所致损失的后果，从而以最小的成本收获最大的安全保障。有效地对各种风险进行管理有利于企业做出正确的决策、有利于保护企业资产的安全和完整、有利于实现企业的经营活动目标，对企业来说具有重要的意义。

▶ 2. 内部审计的特点

内部审计的审计机构和审计人员都设在本单位内部，审计的内容更侧重于经营过程是否有效、各项制度是否得到遵守与执行。审计结果的客观性和公正性较低，并且以建议性意见为主。

▶ 3. 内部审计的作用

内部审计在单位内部会计监督制度中的重要作用如下。

（1）预防保护作用。内部审计机构通过对会计部门工作的监督，有助于强化单位内部管理控制制度，及时发现问题纠正错误，堵塞管理漏洞，减少损失，保护资产的安全与完整，提高会计资料的真实、可靠性。

（2）服务促进作用。内部审计机构作为企业内部的一个职能部门，熟悉企业的生产经营活动等情况，工作便利。因此，通过内部审计，可在企业改善管理、挖掘潜力、降低生产成本、提高经济效益等方面起到积极的促进作用。

（3）评价鉴证作用。内部审计是基于受托经济责任的需要而产生和发展起来的，是经营管理分权制的产物。随着企业单位规模的扩大，管理层次增多，对各部门经营业绩的考核与评价是现代管理不可缺少的组成部分。通过内部审计，可以对各部门活动做出客观、公正的审计结论和意见，起到评价和鉴证的作用。

如何提高内部审计的效果

要提高内部审计作用，使其发挥效果，一方面，要加强内部审计的行业自律与引导；另一方面，企业的管理当局要赋予内部审计机构足够的权力。

1. 加强内部审计的行业自律与引导

我国的内部审计师协会也应该建立一套完整的关于内部审计方面的理论知识体系，包括规定内部审计人员应该具备的知识结构，加深内部审计人员对内部审计的性质、职能及自身定位的认识，加强对内部审计人员的上岗教育和后续教育，提高审计人员的素质，在行业内部形成一定的道德规范及自律机制，形成自己的职业道德和职业文化，在社会上建立足够的声誉，进而形成一定的职业性权威。

2. 管理当局要赋予内部审计机构足够的权力

企业的管理当局要赋予内部审计机构足够的权力，使之与其承担的责任相配，以形成足够的管理性权威，便于内部审计行使权力和履行责任，提高内部审计的效率和效果。

三、会计工作的政府监督

（一）会计工作政府监督的概念

会计工作的政府监督主要是指财政部门代表国家对单位和单位中相关人员的会计行为实施的监督检查，以及对发现的违法会计行为实施的行政处罚。会计工作的政府监督是一种外部监督。

（二）会计工作政府监督的主体

财政部门是会计工作政府监督的实施主体。县级以上人民政府财政部门为各单位会计工作的财政监督检查部门，对各单位会计工作行使监督权，对违法会计行为实施行政处罚。

除财政部门外，审计、税务、人民银行、银行监管、证券监管、保险监管等部门依照有关法律、行政法规规定的职责和权限，可以对有关单位的会计资料实施监督检查。如《税收征管法》规定，税务机关有权检查纳税人的账簿、记账凭证、报表和有关资料。

【经典习题·多选题】《会计法》赋予财政部门对会计行为的监督权，其他法律赋予对有关会计工作实施监督管理并对相关会计违反行为进行处罚职权的部门有（　　）。

A. 人民银行　　　　B. 证券监督部门　　C. 保险监管部门　　D. 审计、税务部门

【正确答案】A、B、C、D。

（三）财政部门会计监督的主要内容

为规范财政部门会计监督工作，保障财政部门有效实施会计监督，保护公民、法人和其他组织的合法权益，根据《会计法》《行政处罚法》《企业财务会计报告条例》等有关法律、行政法规规定，财政部于2001年2月20日颁布了《财政部门实施会计监督办法》，规定了财政部门对单位依法设置会计账簿的检查等五方面会计监督检查的内容。

▶ 1. 对单位依法设置会计账簿的检查

财政部门依法对各单位设置会计账簿的下列情况实施监督检查。

(1) 应当设置会计账簿的是否按规定设置会计账簿。

(2) 是否存在账外设账的行为。

(3) 是否存在伪造、变造会计账簿的行为。

(4) 设置会计账簿是否存在其他违反法律、行政法规和国家统一的会计制度的行为。

【经典习题·多选题】下列各项中，属于对会计账簿的监督内容主要有（　　）。

A. 是否按规定设置账簿

B. 有无伪造、毁灭会计账簿的情况

C. 会计账簿的启用、记录是否规范
D. 是否涂改、变造会计记录

【正确答案】A、B、C、D。

▶ 2. 对单位会计资料真实性、完整性的检查

财政部门依法对各单位会计凭证、会计账簿、财务会计报告和其他会计资料的真实性、完整性实施监督检查，内容包括以下方面。

(1)《会计法》第十条规定的应当办理会计手续、进行会计核算的经济业务事项是否如实在会计凭证、会计账簿、财务会计报告和其他会计资料上反映。

(2) 填制的会计凭证、登记的会计账簿、编制的财务会计报告与实际发生的经济业务事项是否相符。

(3) 财务会计报告的内容是否符合有关法律、行政法规和国家统一的会计制度的规定。

(4) 其他会计资料是否真实、完整。

在对以上所列事项实施监督的过程中，发现重大违法嫌疑时，国务院财政部门及其派出机构可以向与被监督单位有经济业务往来的单位和被监督单位开立账户的金融机构查询有关情况，有关单位和金融机构应当给予支持。

财政、审计、税务、人民银行、证券监管、保险监管等部门应当依照有关法律、行政法规规定的职责，对有关单位的会计资料实施监督检查。

前款所列监督检查部门对有关单位的会计资料依法实施监督检查后，应当出具检查结论。有关监督检查部门已经作出的检查结论能够满足其他监督检查部门履行本部门职责需要的，其他监督检查部门应当加以利用，避免重复查账。

依法对有关单位的会计资料实施监督检查的部门及其工作人员对在监督检查中知悉的国家秘密和商业秘密负有保密义务。

各单位必须依照有关法律、行政法规的规定，接受有关监督检查部门依法实施的监督检查，如实提供会计凭证、会计账簿、财务会计报告和其他会计资料以及有关情况，不得拒绝、隐匿、谎报。

▶ 3. 对单位会计核算情况的检查

财政部门依法对各单位会计核算的下列情况实施监督检查。

(1) 采用会计年度、使用记账本位币和会计记录文字是否符合法律、行政法规和国家统一的会计制度的规定。

(2) 填制或者取得原始凭证、编制记账凭证、登记会计账簿是否符合法律、行政法规和国家统一的会计制度的规定。

(3) 财务会计报告的编制程序、报送对象和报送期限是否符合法律、行政法规和国家统一的会计制度的规定。

(4) 会计处理方法的采用和变更是否符合法律、行政法规和国家统一的会计制度的规定。

(5) 使用的会计软件及其生成的会计资料是否符合法律、行政法规和国家统一的会计制度的规定。

(6) 是否按照法律、行政法规和国家统一的会计制度的规定建立并实施内部会计监督

制度。
(7) 会计核算是否有其他违法会计行为。

▶ 4. 对单位会计人员从业资格和任职资格的检查

财政部门依法对各单位任用会计人员的下列情况实施监督检查。
(1) 从事会计工作的人员是否具备专业能力、遵守职业道德。
(2) 会计机构负责人（会计主管人员）是否具备法律、行政法规和国家统一的会计制度规定的任职资格。

【经典习题·单选题】对各单位从事会计工作的人员是否具备专业能力、遵守职业道德实施会计监督的部门是（　　）。

A. 审计部门　　　B. 税务部门　　　C. 财政部门　　　D. 人事部门

【正确答案】C。

▶ 5. 对会计师事务所出具的审计报告的程序和内容的检查

国务院财政部门及其派出机构和省、自治区、直辖市财政部门依法对会计师事务所出具的审计报告的程序和内容实施监督检查。

各单位必须依照有关法律、行政法规的规定，接受有关监督检查部门依法实施的监督检查，如实提供会计凭证、会计账簿、财务会计报告和其他会计资料以及有关情况，不得拒绝、隐匿、谎报。

【经典习题·单选题】根据《中华人民共和国注册会计师法》的规定，有权对会计师事务所出具审计报告的程序和内容进行监督检查的部门是（　　）。

A. 省级以上国有资产管理部门　　　B. 省级以上财政部门
C. 省级以上工商行政管理部门　　　D. 省级以上税务部门

【正确答案】B。

四、会计工作的社会监督

(一) 会计工作社会监督的概念

会计工作的社会监督主要是指由注册会计师及其所在的会计师事务所依法对委托单位的经济活动进行审计、鉴证的一种外部监督。此外，单位和个人检举违反《会计法》和国家统一的会计准则制度规定的行为，也属于会计工作社会监督的范畴。

任何单位和个人有权检举违反《会计法》和国家统一的会计制度规定的行为。收到检举的部门有权处理的，应当依法按照职责分工及时处理；无权处理的，应当及时移送有权处理的部门处理。收到检举的部门、负责处理的部门应当为检举人保密，不得将检举人姓名和检举材料转给被检举单位和被检举人个人。违反《会计法》第三十条规定，将检举人姓名和检举材料转给被检举单位和被检举人个人的，由所在单位或者有关单位依法给予行政处分。

(二) 注册会计师审计与内部审计的关系

注册会计师审计与内部审计既有联系又有区别。

▶ 1. 两者的联系
(1) 都是现代审计体系的重要组成部分。
(2) 都关注内部控制的健全性和有效性。

(3) 注册会计师审计可能涉及对内部审计成果的利用等。

注册会计师审计为了提高审计效率往往需要借助内部审计，而内部审计部门也经常要求注册会计师提供管理建议书。

▶ 2. 两者的区别

(1) 审计独立性不同。内部审计受本部门、本单位直接领导，仅仅强调与其他职能部门相对独立，与双向独立的注册会计师审计不可同日而语。

(2) 审计方式不同。内部审计根据本部门、本单位经营管理的需要自觉施行，而注册会计师审计则是受托进行。

(3) 审计的职责和作用不同。内部审计的结果只对本部门、本单位负责，对外不起鉴证作用，并向外界保密。而注册会计师审计需要对投资者、债权人以及社会公众负责，对外出具的审计报告具有鉴证作用。

(4) 接受审计的自愿程度不同。内部审计是代表总经理或董事会实施的组织内部监督，是内部控制制度的重要组成部分，单位内部的组织必须接受内部审计人员的监督。注册会计师审计是以独立的第三方对被审计单位进行的审计，委托人可自由选择会计师事务所。

注册会计师审计与内部审计尽管存在很大的差别，但是，注册会计师审计作为一种外部审计，在工作中要利用内部审计的工作成果。任何一种外部审计在对一个单位进行审计时，都要对其内部审计的情况进行了解并考虑是否利用其工作成果。

(三) 注册会计师的业务范围

注册会计师执行业务，应当加入会计师事务所。注册会计师可以承办审计业务和会计咨询、会计服务业务。

注册会计师承办业务，由其所在的会计师事务所统一受理并与委托人签订委托合同。会计师事务所对本所注册会计师承办的业务，承担民事责任。

《注册会计师法》对注册会计师的业务范围做了如下规定。

(1) 审查企业财务会计报告，出具审计报告。

(2) 验证企业资本，出具验资报告。

(3) 办理企业合并、分立、清算事宜中的审计业务，出具有关报告。

(4) 法律、行政法规规定的其他审计业务。

(5) 承办会计咨询、服务业务。

(四) 委托注册会计师审计的单位责任

▶ 1. 如实提供会计资料

《会计法》规定："有关法律、行政法规规定，须经注册会计师进行审计的单位，应当向受委托的会计师事务所如实提供会计凭证、会计账簿、财务会计报告和其他会计资料以及有关情况。"

▶ 2. 不得干扰独立审计

(1) 注册会计师出具的审计报告具有法律效力，由注册会计师及其会计师事务所承担法律责任（审计责任）。

(2)《会计法》规定："任何单位或者个人不得以任何方式要求或者示意注册会计师及其所在的会计师事务所出具不实或者不当的审计报告。"

【经典习题·判断题】某国有企业因经营业绩滑坡，无法实现当年利润目标，单位负责人对财务负责人说:"我们一定要实现今年的利润目标,既然会计师事务所是我们出钱请的,要他们按我们的要求出具审计报告。"（　　）

【正确答案】×。

(五) 注册会计师出具审计报告注意事项

注册会计师在出具审计报告时,不得有下列行为。

(1) 明知委托人的财务会计处理与国家有关规定相抵触,而不予指明。

(2) 明知委托人的财务会计处理会直接损害报告使用人或者其他利害关系人的利益,而予以隐瞒或者作不实的报告。

(3) 明知委托人的财务会计处理会导致报告使用人或者其他利害关系人产生重大误解,而不予指明。

(4) 明知委托人的会计报表的重要事项有其他不实的内容,而不予指明。

案情简介

某增塑剂股份有限公司始建于1989年,主要生产大批量、通用性的大宗工业用增塑剂,2003年3月12日,在销售增塑剂产品过程中,出现了销售调拨单及销售章真实,财务专用章及增值税发票系伪造的现象,导致被骗货30吨,案值24万余元的重大损失。其诈骗具体手段如下。

(1) 一陌生客户隐匿真实情况,到公司销售,公司开具了真实的产品销售调拨单,使用伪造的财务专用章及增值税专用发票,私盖印章,然后到销售处盖销售章,最后到储运车间提货,导致事故发生。

(2) 利用财务部在三楼办公,销售部在一楼营业,储运发货部在公司后区的漏洞,经过长期预谋,使用假牌照的报废车作案,过了公司财务部收款开发票关、销售公司对接关、储存车间发货核对关、保卫科车辆出入口验收关、公司门卫查证关。

案例思考:

(1) 案件暴露出公司在印鉴管理、发票管理、交接工作、凭证单据检查、内部信息沟通方面的哪些漏洞?

(2) 内控原则在销售业务中如何具体运用?

分析与提示:

(1) 案件暴露出公司在印鉴管理等方面均存在管理漏洞。

① 印鉴管理失控。财务印鉴与销售印鉴缺少防伪措施,使用掌管存在漏洞,在加盖印鉴时未能得到有力的监控。

② 未建立发票购入、使用、注销的登记制度。销售人员及发货人员增值税专用发票及印章方面的知识缺乏,缺少鉴别能力,提供了骗术得逞的可能。

③ 交接工作不明晰。在交接工作时就存在个别遗留问题,理应责成其限期查明,否则不得离岗。

④ 凭证单据检查工作不力。

⑤ 反馈信息系统失灵,对账不及时,导致未能及早发现问题,杜绝漏洞。

(2) 内控原则在销售业务中的具体运用如下。

① 印鉴管理制度。财务负责人掌管财务印鉴，加盖时要审查有无审批手续，金额是否正确，用途是否符合规定。不得签发远期和空头支票。应更换防伪印章。

② 严格发票鉴别制度。相关人员应熟悉科学的发票鉴别方法，提高发票鉴别能力，丰富发票鉴别工具和方法等。

③ 严格交接手续。有关人员调换岗位，须按规定与接替人员办理交接手续，做到前不清，后不接。离职人员须编制移交清单，列明移交的账、证、表、公章、资料及有关事项，由监交人签字认可后方可办理手续。交接清单一式三份，其中一份存档。

④ 核对往来账务。督促有关人员及时、全面、正确地进行账务处理，使收支业务尽早入账，不得压单；记账与出纳业务的职责相分离，使记账的权限仅限于主管会计，用密码的方式给予限定；对现金的账实情况进行经常性和突击性抽查，查看库存的现金有无超出限额，有无挪用盈亏情况，保管措施如何；监督移交工作的整个过程，查看移交清单是否完整，对于遗留问题应限期查清，不留后遗症。

⑤ 财务负责人应指派专人随时随地与销售及发货核对账务，及时互通信息，查实原因，调整账务并催收应收国内(外)账款。

复习思考题

1. 会计监督体系的构成是什么？
2. 财政部门会计监督检查的主要内容是什么？
3. 单位内部会计监督的主体与对象是什么？单位内部会计监督的对象是单位负责人吗？
4. 不相容职务相互分离的主要内容是什么？
5. 会计师事务所业务范围是什么？

第五节　会计机构和会计人员

案例导入

王跃会计专业毕业后就职于飞腾有限公司总账报表工作岗位，持有会计从业资格证，目前已在该岗位工作一年，由于工作中表现突出，受到公司重视。一日，董事长说："小王挺有能力的，让小王去当会计部门负责人吧，这个职位很关键，需要有能力有才干的人。"

案例思考：王跃是否具备会计机构负责人的任职资格？在他没有考取会计师的前提下，是否

有其他的途径达到会计机构负责人的任职资格?

分析与提示:王跃不具备会计机构负责人的任职资格。在没有考取会计师的前提下,王跃在从事会计工作三年后即可达到会计机构负责人的任职资格。

一、会计机构的设置

(一) 办理会计事务的组织方式

《会计法》第三十六条规定:"各单位应该根据会计业务的需要,设置会计机构,或者在有关机构中设置会计人员并指定会计主管人员;不具备设置条件的应当委托经批准设立从事会计代理记账业务的中介机构代理记账。"各单位办理会计事务的组织方式有以下三种。

▶ **1. 单独设置会计机构**

一个单位应当设置会计机构还是在有关机构中设置专职会计人员,由各单位根据会计业务的繁简和实际需要来决定。

《会计法》规定:单位是否需要设置会计机构,取决于单位规模的大小、经济业务和财务收支的繁简、经营管理的要求。

一般来说,凡实行企业化管理的事业单位、大中型企业(包括集团公司、股份有限公司、有限责任公司等),应当设置会计机构;业务较多的行政单位、社会团体和其他组织也应设置会计机构。而那些规模较小的企业、业务和人员都不多的行政单位,可以将业务并入其他职能部门,或者实行代理记账。

【经典习题·多选题】《会计法》规定,单位是否需要设置会计机构,取决于(   )。

A. 单位规模的大小　　　　　　　　B. 经济业务和财务收支的繁简
C. 经营管理的要求　　　　　　　　D. 上级部门的要求

【正确答案】A、B、C。

▶ **2. 有关机构中配置专职会计人员**

因财务收支数额不大、会计业务比较简单、不设置财务会计机构,而在有关机构中设置若干办理会计工作的专职会计人员的岗位,单位行政领导人应当在这些会计人员或在该机构的负责人中,指定一人为会计主管人员,负责组织管理会计事务,行使会计机构负责人职权。

【经典习题·单选题】因财务收支数额不大,会计核算业务比较简单,不设置财务会计机构,而在有关机构中设置会计人员的单位,单位负责人应当(   )。

A. 任命或聘请会计机构负责人　　　B. 指定会计主管人员
C. 兼任该机构的负责人　　　　　　D. 指定会计人员

【正确答案】B。

▶ **3. 实行代理记账**

代理记账,是指从事代理记账业务的社会中介机构(会计咨询服务机构、会计师事务所)接受委托代替独立核算单位办理记账、算账、报账业务。

1) 设立代理记账机构的条件

财政部于2005年发布了《代理记账管理办法》,2016年2月16日发布了《中华人民共和国财政部令第80号令——代理记账管理办法》。除会计师事务所以外的机构从事代理记账业务应当经县级以上地方人民政府财政部门(以下简称审批机关)批准,领取由财政部统一规定样式的代理记账许可证书。具体审批机关由省、自治区、直辖市、计划单列市人民政府财政部门确定。会计师事务所及其分所可以依法从事代理记账业务。

符合下列条件的机构可以申请代理记账资格:

(1)为依法设立的企业。

(2)持有会计从业资格证书的专职从业人员不少于3名。

(3)主管代理记账业务的负责人具有会计师以上专业技术职务资格且为专职从业人员。

(4)有健全的代理记账业务内部规范。

新《代理记账管理办法》放宽市场准入

从事会计代理记账业务审批由工商登记前置审批改为后置审批,放宽市场准入,删除了"有固定的办公场所"和"有健全的财务会计管理制度"两项准入条件,改为有健全的代理记账业务内部规范,并将代理记账资格申请应提交的六项材料简化为四项。

【经典习题·单选题】主管代理记账业务的负责人必须具有( )以上的专业技术资格。

A. 助理会计师　　　　　　　　B. 会计师

C. 注册会计师　　　　　　　　D. 高级会计师

【正确答案】B。

2) 代理记账的业务范围

(1) 根据委托人提供的原始凭证和其他资料,按照国家统一的会计制度的规定进行会计核算,包括审核原始凭证、填制记账凭证、登记会计账簿、编制财务会计报告等。

(2) 对外提供财务会计报告。代理记账机构为委托人编制的财务会计报告,经代理记账机构负责人和委托人签名并盖章后,按照有关法律、行政法规和国家统一的会计制度的规定对外提供。

(3) 向税务机关提供税务资料。

(4) 委托人委托的其他会计业务。

【经典习题·多选题】下列各项中,属于代理记账机构能办理的业务是( )。

A. 接受委托进行会计核算　　　　B. 对外提供财务会计报告

C. 向税务机关提供税务资料　　　D. 接受委托进行社会审计

【正确答案】A、B、C。

3) 委托代理记账的委托人的义务

(1) 对本单位发生的经济业务事项,应当填制或者取得符合国家统一的会计制度规定的原始凭证。

(2) 应当配备专人负责日常货币收支和保管。

(3) 及时向代理记账机构提供真实、完整的原始凭证和其他相关资料。

(4) 对于代理记账机构退回的要求按照国家统一的会计制度规定进行更正、补充的原始凭证,应当及时予以更正、补充。

4）代理记账机构及其从业人员的义务

①遵守有关法律、法规和国家统一的会计制度的规定，按照委托合同办理代理记账业务；

②对在执行业务中知悉的商业秘密予以保密；

③对委托人要求其作出不当的会计处理，提供不实的会计资料，以及其他不符合法律、法规和国家统一的会计制度行为的，予以拒绝；

④对委托人提出的有关会计处理相关问题予以解释。

5）法律责任

委托人对代理记账机构在委托合同约定范围内的行为承担责任。

代理记账机构对其专职从业人员和兼职从业人员的业务活动承担责任。

县级以上人民政府财政部门对代理记账机构及其从事代理记账业务情况实施监督检查。

(二) 会计机构负责人的任职资格

▶ 1. 会计机构负责人（会计主管人员）

会计机构负责人（会计主管人员），是指在一个单位内具体负责会计工作的中层领导人员。设置会计机构，应当配备会计机构负责人；在有关机构中配备专职会计人员，应当在专职会计人员中指定会计主管人员。

▶ 2. 会计机构负责人（会计主管人员）的任职资格

会计机构负责人（会计主管人员）担负着具体组织、领导会计人员进行会计核算、实施会计监督的重要职责，其素质和能力直接关系到本单位的会计工作水平和质量。因此，对其任职资格必须加以规定。

《会计法》第三十八条规定："担任单位会计机构负责人（会计主管人员）的，除取得会计从业资格证书外，还应当具备会计师以上专业技术职务资格或者从事会计工作3年以上经历。"

▶ 3. 会计机构负责人（会计主管人员）的基本条件

《会计基础工作规范》第七条规定了会计机构负责人（会计主管人员）应当具备下列基本条件。

(1) 坚持原则，廉洁奉公。

(2) 具有会计专业技术资格。

(3) 主管一个单位或者单位内一个重要方面的财务会计工作时间不少于2年。

(4) 熟悉国家财经法律、法规、规章和方针、政策，掌握本行业业务管理的有关知识。

(5) 有较强的组织能力。

(6) 身体状况能够适应本职工作的要求。

需要说明的是，会计主管人员不同于通常所说的"会计主管""主管会计"和"主办会计"等，它是指在一个单位内负责组织管理会计事务、行使会计机构负责人职权的负责人。

二、会计工作岗位设置

(一) 会计工作岗位的概念

会计工作岗位是指单位会计机构内部根据业务分工而设置的从事会计工作、办理会计事项的具体职位。

（二）主要会计工作岗位

《会计基础工作规范》第十一条规定了会计工作岗位一般可分为会计机构负责人或者会计主管人员、出纳、财产物资核算、工资核算、成本费用核算、财务成果核算、资金核算、往来结算、总账报表、稽核、档案管理等。开展会计电算化和管理会计的单位，可以根据需要设置相应工作岗位，也可以与其他工作岗位相结合。各单位应当根据会计业务需要设置会计工作岗位。

对于会计档案管理岗位，在会计档案正式移交档案管理部门前，属于会计岗位；会计档案正式移交档案管理部门后，会计档案管理工作不再属于会计岗位。档案管理部门的人员管理会计档案，不属于会计岗位。

医院门诊收费员、住院处收费员、药房收费员、药品库房记账员、商场收费（银）员所从事的工作不属于会计岗位。

单位内部审计、社会审计、政府审计工作不属于会计岗位。

（三）总会计师

总会计师协助单位主要行政领导人工作，直接对单位主要行政领导人负责。所以，总会计师不是一种专业技术职务，也不是会计机构的负责人或会计主管人员，而是一种行政职务。

▶ 1. 总会计师的设置

《总会计师条例》规定："国有的和国有资产占控股地位或者主导地位的大中型企业必须设置总会计师。"

凡设置总会计师的单位，在行政领导成员中，不再设与总会计师职权重叠的副职。

▶ 2. 总会计师的任免

企业的总会计师由本单位主要行政领导人提名，政府主管部门任命或者聘任。

▶ 3. 总会计师必须具备的条件

取得会计师专业技术资格后，主管一个单位或者单位内部一个重要方面的财务会计工作的时间不少于3年。

（四）会计工作岗位设置的要求

会计工作岗位设置要求包括以下内容。

▶ 1. 按需设岗

一个单位究竟设置多少会计工作岗位，需要配备多少会计人员，由各单位根据会计业务需要决定，设置适应需要的会计工作岗位，配备数量适当的会计人员，是提高会计工作效率和质量的重要保证。

▶ 2. 符合内部牵制的要求

内部牵制制度，是指凡涉及款项或者财物的收付、结算以及登记工作，必须由两人或者两人以上分工办理，以相互制约的工作制度。

各单位应当建立内部牵制制度，根据规定，会计工作岗位可以一人一岗、一人多岗或者一岗多人，但出纳人员不得兼管稽核、会计档案保管和收入、费用、债权债务账目的登记工作。

【经典真题·多选题】会计基础工作规范规定,除出纳不得兼任稽核、会计档案和收入、费用、债权债务的记账工作外,会计工作岗位设置可以( )。

A. 一人一岗
B. 一人多岗
C. 一岗多人
D. 根据本单位会计业务的需要设置会计工作岗位

【正确答案】A、B、C、D。

▶ 3. 建立岗位责任制

会计人员岗位责任制度的主要内容包括会计人员的工作岗位设置、各会计工作岗位的职责和标准、各会计工作岗位的人员和具体分工、会计工作岗位轮换办法、对各会计工作岗位的考核办法。

▶ 4. 建立轮岗制度

对会计人员的工作岗位要有计划地进行轮岗,以促进会计人员全面熟悉业务和不断提高业务素质。

三、会计工作交接

(一)交接的范围

会计人员工作调动、离职或因病暂时不能工作,应与接管人员办理交接手续。

▶ 1. 会计人员工作调动或者因故离职的交接

根据《会计基础工作规范》第二十五条规定:"会计人员工作调动或者因故离职,必须将本人所经管的会计工作全部移交给接替人员。没有办清交接手续的,不得调动或者离职。"

▶ 2. 会计人员临时离职或者因病不能工作的交接

根据《会计基础工作规范》第三十三条规定:"会计人员临时离职或者因病不能工作且需要接替或者代理的,会计机构负责人、会计主管人员或单位领导人必须指定有关人员接替或者代理,并办理交接手续。"

临时离职或者因病不能工作的会计人员恢复工作的,应当与接替或者代理人员办理交接手续。

移交人员因病或者其他特殊原因不能亲自办理移交的,经单位领导人批准,可由移交人员委托他人代办移交,但委托人应当承担对所移交的会计凭证、会计账簿、会计报表和其他有关资料的合法性、真实性承担法律责任。

▶ 3. 单位撤并的会计工作交接

根据《会计基础工作规范》第三十四条规定:"单位撤销时,必须留有必要的会计人员,会同有关人员办理清理工作,编制决算。未移交前,不得离职。接收单位和移交日期由主管部门确定。"

单位合并、分立的,其会计工作交接手续比照上述有关规定办理。

(二)交接程序

办理会计工作交接,应按以下程序进行。

▶ 1. 提出交接申请

首先应提交书面交接申请并经相关人员确认。

(1) 会计人员在向单位或者有关部门提出调动工作或者离职申请时，应当"同时"向会计机构提出会计交接申请，以便会计机构早作准备，安排其他会计人员接替工作。

(2) 单位或者有关部门在批准其申请"前"，应当"主动"与本单位的会计机构负责人沟通，了解该会计人员是否申请办理交接手续，以及会计机构的意见等。

▶ 2. 办理移交手续前的准备工作

(1) 已经受理的经济业务尚未填制会计凭证的应当填制完毕。

(2) 尚未登记的账目应当登记完毕，结出余额，并在最后一笔余额后加盖经办人印章。

(3) 整理好应该移交的各项资料，对未了事项和遗留问题要写出书面说明材料。

(4) 编制移交清册，列明应该移交的会计凭证、会计账簿、财务会计报告、公章、现金、有价证券、支票簿、发票、文件、其他会计资料和物品等内容；实行会计电算化的单位，从事该项工作的移交人员应在移交清册上列明会计软件及密码、会计软件数据盘、磁带等内容。

【经典习题·多选题】关于会计人员办理会计工作交接前的准备工作，下列说法中，正确的有（　　）。

A. 编制移交清册
B. 整理资料、公物，对未了事项和遗留问题写出书面说明
C. 尚未登记的账目不再登记
D. 已受理但未办理的经济业务不再办理

【正确答案】A、B。

▶ 3. 移交点收

移交人员在办理移交时，要按移交清册逐项移交；接替人员要逐项核对点收。

(1) 现金、有价证券要根据会计账簿有关记录进行点交。库存现金、有价证券必须与会计账簿记录保持一致。不一致时，移交人员必须限期查清。

(2) 会计凭证、会计账簿、会计报表和其他会计资料必须完整无缺。如有短缺，必须查清原因，并在移交清册中注明，由移交人员负责。

(3) 银行存款账户余额要与银行对账单核对，如不一致，应当编制银行存款余额调节表调节相符，各种财产物资和债权债务的明细账户余额要与总账有关账户余额核对相符；必要时，要抽查个别账户的余额，与实物核对相符，或者与往来单位、个人核对清楚。

(4) 移交人员经管的票据、印章和其他实物等，必须交接清楚；移交人员从事会计电算化工作的，要对有关电子数据在实际操作状态下进行交接。

会计机构负责人、会计主管人员移交时，还必须将全部财务会计工作、重大财务收支和会计人员的情况等，向接替人员详细介绍。对需要移交的遗留问题，应当写出书面材料。

【经典习题·单选题】出纳人员交接时，对现金应根据会计账簿的（　　）进行当面点交。

A. 期初余额　　　B. 发生额　　　C. 余额　　　D. 增加额

【正确答案】C。

▶ 4. 专人负责监交

会计人员办理交接手续,必须有监交人负责监交。

一般会计人员交接,由单位会计机构负责人、会计主管人员负责监交;会计机构负责人、会计主管人员交接,由单位领导人负责监交,必要时可由上级主管部门派人会同监交。

【经典习题·单选题】一般会计人员办理会计工作交接时,负责监交的是( )。

A. 其他会计人员　　　　　　B. 会计机构负责人
C. 单位负责人　　　　　　　D. 人事负责人

【正确答案】B。

会同监交的具体情况

(1) 所属单位负责人不能监交,需要由主管单位派人代表主管单位监交,如因单位撤并而办理交接手续等。

(2) 所属单位负责人不能尽快监交,需要由主管单位派人督促监交,如主管单位责成所属单位撤换不合格的会计机构负责人(会计主管人员),所属单位负责人却以种种借口拖延不办交接手续时,主管单位应派人督促会同监交等。

(3) 不宜由所属单位负责人单独监交,而需要主管单位会同监交,如所属单位负责人与办理交接手续的会计机构负责人(会计主管人员)有矛盾,交接时需要主管单位派人会同监交,以防可能发生单位负责人借机刁难等。

(4) 主管单位认为交接中存在某种问题需要派人监交时,也可派人会同监交。

▶ 5. 交接后的有关事宜

(1) 会计工作交接完毕后,交接双方和监交人在移交清册上签名或盖章,并应在移交清册上注明:单位名称,交接日期,交接双方和监交人的职务、姓名,移交清册页数以及需要说明的问题和意见等。移交清册一般应填制一式三份,交接双方各执一份,存档一份。

(2) 接替人员应当继续使用移交的会计账簿,不得自行另立新账,以保持会计记录的连续性。

(3) 接替人员应当认真接管移交工作,并继续办理移交的未了事项。

(三) 交接人员的责任

移交人员对所移交的会计凭证、会计账簿、会计报表和其他有关资料的合法性、真实性承担法律责任。

即便接替人员在交接时因疏忽没有发现所接会计资料在真实性、完整性方面的问题,如事后发现仍应由原移交人负责,原移交人员不应以会计资料已移交为由而推脱责任。

【经典习题·判断题】会计人员办理工作交接后,移交人员对自己移交的会计资料的合法性、真实性不再承担法律责任。( )

【正确答案】×。

四、会计专业技术资格与职务

(一) 会计专业技术资格

▶ 1. 会计专业技术资格的类别

会计专业技术资格,是指担任会计专业职务的任职资格。

会计专业技术资格分为初级资格、中级资格和高级资格。根据1992年3月财政部、人事部发布的《会计专业技术资格考试暂行规定》以及相关补充规定的规定,初级、中级资格的取得实行全国统一考试制度,高级会计师资格的取得实行考试与评审相结合制度。

▶ 2. 资格考试组织领导

2017年11月4下午,第十二届全国人大常委会第三十次会议表决通过了关于修改《会计法》的决定,修改了"从事会计工作的人员,必须取得会计从业资格证书"的规定,改为"会计人员应当具备从事会计工作所需要的专业能力"。

根据《会计专业技术资格考试暂行规定》实施办法,财政部、人事部联合成立全国会计专业技术资格考试领导小组(以下简称资格考试领导小组)决定考试的有关政策、计划等重大原则问题。领导小组组长由财政部一位副部长担任。资格考试领导小组下设考试办公室,考试办公室设在财政部会计事务管理司,具体负责会计专业技术资格考试计划的安排,组织大纲编写和命题,制发考试组织、实施工作中有关办法和规则,规范、指导、协调各地考务工作,处理有关资格考试的日常工作。

各省、自治区、直辖市财政厅(局)与人事厅(局)或职改部门联合成立会计专业技术资格考试领导小组,根据《会计专业技术资格考试暂行规定》第十一条的规定,设立相应的考务工作办事机构,按照全国资格考试领导小组的统一部署和要求,组织本地区的考试工作。

会计专业技术资格实行全国统一组织、统一考试时间、统一考试大纲、统一考试命题、统一合格标准的考试制度。会计专业技术资格实行全国统一考试后,不再进行相应会计专业技术职务任职资格的评审工作。

▶ 3. 考试科目的设置

(1) 会计专业技术初级资格考试科目包括初级会计实务、经济法基础两个科目。参加初级资格考试的人员必须在一个考试年度内通过全部科目的考试。

(2) 会计专业技术中级资格考试科目包括中级会计实务(一)、中级会计实务(二)、财务管理、经济法四个科目。会计专业技术中级资格考试以两年为一个周期,参加考试的人员必须在连续的两个考试年度内通过全部科目的考试。部分科目合格后,由当地考试管理机构核发成绩通知单。

(3) 会计专业技术高级资格考试科目包括考试科目为《高级会计实务》,采取开卷笔答方式进行。主要考核应试者运用会计、财务、税收等相关的理论知识、政策法规,分析、判断、处理会计业务的能力和解决会计工作实际问题的综合能力。

▶ 4. 定期登记

会计专业技术资格实行定期登记制度。资格证书每三年登记一次。持证者应按规定到当地人事、财政部门指定的办事机构办理登记手续。

取得会计专业技术资格的人员,应按照财政部的有关规定,接受相应级别会计人员的继续教育。

会计专业技术资格考试的报名条件

《会计专业技术资格考试暂行规定》第六条，报名参加会计专业技术资格考试的人员，应具备下列基本条件。

(1) 坚持原则，具备良好的职业道德品质。

(2) 认真执行《中华人民共和国会计法》和国家统一的会计制度，以及有关财经法律、法规、规章制度，无严重违反财经纪律的行为。

(3) 履行岗位职责，热爱本职工作。

(4) 具备会计从业资格，持有会计从业资格证书。

报名参加会计专业技术初级资格考试的人员，除具备本规定第六条所列的基本条件外，还必须具备教育部门认可的高中毕业以上学历。

《会计专业技术资格考试暂行规定》第八条，报名参加会计专业技术中级资格考试的人员，除具备本规定第六条所列的基本条件外，还必须具备下列条件之一。

(1) 取得大学专科学历，从事会计工作满五年。

(2) 取得大学本科学历，从事会计工作满四年。

(3) 取得双学士学位或研究生班毕业，从事会计工作满二年。

(4) 取得硕士学位，从事会计工作满一年。

(5) 取得博士学位。

《会计专业技术资格考试暂行规定》第九条，对通过全国统一的考试，取得经济、统计、审计专业技术中、初级资格的人员，并具备本规定第六条所列的基本条件，均可报名参加相应级别的会计专业技术资格考试。

申请参加高级会计师资格考试的人员，应符合下列条件之一。

(1) 《会计专业职务试行条例》规定的高级会计师职务任职资格评审条件，各地具体规定有所不同，请查阅当地的报考条件。

(2) 省级财政、人力资源社会保障部门或中央单位批准的本地区、本部门申报高级会计师职务任职资格评审的破格条件。报考人员应根据各省具体要求提交相应的报名材料。

取得会计专业技术资格的会计人员，表明其已具备担任相应级别会计专业技术职务的任职资格，用人单位可根据工作需要，从获得会计专业技术资格的会计人员中择优聘任。

(二) 会计专业职务

会计专业职务，是区别会计人员业务技能的技术等级。

《会计专业职务试行条例》规定，我国的会计专业职务分为高级会计师、会计师、助理会计师、会计员四级。其中，高级会计师为高级职务，会计师为中级职务，助理会计师和会计员为初级职务。

▶ 1. 专业职务的基本职责

(1) 会计员负责具体审核和办理财务收支，编制记账凭证，登记会计账簿，编制会计报表和办理其他会计事务。

(2) 助理会计师负责草拟一般的财务会计制度、规定、办法、解释、解答财务会计法规、制度中的一般规定；分析检查某一方面或某些项目的财务收支和预算的执行情况。

(3)会计师负责草拟比较重要的财务会计制度、规定、办法;解释、解答财务会计法规、制度中的重要问题;分析检查财务收支和预算的执行情况;培养初级会计人才。

(4)高级会计师负责草拟和解释、解答在一个地区、一个部门、一个系统或在全国施行的财务会计法规、制度、办法;组织和指导一个地区或一个部门、一个系统的经济核算和财务会计工作;培养中级以上会计人才。

▶ 2. 专业职务的设置

各级会计专业职务的设置,应根据会计人员的编制定员、专业职务限额比例、所担负的任务和会计干部队伍的实际情况确定,并按规定程序报经批准。

▶ 3. 专业职务的聘任

聘任和任命会计专业职务,应由本人申请、单位推荐,经会计专业职务评审委员会(以下简称评审委员会)考核评议,确认符合相应的任职条件。

单位行政领导人应根据工作需要和规定的限额,在评审委员会确认的符合任职条件的人员中聘任或任命;未经评审委员会确认符合任职条件的,不得聘任或任命。

会计专业职务任期一般每任不超过5年,根据工作需要可以续聘或连任。在任期中工作成绩突出者,经评审委员会评议合格,可在规定的限额内提前晋职。

各单位要建立、健全会计专业人员的业绩考核制度,对任职会计专业人员的业务水平、工作态度和成绩进行定期或不定期的考核,记入档案,作为任职、调薪、奖惩和能否续聘的依据。

评议、聘任(任命)会计专业人员,应坚持任人唯贤的原则。各级领导要认真掌握有关政策,保护聘任(任命)单位和会计专业人员双方的权益。对借聘任(任命)之机打击迫害会计专业人员的领导干部,或伪造学历、资历、谎报成果、骗取会计专业职务的人员,应视情节轻重,严肃处理。

案情简介

坤龙公司是一家民营企业,本年度发生以下事项:

(1)会计档案管理人临时请假一星期,由出纳接管,但未办理接管手续。

未办理会计交接手续;
不符合内部牵制要求;
无会计机构负责人资质;
未办理会计从业资格调转

(2)任命自参加工作以来一直从事文秘的王某为会计科科长。

案例思考:

(1)该公司出纳临时保管会计档案的做法合法吗?是否需要办理交接?为什么?

(2)王某担任会计科科长的做法合法吗?为什么?

分析与提示:

(1)该公司出纳临时保管会计档案的做法不合法。如果接管,需要办理接管手续。根据我国现行会计制度规定,出纳人员不得兼管稽核、会计档案保管和收入、费用、债权债务账目的登记工作。

(2)王某担任会计科科长的做法不合法。《会计法》规定:"担任单位会计机构负责人(会计主管人员)的,应当具备会计师以上专业技术职务资格或者从事会计工作三年以上经历。"显然王某不具备。

复习思考题

1. 怎样设置会计机构？
2. 会计档案管理、审计是会计岗位吗？会计工作岗位设置要求是什么？
3. 代理记账的业务范围是什么？
4. 会计人员工作交接的范围是什么？会计工作交接的程序是什么？会计工作交接后需要另设新账吗？
5. 我国会计专业技术资格的类别有哪些？会计专业职务的等级有哪些？

第六节　法律责任

案例导入

冯珂一直在位于南京白下区的一家公司做会计，由于多次抵制领导提出的做假账要求，屡遭打击报复。为缓解矛盾，加上身体不好，她向单位申请离岗休养，不料公司却安排她去做完全不能胜任的缝纫工。冯珂没有听从安排，随即遭到解雇。

案例思考：其领导构成什么罪？如果冯珂听从领导安排做假账，需要承担什么法律责任？

分析与提示：其领导构成打击报复会计人员罪。如果做假账，尚不构成犯罪的，负行政责任，通报、罚款、行政处分、吊销会计从业资格证。构成犯罪的，处3年以下有期徒刑或拘役，并处或单处2万～20万元的罚金。

一、法律责任概述

法律责任是指违反法律规定的行为应当承担的法律后果。

（一）违法

违法是指国家机关及其工作人员、企事业单位、公民和社会团体，不履行法定义务，违反法律禁止性规定，滥用权力等，从而造成某种危害社会的有过错的行为。

（二）违法行为的分类

▶ 1．一般违法

社会危害性较小，情节较轻，虽然也侵犯了法律所保护的社会关系，但是没有达到犯罪程度的行为。

▶ 2．严重违法

严重违法也就是刑事违法行为、犯罪，是指有重大社会危害性的、触犯刑律的、应受刑罚处罚的行为。

(三)法律责任的形式

《会计法》规定的法律责任主要有行政责任和刑事责任。

1. 行政责任

行政责任是指行政法律关系主体在国家行政管理活动中因违反了行政法律规范,所应承受的由国家行政机关或国家授权单位对其依行政程序所给予的制裁。

行政责任主要有行政处罚和行政处分两种方式。

1) 行政处罚

行政处罚,是指特定的行政主体基于一般行政管理职权,对其认为违反行政法的强制性义务、违反行政管理程序的行政管理相对人所实施的一种行政制裁措施。行政处罚的方式包括以下内容。

(1) 警告,是国家对行政违法行为人的谴责和告诫,是国家对行为人违法行为所做的正式否定评价。

(2) 罚款,是行政机关对行政违法行为人强制收取一定数量金钱,剥夺一定财产权利的制裁方法。

(3) 没收违法所得、没收非法财物。没收违法所得,是行政机关将行政违法行为人占有的,通过违法途径和方法取得的财产收归国有的制裁方法;没收非法财物,是行政机关将行政违法行为人非法占有的财产和物品收归国有的制裁方法。

(4) 责令停产停业,是行政机关强制命令行政违法行为人暂时或永久地停止生产经营和其他业务活动的制裁方法。

(5) 暂扣或者吊销许可证、暂扣或者吊销执照,是行政机关暂时或者永久地撤销行政违法行为人拥有的国家准许其享有某些权利或从事某些活动资格的文件,使其丧失权利和活动资格的制裁方法。

(6) 行政拘留,是治安行政管理机关(公安机关)对违反治安管理的人短期剥夺其人身自由的制裁方法。

(7) 法律、行政法规规定的其他行政处罚。

县级以上财政部门对违反《中华人民共和国会计法》规定行为的单位和个人作出行政处罚的类别主要有:罚款、责令限期改正和不得从事会计工作等。

《行政处罚法》的主要规定

《行政处罚法》在1996年3月17日第八届全国人民代表大会第四次会议通过,其主要规定如下。

(1) 行政处罚主要分为六种:警告,罚款,没收违法所得、没收非法财物,责令停产停业,暂扣或者吊销许可证、暂扣或者吊销执照,行政拘留。

(2) 行政处罚由违法行为发生地的县级以上地方人民政府具有行政处罚权的行政机关管辖。行政机关实施行政处罚时,应当责令当事人改正或者限期改正违法行为。

(3) 行政处罚应遵循的基本原则"一事不再罚",即对当事人的同一个违法行为,规定不得给予两次以上罚款的行政处罚。如吊销营业执照只能由工商行政管理部门行使,吊销卫生许可证只能由卫生部门行使。

(4) 当事人主动消除或者减轻违法行为危害后果，或者是受他人胁迫有违法行为，或者配合行政机关查处违法行为有立功表现的，应当依法从轻或者减轻行政处罚。违法行为轻微并及时纠正，没有造成危害后果的，不予行政处罚。

(5) 行政机关在做出处罚决定之前，应当告知当事人做出处罚决定的事实、理由、依据及当事人依法享有的有关权利；当事人有权陈述和申辩。

(6) 行政处罚决定依法做出后，当事人应当在行政处罚决定的期限内予以履行。

2) 行政处分

行政处分，是国家工作人员违反行政法律规范所应承担的一种行政法律责任，是行政机关对国家工作人员故意或者过失侵犯行政相对人的合法权益所实施的法律制裁。

国家工作人员，是指国家机关、国有公司、企业、事业单位、人民团体中从事公务的人员及其委派到非国有公司、企业、事业单位、社会团体从事公务的人员，以及其他依照法律从事公务的人员。

行政处分的方式主要包括警告、记过、记大过、降级、撤职、开除等惩罚性措施。

(1) 警告。对违反行政纪律的行为主体提出告诫，使之认识应负的行政责任，以便加以警惕，使其注意并改正错误，不再犯此类错误。这种处分适用于违反行政纪律行为轻微的人员。

(2) 记过。记载或者登记过错，以示惩处之意。这种处分，适用于违反行政纪律行为比较轻微的人员。

(3) 记大过。记载或登记较大或较严重的过错，以示严重惩处的意思。这种处分，适用于违反行政纪律行为比较严重，给国家和人民造成一定损失的人员。

(4) 降级。降低其工资等级。这种处分，适用于违反行政纪律，使国家和人民的利益受一定损失，但仍然可以继续担任现任职务的人员。

(5) 撤职。撤销现任职务。这种处分适用于违反行政纪律行为严重，已不适宜担任现任职务的人员。

(6) 开除。取消其公职。这种处分适用于犯有严重错误已丧失国家工作人员基本条件的人员。

▶ 2. 刑事责任

刑事责任是指触犯《刑法》的犯罪人所应承受的由国家审判机关(人民法院)给予的制裁，即刑罚。

刑事责任包括两类问题：犯罪(行为)和刑罚(刑罚是犯罪的法律后果)。

1) 关于犯罪

我国《刑法》第十三条对犯罪的规定："一切危害国家主权、领土完整和安全，分裂国家、颠覆人民民主专政的政权和推翻社会主义制度，破坏社会秩序和经济秩序，侵犯国有财产或者劳动群众集体所有的财产，侵犯公民私人所有的财产，侵犯公民的人身权利、民主权利和其他权利，以及其他危害社会的行为，依照法律应当受刑罚处罚的，都是犯罪，但是情节显著轻微危害不大的，不认为是犯罪。"

犯罪的三个基本特征是严重的社会危害性、刑事违法性和应受刑罚处罚性。

犯罪的要件

每一种犯罪都具备四个方面的要件，即犯罪主体、犯罪的主观方面、犯罪客体和犯罪的客观方面。

(1) 犯罪主体，是指实施犯罪行为的人。每一种犯罪，都必须有犯罪主体，有的犯罪是一个人实施的，犯罪主体就是一人，有的犯罪是数人实施的，犯罪主体就是数人。根据刑法规定，公司、企业、事业单位、机关、团体实施犯罪的，构成单位犯罪，因此，单位也可以成为犯罪主体。

(2) 犯罪的主观方面，是指犯罪主体对其实施的犯罪行为及其结果所具有的心理状态。犯罪主观方面的心理状态有两种，即故意和过失。如犯盗窃罪，犯罪人希望将他人财物窃为己有；犯故意伤害罪，犯罪人希望造成他人身体受到损伤的结果。有的犯罪是过失性质的，如失火罪，犯罪人就具有疏忽大意的心理状态。在单位构成犯罪的情况下，该单位对犯罪行为负有责任的人员也同样具有主观心理状态。

(3) 犯罪客体，是指刑法所保护而被犯罪行为所侵害的社会关系。犯罪客体和犯罪对象是不同的，犯罪对象是犯罪行为所直接针对的对象，如杀人罪、伤害罪，犯罪对象是具体的被害人，而犯罪客体是指刑法所保护的公民人身权利不受非法侵害的这种社会关系。

(4) 犯罪的客观方面，是指犯罪行为的具体表现。比如犯诈骗罪，犯罪人具有虚构事实、欺骗他人的行为等。

2) 关于刑罚

刑罚分为主刑和附加刑。《刑法》对单位犯罪基本上实行两罚制，既处罚单位，比如判处罚金，又处罚直接负责的主管人员和其他直接责任人员。

(1) 主刑，只能独立适用，不能附加适用，对犯罪分子只能判一种主刑。主刑分为：管制、拘役、有期徒刑、无期徒刑和死刑。

(2) 附加刑，既可以独立适用又可以附加适用。即对同一犯罪行为既可以在主刑之后判处一个或两个以上的附加刑，也可以独立判处一个或两个以上的附加刑。附加刑分为罚金、剥夺政治权利、没收财产。对犯罪的外国人，也可以独立或者附加适用驱逐出境。

民事责任

民事责任是指法律关系主体由于民事违法、违约行为或根据法律规定所应承担的民事法律责任。根据《中华人民共和国民法通则》的规定，承担民事责任的主要形式有停止侵害，排除妨碍，消除危险，返还财产，恢复原状，修理、重作、更换，赔偿损失，支付违约金，消除影响、恢复名誉，赔礼道歉等。

二、不依法设置会计账簿等会计违法行为的法律责任

▶ 1. 违法行为

《会计法》第四十二条对不依法设置会计账簿的会计违法行为的规定包括以下方面。

(1) 不依法设置会计账簿的行为。

(2) 私设会计账簿的行为。

(3) 未按照规定填制、取得原始凭证或者填制、取得的原始凭证不符合规定的行为。

(4) 以未经审核的会计凭证为依据登记会计账簿或者登记会计账簿不符合规定的行为。

(5) 随意变更会计处理方法的行为。

(6) 向不同的会计资料使用者提供的财务会计报告编制依据不一致的行为。

(7) 未按照规定使用会计记录文字或者记账本位币的行为。

(8) 未按照规定保管会计资料，致使会计资料毁损、灭失的行为。

(9) 未按照规定建立并实施单位内部会计监督制度，或者拒绝依法实施的监督，或者不如实提供有关会计资料及有关情况的行为。

(10) 任用会计人员不符合本法规定的行为。

【经典习题·多选题】下列各项中，属于违反《会计法》规定的有（   ）。

A. 以未经审核的会计凭证为依据登记会计账簿的行为

B. 随意变更会计处理方法的行为

C. 未在规定期限办理纳税申报的行为

D. 未按规定建立并实施单位内部会计监督制度的行为

【正确答案】A、B、D。

▶ 2. 处罚规定

《会计法》第四十二条对不依法设置会计账簿等会计违法行为的处罚规定包括以下方面。

(1) 责令限期改正。县级以上人民政府财政部门责令限期改正，属于一种行政命令。

(2) 罚款。有不依法设置会计账簿等会计违法行为的，由县级以上人民政府财政部门责令限期改正，可以对单位并处三千元以上五万元以下的罚款；对其直接负责的主管人员和其他直接责任人员，可以处二千元以上二万元以下的罚款。

其中，"直接负责的主管人员"是指在单位实施违法行为的过程中起领导、组织、决策作用的单位负责人，可以是单位一把手，也可以是单位其他负责人，关键是要看谁在实施违法行为的过程中起领导、组织、决策作用。"其他直接责任人员"是指在单位实施违法行为的过程中直接参与实施违法行为的工作人员，一般包括会计人员、会计机构负责人和其他参与实施违法行为的工作人员。

【经典习题·判断题】私设会计账簿，可以对单位处3000元以上5万元以下罚款。（   ）

【正确答案】√。

(3) 给予行政处分。属于国家工作人员的，还应当由其所在单位或者有关单位依法给予行政处分。

(4) 五年内不得从事会计工作。会计人员有第一款所列行为之一，情节严重的，五年

内不得从事会计工作。有关法律对第一款所列行为的处罚另有规定的,依照有关法律的规定办理。

【经典习题·判断题】张三违反《中华人民共和国会计法》私设账簿,因情节严重被其所在县财政部门勒令五年内不得从事会计工作。(　　)

【正确答案】√

(5)追究刑事责任。有前款所列行为之一,构成犯罪的,依法追究刑事责任,应当依照《刑法》的规定分别定罪、量刑。

【经典习题·单选题】违反《中华人民共和国会计法》已构成犯罪的应追究其(　　)。

A. 政治责任　　　　B. 行政责任　　　　C. 刑事责任　　　　D. 民事责任

【正确答案】C。

三、其他会计违法行为的法律责任

▶ 1. 伪造、变造会计凭证、会计账簿,编制虚假财务会计报告的法律责任

(1)通报。由县级以上人民政府财政部门予以通报。

(2)罚款。在县级以上人民政府财政部门予以通报的同时,可以对单位并处五千元以上十万元以下的罚款;对其直接负责的主管人员和其他直接责任人员,可以处三千元以上五万元以下的罚款。

(3)给予行政处分。属于国家工作人员的,还应当由其所在单位或者有关单位依法给予撤职直至开除的行政处分。

(4)五年内不得从事会计工作。对伪造、变造会计凭证、会计账簿,编制虚假财务会计报告的会计人员,五年内不得从事会计工作。

(5)依法追究刑事责任。伪造、变造会计凭证、会计账簿,编制虚假财务会计报告,构成犯罪的,依法追究刑事责任。

知识窗

伪造、变造会计资料,编制虚假财务会计报告的刑事责任

1. 逃避缴纳税款罪

概念:纳税人采取欺骗、隐瞒手段进行虚假纳税申报或者不申报,逃避缴纳税款数额较大并且占应纳税额百分之十以上的;扣缴义务人采取欺骗、隐瞒手段,不缴或者少缴已扣、已收税款,数额较大的即构成逃避缴纳税款罪。

处罚:处三年以下有期徒刑或者拘役,并处罚金;数额巨大并且占应纳税额百分之三十以上的,处三年以上七年以下有期徒刑,并处罚金。

2. 提供虚假会计报告罪

概念:公司向股东和社会公众提供虚假的或者隐瞒重要事实的财务会计报告,严重损害股东或者其他人利益的行为。

处罚:3年以下有期徒刑或拘役,并处或单处2万~20万元罚金。

3. 提供虚假证明文件罪

概念:承担资产评估、验资、验证、会计、审计、法律服务等职责的中介组织及其人

员故意提供虚假证明文件、情节严重的行为。

处罚：5年以下有期徒刑或拘役，并处罚金。

【经典习题·单选题】A公司采购员张多要在采购办公用品过程中，伪造购物发票，多报销1000元。对该行为，县级以上财政部门可以对张多要进行的处罚是( )。

A. 责令限期改正，2000元以上2万元以下的罚款

B. 责令限期改正，3000元以上5万元以下的罚款

C. 通报，2000元以上2万元以下的罚款

D. 通报，3000元以上5万元以下的罚款

【正确答案】D。

▶2. 隐匿或者故意销毁依法应当保存的会计凭证、会计账簿、财务会计报告的法律责任

隐匿是指故意转移、隐藏应当保存的会计凭证、会计账簿、财务会计报告的行为。故意销毁是指故意将会计凭证、会计账簿、财务会计报告予以毁灭的行为。

根据《会计法》第四十四条规定："隐匿或者故意销毁依法应当保存的会计凭证、会计账簿、财务会计报告，其法律责任与伪造、变造会计凭证、会计账簿，编制虚假财务会计报告的法律责任相同。"

因有提供虚假财务会计报告，做假账，隐匿或者故意销毁会计凭证、会计账簿、财务会计报告，贪污、挪用公款，职务侵占等与会计职务有关的违法行为被依法追究刑事责任的人员，不得再从事会计工作。

▶3. 授意、指使、强令会计机构、会计人员及其他人员伪造、变造会计凭证、会计账簿，编制虚假财务会计报告或者隐匿、故意销毁依法应当保存的会计凭证、会计账簿、财务会计报告的法律责任

授意是指暗示他人按其意思行事。指使是指通过明示方式，指示他人按其意思行事。强令是指明知其命令是违反法律的，但仍强迫他人执行其命令。

(1) 罚款。不构成犯罪的，可以处五千元以上五万元以下的罚款。

(2) 给予行政处分。属于国家工作人员的，由所在单位或者有关单位依法给予降级、撤职、开除的行政处分。

(3) 依法追究刑事责任。授意、指使、强令会计机构、会计人员及其他人员伪造、变造会计凭证、会计账簿，编制虚假财务会计报告或者隐匿、故意销毁依法应当保存的会计凭证、会计账簿、财务会计报告，构成犯罪的，依法追究刑事责任。

【经典习题·多选题】A公司采购员张多要在采购办公用品过程中，区办公室主任李光指使其伪造购物发票，多报销1000元。对该行为，县级以上财政部门可以对张多要进行的处罚是( )。

A. 责令限期改正，2000元以上2万元以下的罚款

B. 责令限期改正，3000元以上5万元以下的罚款

C. 可以处5000元以上5万元以下的罚款

D. 由所在单位或者有关单位依法给予降级、撤职、开除的行政处分

【正确答案】C、D。

4. 单位负责人对会计人员实行打击报复的法律责任

《会计法》第四十六条规定:"单位负责人对依法履行职责、抵制违反本法规定行为的会计人员以降级、撤职、调离工作岗位、解聘或者开除等方式实行打击报复,构成犯罪的,依法追究刑事责任;尚不构成犯罪的,由其所在单位或者有关单位依法给予行政处分。对受打击报复的会计人员,应当恢复其名誉和原有职务、级别。"

有关单位,是指上级单位和行政监察部门。

《刑法》第二百五十五条规定:"公司、企业、事业单位、机关、团体的领导人对依法履行职责、抵制违反本法规定行为的会计人员实行打击报复,情节恶劣的,构成打击报复会计人员罪,处以三年以下有期徒刑或拘役。"构成打击报复会计人员罪须具备以下几个条件。

(1) 本罪的主体是公司、企业、事业单位、机关、团体的领导人。

(2) 本罪的犯罪对象是依法履行职责、抵制违反本法规定行为的会计人员。

(3) 本罪在客观方面表现为对依法履行职责、抵制违反本法规定行为的会计人员实行打击报复情节恶劣的行为。

【经典习题·单选题】根据《刑法》的规定,犯打击报复会计人员罪的人员所应承担的法律责任是(   )。

A. 3年以上有期徒刑或者拘留
B. 5年以上有期徒刑或者拘役
C. 3年以下有期徒刑或者拘役
D. 1年以下有期徒刑或者拘留

【正确答案】C。

案情简介

审计机关对大通国有企业年度财务情况进行审计,发现该企业有以下违法行为:

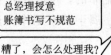

(1) 在未发生存货购入的情况下,从其他企业买入空白增值税发票上购入商品3000万元,增值税510万元。财务以此做购入存货处理,并在纳税申报时将510万元作为增值税进项税额抵扣税款。

(2) 财务人员有充分证据证明上述行为是公司总经理安排会计人员所为。

(3) 企业的现金日记账和银行存款日记账的书写不规范,有时用铅笔,有时用圆珠笔书写,并且没有按页顺序连续登记,有跳行、隔页现象。

案例思考:以上三种行为分别属于什么行为,应如何处理?

分析与提示:

(1) 该行为属于违反《会计法》的伪造会计凭证和违反《刑法》的逃避纳税义务和虚开增值税发票行为。

根据《会计法》第四十三条规定,构成犯罪的,依法追究刑事责任;尚不构成犯罪的,由县级以上人民政府财政部门予以通报,可以对单位并处5000元以上10万元以下的罚款;对其直接负责的主管人员和其他直接责任人员，可以处 3000 元以上 5 万元以下的罚款；属于国家工作人员的，应当由其所在单位或者有关单位给予撤职直至开除的行政处分；对违法行为中的会计人员，五年内不得从事会计工作。《刑法》第二百零五条规定："虚开增值税专用发票或者虚开用于骗取出口退税、抵扣税款的其他发票的，处 3 年以下有期徒刑或者拘役并处 2 万元以上 20 万元以下罚金；虚开税款数额较大或者有其他严重情节的，处 3 年以上 10 年以下有期徒刑，并处 5 万元以上 50 万元以下罚金，虚开的税款数额巨大或者有其他特别严重情节的，处 10 年以上有期徒刑或者无期徒刑，并处 5 万元以上 50 万元以下罚金或者没收财产。"

(2) 该行为属于违反《会计法》的单位负责人强令会计人员伪造会计凭证的行为。

根据《会计法》第四十五条规定，构成犯罪的，依法追究刑事责任；尚不构成犯罪的，对违法行为人处以 5000 元以上 5 万元以下的罚款。属于国家工作人员的，还应当由其所在单位或者有关单位给予降级、撤职或者开除的行政处分。

(3) 该行为属于违反《会计法》的"登记会计账簿不符合规定"的行为。

根据《会计法》第四十二条，一是责令限期改正；二是由县级以上人民政府财政部门根据该行为的性质、情节及危害程度，在责令限期改正的同时，可以对单位并处 3000 元以上 5 万元以下的罚款，对其直接负责的主管人员和其他直接责任人员，可以处 2000 元以上 2 万元以下的罚款；三是对直接负责的主管人员和其他直接责任人员中的国家工作人员，视情节轻重，由其所在单位或者有关单位给予行政处分。

复习思考题

1. 行政处罚与行政处分有何区别？
2. 哪些行为需要承担违反《会计法》规定的法律责任？
3. 什么情形下财政部门会勒令违法的会计人员不得不从事会计工作？
4. 不依法设置会计账簿等会计违法行为的法律责任有哪些？
5. 伪造、变造会计凭证、会计账簿，编制虚假财务会计报告的法律责任有哪些？
6. 隐匿或故意销毁依法应保存的会计凭证、会计账簿、财务会计报告的法律责任有哪些？
7. 授意、指使、强令会计机构、会计人员及其他人员伪造、变造会计凭证、会计账簿，编制虚假财务会计报告或隐匿、故意销毁依法应保存的会计凭证、会计账簿、财务会计报告的法律责任有哪些？

第二章 支付结算法律制度
Chapter 2

>>> **教学目的与要求**

1. 了解支付结算的相关概念及其法律构成,了解银行结算账户的开立、变更和撤销。
2. 理解票据的相关概念,理解各银行结算账户的概念、使用范围和开户要求。
3. 掌握现金管理的基本要求和现金的内部控制,掌握票据和结算凭证填写的基本要求。
4. 掌握支票、商业汇票、银行汇票、银行本票、银行卡、汇兑、委托收款、托收承付、国内信用证结算方式的规定,并能综合分析具体案例。
5. 规范学生支付结算工作的相关行为。
6. 加强学生支付结算工作的法律意识。

第一节 现金结算

案例导入

某投资公司业务人员到贷款企业催收到期的贷款本息,将该贷款企业当日收回的销售货款 5 万元现金收回并连夜乘火车赶回公司,得到了该投资公司领导的表扬。

案例思考:该贷款企业和某投资公司业务人员的做法是否正确呢?

分析与提示:

(1)该贷款企业从现金收入中直接支付贷款本息的做法不正确,违反了《现金管理暂行条例》关于开户单位支付现金不得从本单位现金收入中直接支付(坐支)的规定。

(2) 该投资公司业务人员携带现金的做法不正确，违反了《现金管理暂行条例》关于开户单位之间的经济往来，除按规定的范围可以使用现金外，应当通过开户银行进行转账结算的规定。

一、现金结算的概念与特点

1. 现金结算的概念

现金结算是指在商品交易、劳务供应等经济往来中，直接使用现金进行应收应付款结算的一种行为。会计上对现金有狭义和广义之分。广义的现金包括库存现金、银行存款和其他货币资金三个部分，而狭义的现金仅指库存现金。现金结算采用的是狭义的现金概念，包括纸币和硬币。

目前，我国现金管理的法律依据包括国务院1988年9月8日发布的《现金管理暂行条例》以及中国人民银行1988年9月23日发布的《现金管理暂行条例实施细则》。

2. 现金结算的特点

和转账结算相比，现金结算具有如下特点。

(1) 直接便利。在现金结算方式下，买卖双方一手交钱，一手交货，当面钱货两清，无须通过中介，因而对买卖双方来说是最为直接和便利的。同样在劳务供应、信贷存放和资金调拨方面，现金结算也是最为直接和便利的，因而广泛地被社会大众所接受。

(2) 不安全性。由于现金使用极为广泛和便利，因而成为不法分子觊觎的最主要目标，很容易被偷盗、贪污、挪用。在现实经济生活中，绝大多数的经济犯罪活动都和现金有关。此外，现金还容易因火灾、虫蛀、鼠咬等发生损失。

(3) 不易宏观控制和管理。由于现金结算大部分不通过银行进行，因而使国家很难对其进行控制。过多的现金结算会使流通中的现钞过多，从而容易造成通货膨胀，增大对物价的压力。

(4) 费用较高。使用现金结算各单位虽然可以减少银行的手续费用，但其清点、运送、保管的费用很大。对于整个国家来说，过多的现金结算会增大整个国家印制、保管、运送现金和回收废旧现钞等工作的费用和损失，浪费人力、物力和财力。

二、现金结算的渠道与范围

1. 现金结算的渠道

现金结算的渠道主要有两种：付款人直接将现金支付给收款人；付款人委托银行、非银行金融机构或者非金融机构将现金支付给收款人。

2. 现金结算的范围

在我国，现金结算主要适用于单位与个人之间的款项收付，以及单位之间的转账结算起点金额以下的零星小额收付。开户单位可以在下列范围内使用现金。

(1) 职工工资、津贴。

(2) 个人劳务报酬。

(3) 根据国家规定颁发给个人的科学技术、文化艺术、体育等各种奖金。

(4) 各种劳保、福利费用以及国家规定的对个人的其他支出。

(5) 向个人收购农副产品和其他物资的价款。

(6) 出差人员必须随身携带的差旅费。

(7) 结算起点以下的零星支出。

(8) 中国人民银行确定需要支付现金的其他支出。

上述款项结算起点为1000元。结算起点的调整，由中国人民银行确定，报国务院备案。除上述第(5)、(6)项外，开户单位支付给个人的款项，超过使用现金限额的部分，应当以支票或者银行本票支付；确需全额支付现金的，经开户银行审核后，予以支付现金。

【经典习题·多选题】根据《现金管理暂行条例》及其实施细则的规定，单位可以使用现金的有(　　)。

A. 发给公司员工李某的800元奖金

B. 支付给公司临时工王某的2000元劳务报酬

C. 向农民收购农产品的10 000元收购款

D. 出差人员出差必须随身携带的2000元差旅费

【正确答案】A、C、D。

三、现金使用的限额

现金使用的限额是指为保证各单位日常零星支付，允许留存现金的最高数额。

根据《现金管理暂行条例实施细则》的规定，现金使用的限额由开户行根据单位的实际需要核定，一般按照单位3～5天日常零星开支所需确定。边远地区和交通不便地区的开户单位的库存现金限额，可按多于5天、但不得超过15天的日常零星开支的需要确定。经核定的库存现金限额，开户单位必须严格遵守。需要增加或者减少库存现金限额的，应当向开户银行提出申请，由开户银行核定。一个单位在几家银行开户的，由一家开户银行负责现金管理工作，核定开户单位库存现金限额。

对没有在银行单独开立账户的附属单位也要实行现金管理，必须保留的现金，也要核定限额，其限额包括在开户单位的库存限额之内。商业和服务行业的找零备用现金也要根据营业额核定定额，但不包括在开户单位的库存现金限额之内。

【经典习题·判断题】库存现金限额由开户银行根据开户单位5～7天的日常零星开支所需要的现金核定。(　　)

【正确答案】×。

四、现金管理的基本要求

▶ 1. 转账结算凭证具有与现金相同的支付能力

转账结算凭证在经济往来中具有同现金相同的支付能力。开户单位在购销活动中，不得对现金结算给予比转账结算优惠的待遇；不得只收现金而拒收支票、银行汇票、银行本票和其他转账结算凭证。

▶ 2. 开户单位现金收支的管理

(1) 开户单位现金收入应当于当日送存开户银行。当日送存确有困难的，由开户银行确定送存时间。

(2) 开户单位支付现金，可从本单位现金库存中支付或者从开户银行提取，不得从本单位的现金收入中直接支付(坐支)。因特殊情况需要坐支现金的,要事先报经开户银行审查批准,由开户银行核定坐支范围和限额。坐支单位必须在现金账上如实反映坐支金额,并按月向开户银行报送坐支金额和使用情况。

(3) 开户单位在规定的现金使用范围内从开户银行提取现金时,应当如实写明用途,由本单位财会部门负责人签字盖章,并经开户银行审查批准,予以支付。

(4) 因采购地点不确定、交通不便、抢险救灾以及其他特殊情况,办理转账结算不够方便、必须使用现金的开户单位,要向开户银行提出书面申请,由本单位财务部门负责人签字盖章,开户银行审查批准后,予以支付现金。

▶ 3. 现金账目的管理

开户单位应当建立健全现金账目,逐笔记载现金支付。账目应当日清月结、账款相符。严格执行《现金管理暂行条例实施细则》第十二条规定的七个"不准",内容如下。

(1) 不准用不符合财务制度的凭证顶替库存现金。
(2) 不准单位之间相互借用现金。
(3) 不准谎报用途套取现金。
(4) 不准利用银行账户代其他单位和个人存入或支取现金。
(5) 不准将单位收入的现金以个人名义存入储蓄。
(6) 不准保留账外公款(小金库)。
(7) 禁止发行变相货币,不准以任何票券代替人民币在市场上流通。

案情简介

某农产品公司地处边远山区,每日现金零星支付需要量为3000元。经开户银行审查批准,该企业可以从自己的收入中坐支现金,坐支的限额是20 000元。以下是该企业2015年9月的库存现金日记账。

2015年		凭证		摘要	对方科目	收入	付出	结余
月	日	字	号					
9	1	略	略	期初余额	略			50 000
	4	略	略	向农民收购农副产品	略		18 000	32 000
	7	略	略	收到销售给个人的货款	略	30 000		62 000
	10	略	略	职工出差借款	略		2000	60 000
	17	略	略	向农民收购农副产品	略		55 000	5000
	24	略	略	收到销售给个人的货款	略	40 000		45 000
	30	略	略	本月合计及期末余额	略	70 000	75 000	45 000

案例思考:该公司的哪些行为违反了现金管理规定呢?
分析与提示:

(1) 期初库存现金余额50 000元,超出了现金使用限额。根据《现金管理暂行条例实施细则》的规定,现金使用的限额一般按照单位3~5天日常零星开支所需确定,边远地区和交通不便地区的开户单位的库存现金限额,可按多于5天、但不得超过15天的日常零星开支的需要确定。因此,该单位的库存现金应为不超过 3000×15＝45 000(元)。

(2)向农民收购农副产品支付55 000元属于坐支现金,其中5000元超过了坐支现金限额。

复习思考题

1. 现金结算有哪些特点?
2. 开户单位可以在哪些范围内使用现金结算?
3. 《现金管理暂行条例实施细则》第十二条规定的七个"不准"包括哪些内容?

第二节 支付结算概述

案例导入

长海公司开出支付劳务费用的转账支票2500元,却被提出92 500元。经调查发现,该公司出纳开支票没有填写大写,收到支票的人便在支票小写金额前加了"9",自己再填上大写,从而顺利地将92 500元款项从银行划走。

案例思考: 长海公司为什么会被多取走9万元?

分析与提示: 该公司出纳没有按照《支付结算办法》关于填写票据和结算凭证的基本规定,

票据和结算凭证金额以中文大写和阿拉伯数字同时记载

同时填写中文大写金额和阿拉伯数字小写金额,从而给犯罪分子以可乘之机。

一、支付结算的概念和特征

(一)支付结算的概念

支付结算是指单位、个人在社会经济活动中使用票据、信用卡和汇兑、托收承付、委托收款等结算方式进行货币给付及其资金清算的行为。支付结算作为社会经济金融活动的重要组成部分,其主要功能是实现资金从一方当事人向另一方当事人的转移。

银行、城市信用合作社、农村信用合作社(以下简称银行)以及单位(含个体工商户)和个人是办理支付结算的主体。其中,银行是支付结算和资金清算的中介机构。

(二)支付结算的特征

支付结算的特征主要有以下方面。

▶ 1. 支付结算必须通过中国人民银行批准的金融机构进行

支付结算与一般的货币给付行为不同,必须通过法定的中介机构进行。《支付结算办法》规定,银行是支付结算和资金清算的中介机构。未经中国人民银行批准的非银行金融机构和其他单位不得作为中介机构经营支付结算业务,但法律、行政法规另有规定的除外。

中国人民银行

中国人民银行是中华人民共和国的中央银行,是国家最高的货币金融管理组织机构,在国务院的领导下,制定和实施货币政策,防范和化解金融风险,维护金融稳定。

根据《中华人民共和国中国人民银行法》规定,中国人民银行履行下列职责。

(1) 发布与履行其职责有关的命令和规章。
(2) 依法制定和执行货币政策。
(3) 发行人民币,管理人民币流通。
(4) 监督管理银行间同业拆借市场和银行间债券市场。
(5) 实施外汇管理,监督管理银行间外汇市场。
(6) 监督管理黄金市场。
(7) 持有、管理、经营国家外汇储备、黄金储备。
(8) 经理国库。
(9) 维护支付、清算系统的正常运行。
(10) 指导、部署金融业反洗钱工作,负责反洗钱的资金监测。
(11) 负责金融业的统计、调查、分析和预测。
(12) 作为国家的中央银行,从事有关的国际金融活动。
(13) 国务院规定的其他职责。

▶ 2. 支付结算的发生取决于委托人的意志

银行作为支付结算的中介机构,在支付结算过程中处于受托人地位,必须遵循委托人的意愿,保证所收款项支付给委托人指定的收款人。因此,银行以善意且符合规定的正常操作程序审查,对伪造、变造票据和结算凭证上的签章以及需要交验的个人有效身份证件,未发现异常而支付金额的,对出票人或付款人不再承担受委托付款的责任,对持票人或收款人不再承担付款的责任。与此同时,当事人对在自己的银行存款有支配权;银行对单位、个人在银行开立存款账户的存款,除国家法律、行政法规另有规定外,不得为任何单位或者个人查询;除国家法律另有规定外,银行不代任何单位或个人冻结、扣款,不得停止单位、个人存款的正常支付。

▶ 3. 实行统一领导,分级管理

根据《支付结算办法》第二十条的规定,中国人民银行总行负责制定统一的支付结算制度,组织、协调、管理、监督全国的支付结算工作,调解、处理银行之间的支付结算纠纷。中国人民银行省、自治区、直辖市分行根据统一的支付结算制度制定实施细则,报总行备案;根据需要可以制定单项支付结算办法,报经中国人民银行总行批准后执行。中国人民银行分、支行负责组织、协调、管理、监督本辖区的支付结算工作，调解、处理本辖区银行之间的支付结算纠纷。政策性银行、商业银行总行可以根据统一的支付结算制度，结合本行情况，制定具体管理实施办法，报经中国人民银行总行批准后执行。政策性银行、商业银行负责组织、管理、协调本行内的支付结算工作，调解、处理本行内分支机构之间的支付结算纠纷。

▶ 4. 支付结算是一种要式行为

所谓要式行为是指法律规定必须依照一定形式进行的行为。如果该行为不符合法定的形式要件，即为无效。根据《支付结算办法》第九条的规定，票据和结算凭证是办理支付结算的工具。单位、个人和银行办理支付结算，必须使用按中国人民银行统一规定印制的票据凭证和统一规定的结算凭证。未使用按中国人民银行统一规定印制的票据，票据无效；未使用中国人民银行统一规定格式的结算凭证，银行不予受理。

为了保证支付结算的准确、及时和安全，以使其业务正常进行，中国人民银行除了对票据和结算凭证的格式有统一的要求外，还就正确填写票据和结算凭证做出了基本规定。

▶ 5. 支付结算必须依法进行

《支付结算办法》第五条规定："银行、城市信用合作社、农村信用合作社以及单位和个人（含个体工商户）办理支付结算业务必须遵守国家法律、行政法规和本办法的各项规定，不得损害社会公共利益。因此，支付结算当事人必须严格依法进行支付结算活动。"

【经典习题·判断题】银行一律不得为任何单位或者个人查询账户情况，不得为任何单位或者个人冻结、扣划款项，不得停止单位、个人存款的正常支付。（　　）

【正确答案】×。

二、支付结算的主要法律依据

为了规范支付结算工作，我国制定了一系列支付结算方面的法律、法规和制度，主要包括《中华人民共和国票据法》《票据管理实施办法》《支付结算办法》《中国人民银行银行卡业务管理办法》《人民币银行结算账户管理办法》《异地托收承付结算办法》《电子支付指引（第一号）》《国内信用证结算办法》等。

三、支付结算的基本原则

支付结算原则，是指单位、个人和银行在办理支付结算时必须遵守的准则。根据《支付结算办法》第十六条的规定，支付结算应当遵循以下原则。

▶ 1. 恪守信用，履约付款

结算当事人必须依照共同约定的民事法律关系内容享受权利和承担义务，严格遵守信用，履行付款义务，特别是应当按照约定的付款金额和付款日期进行支付。

▶ 2. 谁的钱进谁的账，由谁支配

银行在办理结算时，必须按照存款人的委托将所收款项支付给其指定的收款人；存款人的资金，除国家法律另有规定外，必须由其自主支配，其他任何单位、个人以及银行本身都不得对其资金进行干预和侵犯。

▶ 3. 银行不垫款

银行在办理结算过程中只负责将结算款项从付款单位账户划转到收款单位账户,并不承担垫付任何款项的责任。这一原则有利于划清银行与开户单位的资金界限,促使开户单位以自己所有或经营管理的财产直接对自己的债权债务负责,保护银行资金的所有权或经营权。

【经典习题·判断题】银行在办理结算过程中,必要时可为结算当事人垫付部分款项。( )

【正确答案】×。

四、办理支付结算的要求

(一)办理支付结算的基本要求

▶ 1. 办理支付结算必须按统一的规定开立和使用账户

单位、个人和银行应当按照《人民币银行结算账户管理办法》的规定开立和使用账户。办理支付结算,单位、个人应当按照规定在银行开立、使用账户,因为转账结算是在收付双方的存款账户上划拨资金,没有账户,就无法办理支付结算。同时,要求在银行开立存款账户的单位、个人办理支付结算时,账户内需要有足够的资金以保证支付。

▶ 2. 办理支付结算必须使用中国人民银行统一规定的票据和结算凭证

根据《支付结算办法》第九条的规定,票据和结算凭证是办理支付结算的工具。单位、个人和银行办理支付结算,必须使用按中国人民银行统一规定印制的票据凭证和统一规定的结算凭证。未使用按中国人民银行统一规定印制的票据,票据无效;未使用中国人民银行统一规定格式的结算凭证,银行不予受理。

▶ 3. 票据和结算凭证上的签章和记载事项必须真实,不得变造、伪造

票据和结算凭证上的签章,为签名、盖章或者签名加盖章。单位、银行在票据上的签章和单位在结算凭证上的签章,为该单位、银行的公章加其法定代表人或者其授权的代理人的签名或者盖章。个人在票据和结算凭证上的签章,为本人本名的签章或盖章。

"伪造票据和结算凭证"指无权限人假冒他人或虚构人名在票据和结算凭证上签章的行为。"变造票据和结算凭证"指无权限更改票据和结算凭证的人,对票据和结算凭证上签章以外的记载事项加以改变的行为。

▶ 4. 填写票据和结算凭证应当全面规范,做到数字正确,要素齐全,不错不漏,字迹清楚,防止涂改

(1)票据和结算凭证的金额、出票或签发日期、收款人名称不得更改,更改的票据无效;更改的结算凭证,银行不予受理。对票据和结算凭证上的其他记载事项,原记载人可以更改,更改时应当由原记载人在更改处签章证明。

(2)票据和结算凭证金额以中文大写和阿拉伯数码同时记载,两者必须一致,两者不一致的票据无效;两者不一致的结算凭证,银行不予受理。少数民族地区和外国驻华使领馆根据实际需要,金额大写可以使用少数民族文字或者外国文字记载。

【历年真题·单选题】在我国,票据金额以中文大写和阿拉伯数字同时记载,若两者

不一致,则( )。

A. 票据无效　　　　　　　　B. 票据有效
C. 以中文大写为准　　　　　D. 以阿拉伯小写数码为准

【正确答案】 A。

案情简介

利达工厂收到腾达公司用于支付材料款的一张票面金额为5万元的支票,老板李某指使会计方某用涂改剂将金额改成了15万元,方某持票到银行兑现时被银行工作人员识破。

案例思考: 方某的行为在票据法上属于什么性质的行为?为什么?

分析与提示: 方某的行为属于变造票据。他篡改票据金额,属于无权限更改之人对票据签章以外的事项加以更改,是典型的变造票据行为。

(二) 支付结算凭证填写的要求

银行、单位和个人填写的各种票据和结算凭证是办理支付结算和现金收付的重要依据,直接关系到支付结算的准确、及时和安全。填写时要符合下列基本要求。

▶ 1. 中文大写金额数字

中文大写金额数字应用正楷或行书填写,如壹、贰、叁、肆、伍、陆、柒、捌、玖、拾、佰、仟、万、亿、元、角、分、零、整(正)等字样。不得用一、二(两)、三、四、五、六、七、八、九、十、廿、毛、另(或0)填写,不得自造简化字。

如果金额数字书写中使用繁体字,如贰、叁、陆、億、萬、圆的,也应受理。

▶ 2. "人民币"字样和"￥"符号的书写规则

中文大写金额数字前应标明"人民币"字样,大写金额数字应紧接"人民币"字样填写,不得留有空白。

阿拉伯小写金额数字前面,均应填写人民币符号"￥"。

▶ 3. "整(正)"的书写规则

中文大写金额数字到"元"为止的,在"元"之后,应写"整"(或"正")字,如"￥25.00"应写为"人民币贰拾伍元整(正)"。

中文大写金额数字到"角"为止的,在"角"之后可以不写"整"(或"正")字,如"￥25.80"应写为"人民币贰拾伍元捌角整(正)",也可以写为"人民币贰拾伍元捌角"。

中文大写金额数字有"分"的,"分"后面不写"整"(或"正")字,如"￥25.83"应写为"人民币贰拾伍元捌角叁分"。

▶ 4. "零"的书写规则

阿拉伯金额数字中间有"0"时,中文大写金额要写"零"字,如"￥106.00"应写为"人民币壹佰零陆元整"。

阿拉伯金额数字中间连续有几个"0"时,大写数字只写一个"零"字,如"￥1006.00"应写为"人民币壹仟零陆元整"。

阿拉伯金额数字万位或元位是"0",或者数字中间连续有几个"0",万位、元位也是"0",但千位、角位不是"0"时,中文大写金额中可以只写一个"零"字,也可以不写"零"字,如"¥1060.27"应写为"人民币壹仟零陆拾元零贰角柒分",也可以写为"人民币壹仟零陆拾元贰角柒分"。

阿拉伯金额数字角位是"0",而分位不是"0"时,中文大写金额元后面应写"零"字,如"¥1006.08"应写为"人民币壹仟零陆元零捌分"。

▶ 5. "壹"的书写规则

当阿拉伯金额数字首位是"1"时,中文大写金额前面必须写上"壹"字,如"¥16.00"应写为"人民币壹拾陆元整"。

▶ 6. 出票日期的书写规则

票据的出票日期必须使用中文大写。为防止变造票据的出票日期,月为壹、贰和壹拾的,日为壹至玖和壹拾、贰拾和叁拾的,应在其前加"零";日为拾壹至拾玖的,应在其前加"壹",如"1月9日"应写为"零壹月零玖日","4月20日"应写为"肆月零贰拾日","10月15日"应写为"零壹拾月壹拾伍日"。

票据出票日期使用小写填写的,银行不予受理;大写日期未按要求规范填写的,银行可予受理,但由此造成损失的,由出票人自行承担。

【经典习题·单选题】某单位于2012年10月19日开出一张支票,下列有关支票日期的写法中,符合要求的是( )。
A. 贰零壹贰年拾月玖日
B. 贰零壹贰年壹拾月壹拾玖日
C. 贰零壹贰年零壹拾月拾玖日
D. 贰零壹贰年零壹拾月壹拾玖日
【正确答案】D。

复习思考题

1. 什么是支付结算?它有哪些特征?
2. 支付结算的基本原则有哪些?
3. 办理支付结算有哪些要求?
4. 票据出票日期的书写有哪些规则?

第三节 银行结算账户

案例导入

顺天公司因贷款需要在甲银行开立了一般存款账户。一日,该公司财务人员签发一张现金支票,向甲银行提示付款,要求提取现金20万元。甲银行对该支票进行审查后,拒绝办理现金取款手续。

案例思考：甲银行的做法是否正确呢？

分析与提示：甲银行的做法是正确的。一般存款账户是存款人因借款或者其他结算需要，在基本存款账户开户银行以外的银行营业机构开立的银行结算户，用于办理存款人借款转存、借款归还和其他结算的资金收付。根据《人民币银行结算账户管理办法》的规定，一般存款账户可以办理现金缴存，但不能办理现金支取。因此，甲银行严格执行银行结算账户管理规定，不予办理现金支取手续是正确的。

一、银行结算账户的概念与分类

（一）银行结算账户的概念

银行结算账户是指存款人在经办银行开立的办理资金收付结算的人民币活期存款账户。它是存款人办理存、贷款和资金收付活动的基础。

（二）银行结算账户的分类

▶ 1. 按存款人分类

银行结算账户按存款人不同，分为单位银行结算账户和个人银行结算账户。

（1）单位银行结算账户是指存款人以单位名称开立的银行结算账户。这里的"单位"包括机关、团体、部队、企业事业单位和其他组织等。个体工商户凭营业执照以字号或经营者姓名开立的银行结算账户纳入单位银行结算账户管理。

（2）个人银行结算账户是指存款人凭个人身份证件以自然人名称开立的银行结算账户。这里的个人包括中国公民（含中国香港、中国澳门、中国台湾地区居民）和外国公民。个人因使用借记卡、信用卡在银行或邮政储蓄机构开立的银行结算账户，纳入个人银行结算账户管理。

【经典习题·多选题】银行结算账户是指存款人在经办银行开立的办理资金收付结算的人民币活期存款账户，下列各项中，属于存款人的有（　　）。

A. 机关团体　　　B. 部队　　　C. 自然人　　　D. 个体工商户

【正确答案】A、B、C、D。

▶ 2. 按用途分类

单位银行结算账户按照用途不同，分为基本存款账户、一般存款账户、专用存款账户、临时存款账户。

各种账户的设立目的及账户的使用各不相同，具体归纳为以下几类：

（1）存款人因办理日常转账结算和现金收付需要，可以开立基本存款账户，它是存款人的主办账户，存款人日常经营活动发生的资金收付以及工资、奖金的支取，都应通过该账户办理。

（2）存款人因借款和其他结算需要，如为享受不同银行的特色服务或分散在一家银行开立账户可能出现的资金风险，可以在基本存款账户开户银行以外的银行营业机构开立一般存款账户，一般存款账户没有数量限制，存款人可以通过该账户办理转账结算和现金缴存，但不得办理现金支取。

（3）存款人按照国家法律、行政法规和规章的规定，需要对其特定用途资金进行专项管理和使用的，可以开立专用存款账户，该类账户主要用于办理各项专用资金的支付，支取现金应按照《人民币银行结算账户管理办法》的具体规定办理。

（4）临时机构或存款人因临时性经营活动的需要，可以开立临时存款账户，用于办理临时机构以及临时经营活动发生的资金收支，此类账户可以按照国家现金管理的规定支取现金。由于临时存款账户与基本存款账户在功能上具有一定的相似之处，为体现临时机构和临时经营活动所独有的临时性特点，与基本存款账户加以有效区别，《人民币银行结算账户管理办法》规定，对临时存款账户实行有效期管理，有效期限最长不得超过2年。

从《人民币银行结算账户管理办法》的具体规定来看，四类银行结算账户既相互独立，又相互联系。存款人只能在银行开立一个基本存款账户，已开立基本存款账户的存款人，开立、变更或撤销其他三类账户，必须凭基本存款账户开户登记证办理相关的手续，并在基本存款账户开户登记证上进行相应登记，便于全面反映和控制存款人的各类银行结算账户开、销户情况，加强银行结算账户的管理。由此，体现了基本存款账户在四类单位银行结算账户中处于统御地位，它是单位开立其他银行结算账户的前提，其他三类单位银行结算账户则作为其功能和作用的有益补充。

【经典习题·多选题】银行结算账户按用途分类，分为（　　）。
A. 基本存款账户　　　　　　　B. 一般存款账户
C. 专业存款账户　　　　　　　D. 临时存款账户
【正确答案】A、B、D。

▶ 3. 按开户地分类
银行结算账户按开户地的不同，分为本地银行结算账户和异地银行结算账户。

（1）本地银行结算账户是指存款人在注册地或住所地开立的银行结算账户。根据《账户管理办法实施细则》的有关解释，这里所指的"注册地"是指存款人的营业执照等开户证明文件上记载的住所地。

（2）异地银行结算账户是指存款人根据规定的条件在异地（跨省、市、县）开立的银行结算账户。

二、单位银行结算账户

（一）基本存款账户

▶ 1. 基本存款账户的概念
基本存款账户是存款人因办理日常转账结算和现金收付需要开立的银行结算账户。下列存款人，可以申请开立基本存款账户。

（1）企业法人。
（2）非法人企业。
（3）机关、事业单位。
（4）团级（含）以上军队、武警部队及分散执勤的支（分）队。
（5）社会团体。
（6）民办非企业组织。

(7) 异地常设机构。

(8) 外国驻华机构。

(9) 个体工商户。

(10) 居民委员会、村民委员会、社区委员会。

(11) 单位设立的独立核算的附属机构。

(12) 其他组织。

▶ 2. 基本存款账户的使用范围

基本存款账户是存款人的主办账户，存款人只能在银行开立一个基本存款账户。存款人日常经营活动的资金收付及其工资、奖金和现金的支取，应通过该账户办理。

【经典习题·单选题】下列存款人中可以申请开立基本存款账户的有（　　）。

A. 村民委员会

B. 单位设立的非独立核算的附属机构

C. 营级以上军队

D. 异地临时机构

【正确答案】A。

▶ 3. 开立基本存款账户应出具的证明文件

根据《人民币银行结算账户管理办法》规定，存款人申请开立基本存款账户，应向银行出具下列证明文件。

（1）企业法人，应出具企业法人营业执照正本。

（2）非法人企业，应出具企业营业执照正本。

（3）机关和实行预算管理的事业单位，应出具政府人事部门或编制委员会的批文或登记证书和财政部门同意其开户的证明；非预算管理的事业单位，应出具政府人事部门或编制委员会的批文或登记证书。

（4）军队、武警团级（含）以上单位以及分散执勤的支（分）队，应出具军队军级以上单位财务部门、武警总队财务部门的开户证明。

（5）社会团体，应出具社会团体登记证书，宗教组织还应出具宗教事务管理部门的批文或证明。

（6）民办非企业组织，应出具民办非企业登记证书。

（7）外地常设机构，应出具其驻在地政府主管部门的批文。

（8）外国驻华机构，应出具国家有关主管部门的批文或证明；外资企业驻华代表处、办事处应出具国家登记机关颁发的登记证。

（9）个体工商户，应出具个体工商户营业执照正本。

（10）民委员会、村民委员会、社区委员会，应出具其主管部门的批文或证明。

（11）独立核算的附属机构，应出具其主管部门的基本存款账户开户登记证和批文。

（12）其他组织，应出具政府主管部门的批文或证明。

另外，上述存款人为从事生产、经营活动纳税人的，还应出具税务部门颁发的税务登记证。

（二）一般存款账户

▶ 1. 一般存款账户的概念

一般存款账户是存款人因借款或其他结算需要，在基本存款账户开户银行以外的银行营业机构开立的银行结算账户。开立基本存款账户的存款人都可以申请开立一般存款账户,且没有数量限制。

▶ 2. 一般存款账户的使用范围

一般存款账户用于办理存款人借款转存、借款归还和其他结算的资金收付。该账户可以办理现金缴存,但不得办理现金支取。

【经典习题·单选题】一般存款账户不能办理的业务是( )。
A. 借款转存　　　B. 借款归还　　　C. 现金缴存　　　D. 现金支取
【正确答案】D。

▶ 3. 开立一般存款账户应出具的证明文件

存款人申请开立一般存款账户,应向银行出具其开立基本存款账户规定的证明文件、基本存款账户开户许可证和下列证明文件。

(1) 存款人因向银行借款需要,应出具借款合同。

(2) 存款人因其他结算需要,应出具有关证明。

(三) 专用存款账户

▶ 1. 专用存款账户的概念

专用存款账户是存款人按照法律、行政法规和规章,对其特定用途资金进行专项管理和使用而开立的银行结算账户。

▶ 2. 专用存款账户的使用范围

专用存款账户用于办理各项专用资金的收付。对下列资金的管理与使用,存款人可以申请开立专用存款账户:基本建设资金;更新改造资金;财政预算外资金;粮、棉、油收购资金;证券交易结算资金;期货交易保证金;信托基金;金融机构存放同业资金;政策性房地产开发资金;单位银行卡备用金;住房基金;社会保障基金;收入汇缴资金和业务支出资金;党、团、工会设在单位的组织机构经费;其他需要专项管理和使用的资金。

合格境外机构投资者在境内从事证券投资开立的人民币特殊账户和人民币结算资金账户(简称 QFII 专用存款账户)纳入专用存款账户管理。

《人民币银行结算账户管理办法》还对专用存款账户的使用做出如下规定。

(1) 单位银行卡账户的资金必须由其基本存款账户转账存入。该账户不得办理现金收付业务。

(2) 财政预算外资金、证券交易结算资金、期货交易保证金和信托基金专用存款账户不得支取现金。

(3) 基本建设资金、更新改造资金、政策性房地产开发资金、金融机构存放同业资金账户需要支取现金的,应在开户时报中国人民银行当地分支行批准。中国人民银行当地分支行应根据国家现金管理的规定审查批准。

(4) 粮、棉、油收购资金、社会保障基金、住房基金和党、团、工会经费等专用存款账户支取现金应按照国家现金管理的规定办理。

(5) 收入汇缴账户除向其基本存款账户或预算外资金财政专用存款户划缴款项外,只收不付,不得支取现金。业务支出账户除从其基本存款账户拨入款项外,只付不收,其现金支取必须按照国家现金管理的规定办理。

银行应按照本条的各项规定和国家对粮、棉、油收购资金使用管理规定加强监督，对不符合规定的资金收付和现金支取，不得办理，但对其他专用资金的使用不负监督责任。

【经典习题·多选题】下列专用存款账户中，不得支取现金的账户为（　　）。
A. 基本建设资金　　　　　　　　B. 单位银行卡账户
C. 财政预算外资金　　　　　　　D. 党、团、工会经费专用存款
【正确答案】B、C。

▶ 3. 开立专用存款账户应出具的证明文件

存款人申请开立专用存款账户，应向银行出具其开立基本存款账户规定的证明文件、基本存款账户开户许可证和下列证明文件。

（1）基本建设资金、更新改造资金、政策性房地产开发资金、住房基金、社会保障基金，应出具主管部门批文。

（2）财政预算外资金，应出具财政部门的证明。

（3）粮、棉、油收购资金，应出具主管部门批文。

（4）单位银行卡备用金，应按照中国人民银行批准的银行卡章程的规定出具有关证明和资料。

（5）证券交易结算资金，应出具证券公司或证券管理部门的证明。

（6）期货交易保证金，应出具期货公司或期货管理部门的证明。

（7）金融机构存放同业资金，应出具其证明。

（8）收入汇缴资金和业务支出资金，应出具基本存款账户存款人有关的证明。

（9）党、团、工会设在单位的组织机构经费，应出具该单位或有关部门的批文或证明。

（10）其他按规定需要专项管理和使用的资金，应出具有关法规、规章或政府部门的有关文件。

（四）临时存款账户

▶ 1. 临时存款账户的概念

临时存款账户是存款人因临时需要并在规定期限内使用而开立的银行结算账户。

▶ 2. 临时存款账户的使用范围

临时存款账户用于办理临时机构以及存款人临时经营活动发生的资金收付。有下列情况的，存款人可以申请开立临时存款账户。

（1）设立临时机构。

（2）异地临时经营活动。

（3）注册验资和增资验资。

（4）境外（含港澳台地区）机构在境内从事经营活动。

存款人为临时机构的，只能在其驻在地开立一个临时存款账户，不得开立其他银行结算账户。存款人在异地从事临时活动的，只能在其临时活动地开立一个临时存款账户。建筑施工及安装单位企业在异地同时承建多个项目的，可根据建筑施工及安装合同开立不超过项目合同个数的临时存款账户。

《人民币银行结算账户管理办法》和《人民币银行结算账户管理办法实施细则》还对临时存款账户的使用做出如下规定。

临时存款账户应根据有关开户证明文件确定的期限或存款人的需要确定其有效期限。

存款人在账户的使用中需要延长期限的,应在有效期限内向开户银行提出申请,并由开户银行报中国人民银行当地分支行核准后办理展期。临时存款账户的有效期最长不得超过2年。

临时存款账户支取现金,应按照国家现金管理的规定办理。

注册验资和增资验资的临时存款账户在验资期间只收不付,注册验资资金的汇缴人应与出资人的名称一致。

【经典习题·多选题】下列(　　)情况下,存款人可以申请开立临时存款账户。
A. 注册验资　　　　　　　　B. 缴纳住房基金
C. 异地临时经营活动　　　　D. 支付职工差旅费
【正确答案】A、C。

▶ 3. 开立临时存款账户应出具的证明文件

存款人申请开立临时存款账户,应向银行出具下列证明文件。

(1)临时机构,应出具其驻在地主管部门同意设立临时机构的批文。

(2)异地建筑施工及安装单位,应出具其营业执照正本或其隶属单位的营业执照正本,以及施工及安装地建设主管部门核发的许可证或建筑施工及安装合同。

(3)异地从事临时经营活动的单位,应出具其营业执照正本以及临时经营地工商行政管理部门的批文。

(4)注册验资资金,应出具工商行政管理部门核发的企业名称预先核准通知书或有关部门的批文。

(5)增资验资资金,应出具股东会或董事会决议等证明文件。

(6)境外(含港澳台地区)机构在境内从事经营活动,应出具政府有关部门批准其从事该项活动的证明文件。

上述第(2)、(3)、(5)项还应出具其基本存款账户开户许可证。

三、个人银行结算账户

(一)个人银行结算账户的概念

个人银行结算账户是自然人因投资、消费、结算等而开立的可办理支付结算业务的存款账户。

自然人可根据需要申请开立个人银行结算账户,也可以在已开立的储蓄账户中选择并向开户银行申请确认为个人银行结算账户。储蓄账户仅限于办理现金存取业务,不得办理转账结算。

(二)个人银行结算账户的使用范围

个人银行结算账户用于办理个人转账收付和现金存取。下列款项可以转入个人银行结算账户:工资、奖金收入;稿费、演出费等劳务收入;债券、期货、信托等投资的本金和收益;个人债权或产权转让收益;个人贷款转存;证券交易结算资金和期货交易保证金;继承、赠予款项;保险理赔、保费退还等款项;纳税退还;农、副、矿产品销售收入;其他合法款项。

根据《人民币银行结算账户管理办法》规定,单位从其银行结算账户支付给个人银行结算账户的款项,每笔超过5万元的,应向其开户银行提供下列付款依据:代发工资协议和收款人清单；奖励证明；新闻出版、演出主办等单位与收款人签订的劳务合同或支付给个人款项的证明；证券公司、期货公司、信托投资公司、奖券发行或承销部门支付或退还给自然人款项的证明；债权或产权转让协议；借款合同；保险公司的证明；税收征管部门的证明；农、副、矿产品购销合同；其他合法款项的证明。

从单位银行结算账户支付给个人银行结算账户的款项应纳税的，税收代扣单位付款时应向其开户银行提供完税证明。

个人持出票人为单位的支票向开户银行委托收款，将款项转入其个人银行结算账户或个人持申请人为单位的银行汇票和银行本票向开户银行提示付款，将款项转入其个人银行结算账户的，个人应出具前述有关收款依据。

【经典习题·判断题】个人银行结算账户是指自然人和法人因投资、消费、结算等而开立的可办理支付结算业务的存款账户。（　　）

【正确答案】×。

（三）开立个人银行结算账户的应出具的证明文件

存款人申请开立个人银行结算账户，应向银行出具下列证明文件。

(1) 中国居民，应出具居民身份证或临时身份证。

(2) 中国人民解放军军人，应出具军人身份证件。

(3) 中国人民武装警察，应出具武警身份证件。

(4) 中国香港、澳门地区居民，应出具港澳居民往来内地通行证；中国台湾地区居民，应出具台湾地区居民来往大陆通行证或者其他有效旅行证件。

(5) 外国公民，应出具护照。

(6) 法律、法规和国家有关文件规定的其他有效证件。

银行为个人开立银行结算账户时，根据需要还可要求申请人出具户口簿、驾驶执照、护照等有效证件。

四、异地银行结算账户

（一）异地银行结算账户的概念

异地银行结算账户是指存款人符合法定条件，根据需要在注册地或住所地之外的地方开立的银行结算账户。

（二）异地银行结算账户的使用范围

存款人有下列情形之一的，可以在异地开立有关银行结算账户。

(1) 营业执照注册地与经营地不在同一行政区域（跨省、市、县）需要开立基本存款账户的。

(2) 办理异地借款和其他结算需要开立一般存款账户的。

(3) 存款人因附属的非独立核算单位或派出机构发生的收入汇缴或业务支出需要开立专用存款账户的。

(4) 异地临时经营活动需要开立临时存款账户的。

(5) 自然人根据需要在异地开立个人银行结算账户的。

【经典习题·判断题】异地银行结算账户只能是单位开立。（　　）

【正确答案】×。

（三）开立异地银行结算账户的应出具的证明文件

存款人需要在异地开立单位银行结算账户，除出具开立基本存款账户、一般存款账户、专用存款账户和临时存款账户要求的有关证明文件外，还应出具下列相应的证明文件。

（1）经营地与注册地不在同一行政区域的存款人，在异地开立基本存款账户的，应出具注册地中国人民银行分支行的未开立基本存款账户的证明。

（2）异地借款的存款人，在异地开立一般存款账户的，应出具在异地取得贷款的借款合同。

（3）因经营需要在异地办理收入汇缴和业务支出的存款人，在异地开立专用存款账户的，应出具隶属单位的证明。

属上述第(2)、(3)种情况的，还应出具其基本存款账户开户许可证。

存款人需要在异地开立个人银行结算账户，应出具前述开立个人银行结算账户要求的证明文件。

五、银行结算账户的开立、变更与撤销

（一）银行结算账户的开立

中国人民银行对存款人结算账户的开立管理有核准制和备案制两种方式。

▶ 1. 核准制

核准制是指经中国人民银行核准后方可开立银行结算账户。根据《人民币银行结算账户管理办法实施细则》规定，中国人民银行对基本存款账户、临时存款账户（因注册验资和增资验资开立的除外）、预算单位专用存款账户、QFII专用存款账户实行核准制度。核准类银行结算账户开户程序如图2-1所示。

图2-1 核准类银行结算账户开户程序

（1）存款人填制开户申请书并提供证明文件。存款人申请开立银行结算账户时，应填制开户申请书。开户申请书按照中国人民银行的规定记载有关事项。

存款人申请开立单位银行结算账户时，可由法定代表人或单位负责人直接办理，也可授权他人办理。由法定代表人或单位负责人直接办理的，除出具相应的证明文件外，还应出具法定代表人或单位负责人的身份证件；授权他人办理的，除出具相应的证明文件外，还应出具其法定代表人或单位负责人的授权书及其身份证件，以及被授权人的身份证件。

（2）银行审查开户申请资料。银行应对存款人的开户申请书填写的事项和证明文件的真实性、完整性、合规性进行认真审查。

（3）中国人民银行核准。开户申请书填写的事项齐全，符合开立基本存款账户、临时存款账户和预算单位专用存款账户条件的，银行应将存款人的开户申请书、相关的证明文件和银行审核意见等开户资料报送中国人民银行当地分支行。中国人民银行应于2个工作日内对银行报送的基本存款账户、临时存款账户和预算单位专用存款账户的开户资料的合规性予以审核，符合开户条件的，予以核准；不符合开户条件的，应在开户申请书上签署意见，连同有关证明文件一并退回报送银行。

开户许可证

开户许可证是中国人民银行依法准予申请人在银行开立核准类银行结算账户的行政许可证件,是核准类银行结算账户合法性的有效证明,如图2-2所示。

图2-2 开户许可证

(4) 办理开户手续。银行为存款人开立银行结算账户,应与存款人签订银行结算账户管理协议,明确双方的权利与义务。除中国人民银行另有规定的以外,应建立存款人预留签章卡片,并将签章式样和有关证明文件的原件或复印件留存归档。

▶ 2. 备案制

备案制是指银行先为符合条件的存款人开立账户后向中国人民银行备案。一般存款账户、其他专用存款账户和个人银行结算账户适用备案制度。开户程序如图2-3所示。

图2-3 备案类银行结算账户开户程序

(1) 存款人填制开户申请书并提供证明文件。

(2) 银行审查开户申请资料。

(3) 办理开户手续。银行应对存款人的开户申请书填写的事项和证明文件的真实性、完整性、合规性进行认真审查,符合开立一般存款账户、其他专用存款账户和个人银行结算账户条件的,银行应办理开户手续。

(4) 中国人民银行备案。银行应自开户之日起5个工作日内向中国人民银行当地分支行备案。

银行为存款人开立一般存款账户、专用存款账户和临时存款账户的,应自开户之日起3个工作日内书面通知基本存款账户开户银行。

存款人开立单位银行结算账户,自正式开立之日起3个工作日后,方可办理付款业务。但注册验资的临时存款账户转为基本存款账户和因借款转存开立的一般存款账户除外。对于核准类银行结算账户,"正式开立之日"为中国人民银行当地分支行的核准日期;对于非核准类单位银行结算账户,"正式开立之日"为银行为存款人办理开户手续的日期。

【经典习题·单选题】甲公司因经营需要与农行某支行借款200万元，拟在农行再开立一个基本存款账户，银行为其开立了一般存款账户，公司于开户当日将借款金额划转至工行基本存款账户中，则下列说法中错误的为（　　）。

A. 农行拒绝为其开立基本存款账户做法正确

B. 存款人开立单位银行结算账户，自正式开立之日起3个工作日后，方可办理付款业务

C. 企业于开户当日将借款金额划转至工行基本存款账户做法正确

D. 开立一般存款账户需要中国人民银行核准

【正确答案】D。

（二）银行结算账户的变更

银行结算账户的变更是指存款人的账户信息资料发生了变化。存款人名称、单位法定代表人或主要负责人、住址以及其他开户资料发生变更后，应及时到开户银行办理变更手续。

（1）存款人更改名称，但不改变开户银行及账号的，应于5个工作日内向开户银行提出银行结算账户的变更申请，并出具有关部门的证明文件。

（2）单位的法定代表人或主要负责人、住址以及其他开户资料发生变更时，应于5个工作日内书面通知开户银行并提供有关证明。

银行接到存款人的变更通知后，应及时办理变更手续，并于2个工作日内向中国人民银行报告。

【经典习题·多选题】下列有关存款人账户信息发生变更后，存款人应及时向开户银行办理变更手续的包括（　　）。

A. 账户名称　　　　　　　　B. 财务负责人

C. 法定代表人　　　　　　　D. 地址、邮编、电话等其他开户资料

【正确答案】A、C、D。

（三）银行结算账户的撤销

银行结算账户的撤销，是指存款人因开户资格或其他原因终止银行结算账户使用的行为。

▶1. 银行结算账户撤销的事由

根据《人民币银行结算账户管理办法》规定，存款人有以下情形之一的，应向开户银行提出撤销银行结算账户的申请。

（1）被撤并、解散、宣告破产或关闭的。

（2）注销、被吊销营业执照的。

（3）因迁址，需要变更开户银行的。

（4）其他原因需要撤销银行结算账户的。

▶2. 银行结算账户撤销的程序

（1）存款人发生被撤并、解散、宣告破产或关闭，或被注销、被吊销营业执照等主体资格终止情形的，应于5个工作日内向开户银行提出撤销银行结算账户的申请。存款人基本存款账户的开户银行应自撤销银行结算账户之日起2个工作日内将撤销该基本存款账户的情况书面通知该存款人其他银行结算账户的开户银行；存款人其他银行结算账

户的开户银行,应自收到通知之日起 2 个工作日内通知存款人撤销有关银行结算账户;存款人应自收到通知之日起 3 个工作日内办理其他银行结算账户的撤销。存款人超过规定期限未主动办理撤销银行结算账户手续的,银行有权停止其银行结算账户的对外支付。

存款人主体资格终止后撤销银行结算账户的,应先撤销一般存款账户、专用存款账户、临时存款账户,将账户资金转入基本存款账户后,方可办理基本存款账户的撤销。

(2) 存款人因迁址或者其他原因撤销基本存款账户后,需要重新开立基本存款账户的,应在撤销其原基本存款账户后 10 日内申请重新开立基本存款账户。存款人在申请重新开立基本存款账户时,除应根据开立基本存款账户的规定出具相关证明文件外,还应出具"已开立银行结算账户清单"。

▶ 3. 银行结算账户撤销的注意事项

存款人在办理银行结算账户撤销手续过程中,应注意以下事项。

(1) 存款人尚未清偿其开户银行债务的,不得申请撤销该账户。

(2) 存款人撤销银行结算账户,必须与开户银行核对银行结算账户存款余额,交回各种重要空白票据及结算凭证和开户许可证,银行核对无误后方可办理销户手续。存款人未按规定交回各种重要空白票据及结算凭证的,应出具有关证明,造成损失的,由其自行承担。

(3) 未获得工商行政管理部门核准登记的单位,在验资期满后,应向银行申请撤销注册验资临时存款账户,其账户资金应退还给原汇款人账户。注册验资资金以现金方式存入,出资人需提取现金的,应出具缴存现金时的现金缴款单原件及其有效身份证件。

(4) 银行对一年未发生收付活动且未欠开户银行债务的单位银行结算账户,应通知单位自发出通知之日起 30 日内办理销户手续,逾期视同自愿销户,未划转款项列入久悬未取专户管理。

【经典习题·多选题】关于银行结算账户的变更与撤销,下列表述中正确的是( )。

A. 存款人更改名称但不更改开户银行及账号,应于 5 个工作日内向开户银行提出变更申请,并出具相关证明

B. 单位的法定代表人发生变更时,应于 3 个工作日内书面通知开户银行并提供有关证明

C. 存款人因注销、被吊销营业执照的,应于 5 个工作日内向开户银行提出撤销银行结算账户的申请

D. 存款人尚未清偿其开户银行债务的,不得申请撤销该银行结算账户

【正确答案】A、C、D。

六、银行结算账户管理的基本原则

银行结算账户管理应当遵循以下基本原则。

▶ 1. 一个基本账户原则

一个基本账户原则是指单位银行结算账户的存款人只能在银行开立一个基本存款账户。

▶ 2. 自主选择原则

自主选择原则是指存款人可以自主选择银行开立银行结算账户。除国家法律、行政法规和国务院规定外，任何单位和个人不得强令存款人到指定银行开立银行结算账户。

▶ 3. 守法合规原则

守法合规原则是指银行结算账户的开立和使用应当遵守法律、行政法规，不得利用银行结算账户进行偷逃税款、逃废债务、套取现金及其他违法犯罪活动。

▶ 4. 存款信息保密原则

存款信息保密原则是指银行应依法为存款人的银行结算账户信息保密。对单位银行结算账户的存款和有关资料，除国家法律、行政法规另有规定外，银行有权拒绝任何单位或个人查询。对个人银行结算账户的存款和有关资料，除国家法律另有规定外，银行有权拒绝任何单位或个人查询。

七、银行结算账户的管理

（一）中国人民银行的管理

中国人民银行是银行结算账户的监督管理部门，负责对银行结算账户的开立、使用、变更和撤销进行检查监督，具体内容包括以下方面。

(1) 中国人民银行对银行结算账户的开立和使用实施监控和管理。中国人民银行当地分支行通过人民币银行结算账户管理系统与支付系统、同城票据交换系统等系统的连接，实现相关银行结算账户信息的比对，依法监测和查处未经中国人民银行核准或未向中国人民银行备案的银行结算账户。

(2) 中国人民银行负责基本存款账户、临时存款账户和预算单位专用存款账户开户许可证的管理。中国人民银行应将开户许可证作为重要空白凭证进行管理，建立健全开户许可证的印制、保管、领用、颁发、收缴和销毁制度。任何单位及个人不得伪造、变造及私自印制开户许可证。

(3) 对存款人、银行违反银行结算账户管理规定的行为，中国人民银行依法予以处罚。

（二）开户银行的管理

银行负责所属营业机构银行结算账户开立和使用的管理，监督和检查其执行《人民币银行结算账户管理办法》的情况，纠正违规开立和使用银行结算账户的行为，具体包括以下内容。

(1) 银行应明确专人负责银行结算账户的开立、使用和撤销的审查和管理，负责对存款人开户申请资料的审查，并按照本办法的规定及时报送存款人开销户信息资料，建立健全开销户登记制度，建立银行结算账户管理档案，按会计档案进行管理。银行结算账户管理档案的保管期限为银行结算账户撤销后10年。

(2) 银行应对已开立的单位银行结算账户实行年检制度，检查开立的银行结算账户的合规性，核实开户资料的真实性；对不符合本办法规定开立的单位银行结算账户，应予以撤销。对经核实的各类银行结算账户的资料变动情况，应及时报告中国人民银行当地分支行。

(3) 银行应对存款人使用银行结算账户的情况进行监督，对存款人的可疑支付应按照中国人民银行规定的程序及时报告。

(三) 存款人的管理

▶ 1. 存款人应加强对开户许可证的管理

开户许可证遗失或毁损时,存款人应填写"补(换)发开户许可证申请书",并加盖单位公章,比照《人民币银行结算账户管理办法》和《人民币银行结算账户管理办法实施细则》有关开立银行结算账户的规定,通过开户银行向中国人民银行当地分支行提出补(换)发开户许可证的申请。申请换发开户许可证的,存款人应缴回原开户许可证。

▶ 2. 存款人应加强对预留银行签章的管理

单位遗失预留公章或财务专用章的,应向开户银行出具书面申请、开户许可证、营业执照等相关证明文件;更换预留公章或财务专用章时,应向开户银行出具书面申请、原预留签章的式样等相关证明文件。

个人遗失或更换预留个人印章或更换签字人时,应向开户银行出具经签名确认的书面申请,以及原预留印章或签字人的个人身份证件。

▶ 3. 存款人应妥善保管其密码

存款人在收到开户银行转交的初始密码之后,应到中国人民银行当地分支行或基本存款账户开户银行办理密码变更手续。

存款人遗失密码的,应持其开户时需要出具的证明文件和基本存款账户开户许可证到中国人民银行当地分支行申请重置密码。

八、违反银行账户管理法律制度的法律责任

▶ 1. 存款人违反银行账户管理法律制度的法律责任

(1) 在开立、撤销银行结算账户的过程中,非经营性的存款人有下列行为之一的,给予警告并处以1000元的罚款;经营性的存款人有下列行为之一的,给予警告并处以1万元以上3万元以下的罚款;构成犯罪的,移交司法机关依法追究刑事责任。

① 违反规定开立银行结算账户。

② 伪造、变造证明文件欺骗银行开立银行结算账户。

③ 违反规定不及时撤销银行结算账户。

(2) 在使用银行结算账户的过程中,非经营性的存款人有下列行为之一的,给予警告并处以1000元的罚款;经营性的存款人有下列行为之一的,给予警告并处以5000元以上3万元以下的罚款。

① 违反规定将单位款项转入个人银行结算账户。

② 违反规定支取现金。

③ 利用开立银行结算账户逃避银行债务。

④ 出租、出借银行结算账户。

⑤ 从基本存款账户之外的银行结算账户转账存入、将销货收入存入或现金存入单位信用卡账户。

(3) 法定代表人或主要负责人、存款人地址以及其他开户资料的变更事项未在规定期限内通知银行的,给予警告并处以1000元的罚款。

(4) 伪造、变造、私自印制开户登记证的存款人,属非经营性存款人的处以1000元

罚款；属经营性存款人的处以1万元以上3万元以下的罚款；构成犯罪的，移交司法机关依法追究刑事责任。

案情简介

天艺公司的股东张某将公司的营业收入20万元直接转入其个人账户，方便提取现金。

案例思考：张某的做法是否正确呢？

分析与提示：张某的做法不正确。根据《人民币银行结算账户管理办法》规定，单位从其银行结算账户支付给个人银行结算账户的款项，每笔超过5万元的，应向其开户银行提供相关的证据材料，且要经过中国人民银行的审批。

根据《人民币银行结算账户管理办法》规定，对违反规定将单位款项转入个人银行结算账户的经营性存款人，给予警告并处以5000元以上3万元以下的罚款。

▶ 2. 银行及其有关人员违反银行账户管理法律制度的法律责任

(1) 银行在银行结算账户的开立中，有下列行为之一的，给予警告，并处以5万元以上30万元以下的罚款；对该银行直接负责的高级管理人员、其他直接负责的主管人员、直接责任人员按规定给予纪律处分；情节严重的，中国人民银行有权停止对其开立基本存款账户的核准，责令该银行停业整顿或者吊销经营金融业务许可证；构成犯罪的，移交司法机关依法追究刑事责任。

① 违反规定为存款人多头开立银行结算账户。

② 明知或应知是单位资金，而允许以自然人名称开立账户存储。

(2) 银行在银行结算账户的使用中，有下列行为之一的，给予警告，并处以5000元以上3万元以下的罚款；对该银行直接负责的高级管理人员、其他直接负责的主管人员、直接责任人员按规定给予纪律处分；情节严重的，中国人民银行有权停止对其开立基本存款账户的核准，构成犯罪的，移交司法机关依法追究刑事责任。

① 提供虚假开户申请资料欺骗中国人民银行许可开立基本存款账户、临时存款账户、预算单位专用存款账户。

② 开立或撤销单位银行结算账户，未按本办法规定在其基本存款账户开户登记证上予以登记、签章或通知相关开户银行。

③ 违反本办法第四十二条规定办理个人银行结算账户转账结算。

④ 为储蓄账户办理转账结算。

⑤ 违反规定为存款人支付现金或办理现金存入。

⑥ 超过期限或未向中国人民银行报送账户开立、变更、撤销等资料。

【经典习题·多选题】存款人的下列行为，中国人民银行可以给予1万元以上3万元以下罚款的有(   )。

A. 经营性存款人违反规定开立银行结算账户

B. 经营性存款人违反规定支取现金
C. 经营性存款人违反规定变造开户登记证
D. 非经营性存款人违反规定不及时撤销银行结算账户

【正确答案】A、C。

复习思考题

1. 什么是临时存款账户？哪些情况下存款人可以申请开立临时存款账户？
2. 存款人在哪些情形下应向开户银行提出撤销银行结算账户的申请？
3. 银行结算账户管理应当遵循哪些基本原则？
4. 存款人违反银行账户管理法律制度的法律责任有哪些？

第四节 票据结算方式

案例导入

2015年10月15日，广州市中恒建设有限公司向光大贸易有限公司签发了一张面额为10万元的转账支票，10月19日，光大贸易有限公司的财务人员持该支票到银行兑付时，被告知广州市中恒建设有限公司的存款余额不足，银行拒绝付款。

案例思考：
(1)银行为什么拒绝付款？
(2)广州市中恒建设有限公司应承担什么样的法律责任？

分析与提示：
(1)因为这是一张空头支票。根据《票据法》规定，支票的出票人所签发的支票金额不得超过其付款时在付款人处实有的存款金额,出票人签发的支票金额超过其付款时在付款人处实有的存款金额的,为空头支票。对于空头支票,银行可以退票。

(2)根据《票据管理实施办法》规定,签发空头支票或者签发与其预留的签章不符的支票,不以骗取财物为目的的,由中国人民银行处以票面金额5%但不低于1000元的罚款;持票人有权要求出票人赔偿支票金额2%的赔偿金。

一、票据结算概述

(一)票据的概念与种类

票据在概念上有广义和狭义之分。广义上的票据包括各种有价证券和凭证,如股票、国库券、企业债券、发票、提单等。狭义上的票据是指由出票人依法签发的,约定自己或者委托付款人在见票时或指定的日期向收款人或持票人无条件支付一定金额的有价证券。

在我国,票据主要包括银行汇票、商业汇票、银行本票和支票。

(二)票据的特征与功能

▶ 1. 特征

与其他有价证券相比,票据的特征有以下几点。

(1)票据是债券凭证和金钱凭证。票据的权利可以背书或交付的方式自由流通转让,而不必通知债务人。票据是支付一定金额货币为目的的有价证券,凡以金钱以外的物品为给付标的的,都不是票据法上所称的票据。

(2)票据是设权证券。票据权利的发生必须首先作成票据。票据的签发,是为了创设一种权利,而不是为了证明已经存在的权利。

(3)票据是文义证券。票据的一切权利与义务,必须严格依照票据上记载的文意而定,不得以票据以外的任何事由变更其效力。

▶ 2. 功能

票据具有以下功能。

(1)支付功能,即票据可以充当支付工具,代替现金使用。

(2)汇兑功能,即票据可以代替货币在不同地方之间运送,方便异地之间的支付。

(3)信用功能,即票据当事人可以凭借自己的信誉,将未来才能获得的金钱作为现在的金钱来使用。

(4)结算功能,即债务抵销功能,如票据的背书转让。

(5)融资功能,即融通资金或调度资金。票据的融资功能是通过票据的贴现、转贴现和再贴现实现的。

(三)票据行为

票据行为是指票据当事人以发生票据债务为目的的、以在票据上签名或盖章为权利与义务成立要件的法律行为,包括出票、背书、承兑和保证四种。

(1)出票是指出票人签发票据并将其交付给收款人的票据行为。出票包括两个行为:作成票据和交付票据,这两者缺一不可。出票人在票据上的签章不符合《中华人民共和国票据法》等规定的,票据无效。

(2)背书是指持票人为将票据权利转让给他人或者将一定的票据权利授予他人行使而在票据背面或者粘单上记载有关事项并签章的行为。

背书按照目的不同分为转让背书和非转让背书。转让背书是以持票人将票据权利转让给他人为目的；非转让背书是将一定的票据权利授予他人行使，包括委托收款背书和质押背书。委托收款背书是指持票人以行使票据上的权利为目的，而授予被背书人以代理权的背书。委托收款背书不是票据权利的转让，实际上是代理权在票据上的体现，被背书人是背书人的代理人，而背书人则是被代理人，被背书人（代理人）收取的票据金额必须归于背书人（被代理人）。质押背书是指以设定质权提供债务担保为目的在票据上进行的背书。在质押背书中，背书人为出质人，被背书人为质权人。

背书人在票据上的签章不符合《中华人民共和国票据法》等规定的，其签章无效，但不影响其前手符合规定签章的效力。

（3）承兑是指汇票付款人承诺在汇票到期日支付汇票金额并签章的行为。承兑人在票据上的签章不符合《中华人民共和国票据法》等规定的，其签章无效，但不影响其他符合规定签章的效力。

（4）保证是指票据债务人以外的人为担保特定债务人履行票据债务而在票据上记载有关事项并签章的行为。保证人在票据上的签章不符合《中华人民共和国票据法》等规定的，其签章无效，但不影响其他符合规定签章的效力。

（四）票据当事人

票据当事人是指票据法律关系中享有票据权利、承担票据义务的当事人，也称为票据法律关系的主体。票据当事人可分为基本当事人和非基本当事人。基本当事人包括出票人、付款人和收款人。非基本当事人包括承兑人、背书人、被背书人、保证人等。

▶ 1. 基本当事人

基本当事人是指在票据作成和交付时业已存在的当事人，是构成票据法律关系的必要主体，包括出票人、付款人和收款人。其中，出票人是指依法定方式签发汇票、本票和支票并将该票据交付给收款人的票据行为人；收款人是指票据正面记载的到期后有权收取票据所载金额的人，又称为票据权利人；付款人是指由出票人委托付款或自行承担付款责任的人。

▶ 2. 非基本当事人

非基本当事人是指在票据作成并交付后，通过一定的票据行为加入票据关系而享有一定权利、履行一定义务的当事人，包括承兑人、背书人、被背书人、保证人等。

（1）承兑人是指接受汇票出票人的付款委托，同意承担支付票款义务的人，包括单位、个人和银行，也包括出票人自己，又称汇票主债务人。

（2）背书人是指在转让票据时，在票据背面签字或盖章并将该票据交付给受让人的票据收款人或持有人（称为前手）。

（3）被背书人是指被记名受让票据或接受票据转让的人。背书后，被背书人成为票据新的持有人（称为后手），享有票据的所有权利。

（4）保证人是指为票据债务提供担保的人，由票据债务人以外的人担当。保证人在被保证人不能履行票据付款责任时，以自己的金钱履行票据付款义务，然后取得持票人的权利，向票据债务人追索。

并非所有的票据当事人一定同时出现在某一张票据上，除基本当事人外，非基本当事人是否存在，完全取决于相应票据行为是否发生。不同票据上可能出现的票据当事人也有所不同。票据上的当事人在各种票据行为中都有自己特定的名称,所以同一个当事人可以有两个名称,即双重身份,如商业汇票的付款人在承兑汇票后成为承兑人,前一次背书中的被背书人就是后一次背书中的背书人。

【经典习题·单选题】根据规定,属于票据基本当事人的是( )。
A. 出票人　　　B. 背书人　　　C. 承兑人　　　D. 保证人
【正确答案】A。

(五)票据权利与责任

票据的权利与责任是指票据法律关系主体所享有的权利和应承担的义务,是票据法律关系的重要内容。

▶ 1. 票据权利

票据权利是指持票人向票据债务人请求支付票据金额的权利,包括付款请求权和追索权。

(1)票据付款请求权是指持票人向汇票的承兑人、本票的出票人、支票的付款人等付款义务人出示票据请求付款的权利,是第一顺序权利,又称主要票据权利。行使付款请求权的持票人可以是票据记载的收款人或最后的被背书人,担负付款请求权付款义务的主要是主债务人。

(2)票据追索权是指票据当事人行使付款请求权遭到拒绝或有其他法定原因存在时,向其前手,包括出票人、背书人和保证人,请求偿还票据金额及其他法定费用的权利,是第二顺序权利,又称偿还请求权利。行使追索权的当事人除票据记载的收款人和最后被背书人外,还可能是代为清偿债务的保证人、背书人。

▶ 2. 票据责任

票据责任是指票据债务人向持票人支付票据金额的责任。它是基于债务人特定的票据行为(如出票、背书、承兑等)而应承担的义务,不具有制裁性质,主要包括付款义务和偿还义务。票据债务人承担票据义务一般有以下四种情况。

(1)汇票承兑人因承兑而应承担付款义务。
(2)本票出票人因出票而承担自己付款的义务。
(3)支票付款人在与持票人有资金关系时承担付款义务。
(4)汇票、本票、支票的背书人,汇票、支票的出票人、保证人,在票据不获承兑或不获付款时的付款清偿义务。

【经典习题·多选题】甲签发一张汇票给乙,汇票上记载收款人乙、保证人丙等事项。乙在法定时间内向甲提示承兑后将该汇票背书转让给丁。丁又将该汇票背书转让给张三。张三在法定期限内向付款人请求付款未果。根据《票据法》的规定,下列各项中,应承担该汇票义务的有( )。
A. 甲　　　　　B. 乙　　　　　C. 丙　　　　　D. 丁
【正确答案】A、B、C、D。

(六)票据签章

票据签章是指票据有关当事人在票据上签名、盖章或签名加盖章的行为。如果票据缺少当事人的签章,该项票据行为便无效。法人和其他使用票据的单位在票据上的签章,为该法人或者该单位的盖章加其法定代表人或者其授权的代理人的签章。在票据上的签名,应当为该当事人的本名。签章当事人在票据上的签章不符合法定要求的则为无效。

票据上的签章因票据行为的性质不同，签章当事人不同。票据签发时，由出票人签章；票据转让时，由背书人签章；票据承兑时，由承兑人签章；票据保证时，由保证人签章；票据代理时，由代理人签章；持票人行使票据权利时，由持票人签章。

银行汇票的出票人在票据上的签章，应为经中国人民银行批准使用的该银行汇票专用章加其法定代表人或其授权经办人的签名或者盖章。银行承兑商业汇票、办理商业汇票转贴现、再贴现时的签章，应为经中国人民银行批准使用的该银行汇票专用章加其法定代表人或其授权经办人的签名或者盖章。银行本票的出票人在票据上的签章，应为经中国人民银行批准使用的该银行本票专用章加其法定代表人或其授权经办人的签名或者盖章。

（七）票据记载事项

票据记载事项是指依法在票据上记载票据相关内容的行为。票据记载事项一般分为绝对记载事项、相对记载事项、任意记载事项和不产生票据法上效力的记载事项。

（1）绝对记载事项是指《票据法》明文规定必须记载的，如不记载，票据即为无效的事项。包括票据种类的记载，票据金额的记载，票据收款人的记载和年月日的记载。

（2）相对记载事项是指除了必须记载事项外，《票据法》规定的其他应记载的事项。相对记载事项可以记载，也可以不记载。记载的，按照记载的具体事项履行权利和义务；未记载的，适用法律的统一认定。例如，《票据法》规定汇票上未记载出票地的，出票人的营业场所、住所或者经常居住地为出票地。这里的"出票地"就属于相对记载事项。

（3）任意记载事项是不强制当事人必须记载而允许当事人自行选择，不记载不影响票据效力，记载时则产生票据效力的事项。例如，出票人在汇票上记载"不得转让"字样的，汇票不可转让，其中的"不得转让"事项即为任意记载事项。

（4）不产生票据法上的效力的记载事项是指除了据对记载事项、相对记载事项、任意记载事项外，票据上还可以记载其他一些事项，但这些事项不具有票据效力。

二、支票

（一）支票的概念

支票是出票人签发的，委托办理支票存款业务的银行或者其他金融机构在见票时无条件支付确定的金额给收款人或者持票人的票据。

支票的基本当事人包括出票人、付款人和收款人。支票的出票人即存款人，是在经中国人民银行当地分支行批准办理支票业务的银行或其他金融机构开立可以使用支票的存款账户的单位和个人；支票的付款人为支票上记载的出票人开户银行或其他金融机构；收款人是票面上填明的收款人，也可以是经背书转让的被背书人。出票人可以在支票上记载自己为收款人。

（二）支票的种类

按照支付票款方式不同，支票分为现金支票、转账支票和普通支票。

▶ 1. 现金支票

支票上印有"现金"字样的为现金支票，现金支票只能用于支取现金，如图2-4所示。

▶ 2. 转账支票

支票上印有"转账"字样的为转账支票，转账支票只能用于转账，如图2-5所示。

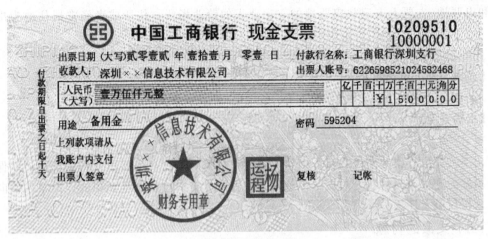

图 2-4 现金支票

图 2-5 转账支票

▶ 3. 普通支票

支票上未印有"现金"或"转账"字样的为普通支票。普通支票可以用于支取现金,也可用于转账。在普通支票左上角画两条平行线的,为划线支票,划线支票只能用于转账,不能支取现金。

(三)支票的适用范围

单位和个人的各种款项结算,均可以使用支票。2007年7月8日,中国人民银行宣布,支票可以实现全国范围内互通使用。支票可以背书转让,但用于支取现金的支票不能背书转让。

(四)支票的出票

▶ 1. 支票的绝对记载事项

支票的绝对记载事项有标明"支票"的字样、无条件支付的委托、确定的金额、付款人名称、出票日期以及出票人签章。其中,支票的金额、收款人名称可以由出票人授权补记,未补记前不得背书转让和提示付款。欠缺记载上列事项之一的,支票无效。

▶ 2. 支票的相对记载事项

支票的相对记载事项有付款地(支票上未记载付款地的,付款人的营业场所为付款地)和出票地(支票上未记载出票地的,出票人的营业场所、住所或者经常居住地为出票地)。

此外,支票上可以记载非法定记载事项,但这些事项并不发生支票上的效力。

【经典习题·单选题】票据的金额和收款人名称可由出票人授权补记的为( )。

A. 银行汇票　　　B. 商业汇票　　　C. 银行本票　　　D. 支票

【正确答案】D。

▶ 3. 出票的效力

出票人作成支票并交付之后,出票人必须在付款人处存有足够可支付的资金,以保证支票票款的支付;当付款人对支票拒绝付款或者超过支票付款提示期限的,出票人应向持票人承担付款责任。

(五)支票的付款

▶ 1. 提示付款期限

支票的持票人应当自出票日起10日内提示付款;异地使用的支票,其提示付款的期限由中国人民银行另行规定。

超过提示付款期限的,付款人可以不予付款;付款人不予付款的,出票人仍应当对持票人承担票据责任。

▶ 2. 付款

出票人在付款人处的存款足以支付支票金额时,付款人应当在见票当日足额付款。

支票限于见票即付,不得另行记载付款日期,另行记载付款日期的,该记载无效。

▶ 3. 付款责任的解除

付款人依法支付支票金额的,对出票人不再承担受委托付款的责任,对持票人不再承担付款的责任。但是,付款人以恶意或者有重大过失付款的除外。

【经典习题·单选题】下列关于支票的提示付款期限的表述中,正确的是( )。

A. 自出票日起10日内　　　　　　B. 自出票日起20日内

C. 自出票日起30日内　　　　　　D. 自出票日起60日内

【正确答案】A。

(六)支票的办理要求

▶ 1. 签发支票的要求

(1)签发支票应当使用碳素墨水或墨汁填写,中国人民银行另有规定的除外。

(2)签发现金支票和用于支取现金的普通支票,必须符合国家现金管理的规定。

(3)支票的出票人签发支票的金额不得超过付款时在付款人处实有的存款金额。禁止签发空头支票。

(4)支票的出票人预留银行签章是银行审核支票付款的依据;银行也可以与出票人约定使用支付密码,作为银行审核支付支票金额的条件。

(5)出票人不得签发与其预留银行签章不符的支票;使用支付密码的,出票人不得签发支付密码错误的支票。

(6)出票人签发空头支票、签章与预留银行签章不符的支票,使用支付密码的地区,支付密码错误的支票,银行应予以退票,并按票面金额处以5%但不低于1000元的罚款;

持票人有权要求出票人赔偿支票金额2%的赔偿金。对屡次签发的,银行应停止其签发支票。

空头支票

根据《中华人民共和国票据法》第八十七条的规定,支票的出票人所签发的支票金额不得超过其付款时在付款人处实有的存款金额,出票人签发的支票金额超过其付款时在付款人处实有的存款金额的,为空头支票。

【经典习题·多选题】签发( ),银行应予退票;并按票面金额处以5%但不低于1000元的罚款。

A. 出票日期未使用中文大写规范填写的支票

B. 支付密码错误的支票

C. 空头支票

D. 签章与预留银行签章不符的支票

【正确答案】B、C、D。

▶2. 兑付支票的要求

(1) 持票人可以委托开户银行收款或直接向付款人提示付款。用于支取现金的支票仅限于收款人向付款人提示付款。

(2) 持票人委托开户银行收款时,应作委托收款背书,在支票背面背书人签章栏签章,记载"委托收款"字样、背书日期,在被背书人栏记载开户银行名称,并将支票和填制的进账单送交开户银行。

(3) 持票人持用于转账的支票向付款人提示付款时,应在支票背面背书人签章栏签章,并将支票和填制的进账单交送出票人开户银行。

收款人持用于支取现金的支票向付款人提示付款时,应在支票背面"收款人签章"处签章,持票人为个人的,还须交验本人身份证件,并在支票背面注明证件名称、号码及发证机关。

三、商业汇票

(一) 商业汇票的概念和种类

▶1. 概念

商业汇票是指由出票人签发的,委托付款人在指定日期无条件支付确定金额给收款人或者持票人的票据。

汇 票

根据《中华人民共和国票据法》第八十七条的规定,汇票是出票人签发的,委托付款人在见票时或者在指定日期无条件支付确定的金额给收款人或者持票人的票据。

根据出票人的不同，汇票分为银行汇票和商业汇票。银行汇票的出票人是银行，商业汇票的出票人是银行以外的企事业单位、机关、团体等。

▶ 2. 种类

根据承兑人不同，商业汇票分为商业承兑汇票和银行承兑汇票。商业承兑汇票由银行以外的付款人承兑，银行承兑汇票由银行承兑。商业汇票的付款人为承兑人。

银行承兑汇票如图2-6所示。

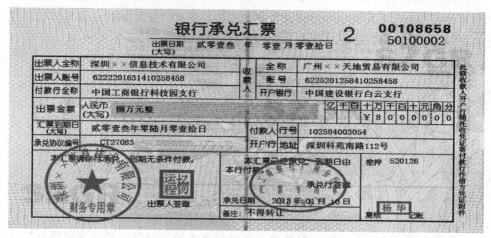

图2-6 银行承兑汇票

（二）商业汇票的出票

▶ 1. 出票人的确定

商业汇票的出票人，为在银行开立存款账户的法人以及其他组织，与付款人具有真实的委托付款关系，具有支付汇票金额的可靠资金来源。个人不能使用商业汇票。出票人不得签发无对价的汇票用以骗取银行或者其他票据当事人的资金。

案例导入

顺天公司接受了客户转让的一张银行承兑汇票，金额为2万元。公司将该汇票转让给了个体户赵某用于支付运费。为了支付上年的汽车修理费用，赵某又将该汇票转让给了汽车修理厂。汽车修理厂的财务人员看到该汇票后，拒绝接受。

案例思考：汽车修理厂财务人员的做法是否正确？

分析与提示：银行承兑汇票是我国商业汇票的一种，而商业汇票的使用主体，目前在我国仅限于在银行开立存款账户的法人以及其他组织，个人不能使用商业汇票。本案例中，个体工商户赵某接受并转让银行承兑汇票，不符合《票据法》上关于商业汇票使用主体的规定。因此该汽车修理厂财务人员拒绝接受该汇票的做法正确。

无对价的商业汇票

无对价的商业汇票,是指出票人与收款人之间没有发生任何商品、劳务交易,也没有债权债务关系而签发的汇票。

▶ 2. 商业汇票的绝对记载事项

签发商业汇票必须记载下列事项,欠缺记载下列事项之一的,商业汇票无效:表明商业承兑汇票或银行承兑汇票的字样;无条件支付的委托;确定的金额;付款人名称;收款人名称;出票日期;出票人签章。汇票上未记载上列事项之一的,汇票无效。

▶ 3. 商业汇票的相对记载事项

相对记载事项主要包括以下内容。
(1) 汇票上未记载付款日期的,视为见票即付。
(2) 汇票上未记载付款地的,付款人的营业场所、住所或者经常居住地为付款地。
(3) 汇票上未记载出票地的,出票人的营业场所、住所或者经常居住地为出票地。
此外,汇票上可以记载非法定记载事项,但这些事项不具有汇票上的效力。

【经典习题·多选题】根据《票据法》的规定,下列各项中,不会导致汇票失效的是( )。
A. 未记载付款日期   B. 未记载付款地
C. 未记载出票地   D. 未记载出票人签章
【正确答案】A、B、C。

▶ 4. 商业汇票出票的效力

出票人依照《票据法》的规定完成出票行为之后,即产生票据上的效力,包括以下内容。
(1) 对收款人的效力。收款人取得汇票后,即取得票据权利。
(2) 对付款人的效力。出票行为是单方行为,付款人并不因此而有付款义务,只有在对汇票承兑后,才负有付款义务,成为汇票上的主债务人。
(3) 对出票人的效力。出票人签发汇票后,即承担保证该汇票承兑和付款的责任。出票人在汇票得不到承兑或者付款时,应当向持票人清偿《票据法》规定的金额和费用。

(三) 商业汇票的承兑

承兑是指汇票付款人承诺在汇票到期日支付汇票金额的票据行为。承兑是汇票特有的制度,本票和支票都没有承兑。汇票是一种出票人委托他人付款的委付票据,汇票付款人并不因为出票人的付款委托成为当然的汇票债务人,必须有承兑行为。付款人一经承兑,就成为承兑人,是汇票的主债务人。

商业承兑汇票可以由付款人签发并承兑,也可以由收款人签发交由付款人承兑。
银行承兑汇票由出票人签发交由银行承兑。

▶ 1. 承兑的程序

承兑的程序包括提示承兑和承兑成立两个步骤。

1) 提示承兑

提示承兑是指持票人向付款人出示汇票,并要求付款人承诺付款的行为。提示承兑是承兑的前提，是行使和保全票据权利的手段。汇票未按规定期限提示承兑的，持票人丧失对其前手的追索权。汇票付款日期的形式不同，提示承兑的期限也有所不同。

（1）定日付款或者出票后定期付款的汇票，持票人应当在汇票到期日前向付款人提示承兑。

（2）见票后定期付款的汇票，持票人应当自出票日起1个月内向付款人提示承兑。

（3）见票即付的汇票无须提示承兑。

【经典习题·多选题】应于到期日前向承兑人提示承兑的汇票有（   ）。

A. 未记载付款日期的汇票　　　　　B. 定日付款的汇票
C. 出票后定期付款的汇票　　　　　D. 见票后定期付款的汇票

【正确答案】B、C。

2）承兑成立

（1）承兑时间。付款人对向其提示承兑的汇票，应当自收到提示承兑的汇票之日起3日内承兑或者拒绝承兑。如果付款人在3日内不作承兑与否表示的，则应视为拒绝承兑。持票人可以请求其作出拒绝承兑证明，向其前手行使追索权。

（2）接受承兑。付款人收到持票人提示承兑的汇票时，应当向持票人签发收到汇票的回单。回单上应当记明汇票提示承兑日期并签章。回单是付款人向持票人出具的已收到请求承兑汇票的证明。

（3）承兑的格式。付款人承兑汇票的，应当在汇票正面记载"承兑"字样和承兑日期并签章；见票后定期付款的汇票，应当在承兑时记载付款日期。汇票上未记载承兑日期的，以3天承兑期的最后一日为承兑日期。上列应记载事项必须记载于汇票的正面。

（4）退回已承兑的汇票。付款人依承兑格式填写完毕应记载事项并将已承兑的汇票退回持票人后才产生承兑的效力。

▶ 2. 承兑的效力

付款人承兑汇票后，应当承担到期付款的责任。这一到期付款的责任是一种绝对责任，主要表现在以下几个方面。

（1）承兑人于汇票到期日必须向持票人无条件地支付汇票上的金额，否则其必须承担迟延付款责任。

（2）承兑人必须对汇票上的一切权利人承担责任，该权利人包括付款请求权人和追索权人。

（3）承兑人不得以其与出票人之间的资金关系来对抗持票人，拒绝支付汇票金额。

（4）承兑人的票据责任不因持票人未在法定期限提示付款而解除。

▶ 3. 承兑不得附有条件

付款人承兑商业汇票，不得附有条件；承兑附有条件的，视为拒绝承兑。银行承兑汇票的承兑银行，应当按照票面金额向出票人收取万分之五的手续费。

【经典习题·判断题】根据《票据法》的规定，付款人承兑汇票，不得附有条件，承兑附有条件的，所附条件不具备票据上的效力。（   ）

【正确答案】×。

（四）商业汇票的付款

商业汇票的付款，是指付款人依据票据文义支付票据金额，以消灭票据关系的行为。

商业汇票的付款期限，最长不得超过 6 个月。定日付款的汇票付款期限自出票日起计算，并在汇票上记载具体的到期日。出票后定期付款的汇票付款期限自出票日起按月计算，并在汇票上记载。见票后定期付款的汇票付款期限自承兑或拒绝承兑日起按月计算，并在汇票上记载。

▶ 1. 付款的程序

1) 提示付款

提示付款是指票据的持票人在票据的付款期限内向票据付款人提示票据，要求票据付款人偿付票据金额的行为。持票人应当按照下列法定期限提示付款。

(1) 见票即付的汇票，自出票日起 1 个月内向付款人提示付款。

(2) 定日付款、出票后定期付款或者见票后定期付款的汇票，自到期日起 10 日内向承兑人提示付款。

持票人未按照上述规定期限提示付款的，在作出说明后，承兑人或者付款人仍应当继续对持票人承担付款责任。通过委托收款银行或者通过票据交换系统向付款人提示付款的，视同持票人提示付款。

2) 支付票款

持票人付款提示后，付款人依法审查无误后必须无条件地在当日按票据金额足额支付给持票人。否则，应承担迟延付款的责任。持票人获得付款的，应当在汇票上签收，并将汇票交给付款人。持票人委托银行收款的，受委托的银行将代收的汇票金额转账收入持票人账户，视同签收。

付款人及其代理付款人付款时，应当审查汇票背书的连续，并审查提示付款人的合法身份证明或者有效证件。付款人及其代理付款人以恶意或者有重大过失付款的，应当自行承担责任。对定日付款、出票后定期付款或见票后定期付款的汇票，付款人在到期日前付款的，由付款人自行承担所产生的责任。

知识窗

代理付款人

代理付款人是指根据付款人的委托，代其支付票据金额的银行、城市信用合作社和农村信用合作社。

▶ 2. 付款的效力

付款人依法足额付款后，全体汇票债务人的责任解除。

(五) 商业汇票的背书

商业汇票的背书，是指以转让商业汇票权利或者将一定的商业汇票权利授予他人行使为目的，按照法定的事项和方式在商业汇票背面或者粘单上记载有关事项并签章的票据行为。

汇票转让只能采用背书方式，而不能仅凭单纯交付方式，否则不产生票据转让的效力。银行承兑汇票背面如图 2-7 所示。

▶ 1. 背书的记载事项

(1) 背书人签章。背书人签章属于绝对记载事项，如此项未记载，背书行为无效。

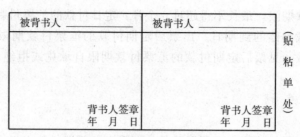

图 2-7 银行承兑汇票背面

（2）被背书人名称。汇票以背书转让或者以背书将一定的汇票权利授予他人行使时，必须记载被背书人名称。被背书人名称属于绝对记载事项，如果背书人不作成记名背书，即不记载被背书人名称，背书行为无效。但按照《高法审理票据纠纷案司法解释》规定，背书人未记载被背书人名称即将票据交付，持票人在票据被背书人栏内记载自己的名称与背书人记载具有同等法律效力。

（3）背书日期。背书日期属于相对记载事项，背书未记载日期的，视为在汇票到期日前背书。

▶ 2. 背书不得记载的事项

（1）附有条件的背书：根据规定，汇票背书附有条件的，所附条件不具有汇票上的效力，即背书行为仍然有效。

（2）部分背书：部分背书是指将汇票金额的一部分或者将汇票金额分别转让给两人以上的背书。部分背书无效。

▶ 3. 禁止背书的记载

（1）出票人的禁止背书：出票人的禁止背书应记载在汇票的正面。出票人在汇票上记载"不得转让"字样的，汇票不得转让。

（2）背书人的禁止背书：背书人的禁止背书应记载在汇票的背面。背书人在汇票上记载"不得转让"字样，其后手再背书转让的，原背书人对后手的被背书人不承担保证责任，其只对直接的被背书人承担责任。

▶ 4. 背书时粘单的使用

为了保证粘单的有效性和真实性，第一位使用粘单的背书人必须将粘单粘接在票据上，并且在汇票和粘单的粘接处签章，否则该粘单记载的内容即为无效。

▶ 5. 背书连续

一张票据可以多次背书、多次转让，但背书必须连续。如果背书不连续，付款人可以拒绝向持票人付款，否则付款人自行承担责任。

背书连续主要是指形式上的连续，如果背书在实质上不连续，如有伪造签章等，付款人仍应对持票人付款。但是，如果付款人明知持票人不是真正票据权利人，则不得向持票人付款，否则自行承担责任。

▶ 6. 法定禁止背书

被拒绝承兑、被拒绝付款或者超过付款提示期限等三种情形下的汇票，不得背书转让；背书转让的，背书人应当承担汇票责任。

背书记载"委托收款"字样的，被背书人有权代背书人行使被委托的汇票权利。但是，被背书人不得再以背书转让汇票权利。

▶ 7. 背书的效力

背书人以背书转让汇票后，即承担保证其后手所持汇票承兑和付款的责任。背书人在汇票得不到承兑或者付款时，应当向持票人清偿《票据法》规定的金额和费用。

【经典习题·多选题】汇票的背书人在票据上记载了"不得转让"字样，但其后手仍进行了背书转让，下列关于票据责任承担的表述中，正确的是(　　)。

A. 不影响承兑人的票据责任

B. 不影响出票人的票据责任

C. 不影响原背书人之前手的票据责任

D. 不影响原背书人对后手的被背书人承担票据责任

【正确答案】A、B、C。

（六）商业汇票的保证

保证是指票据债务人以外的第三人，为担保票据债务的履行所作的一种附属票据行为。

▶ 1. 保证的当事人

保证的当事人为保证人与被保证人。保证应由汇票债务人以外的他人承担。

▶ 2. 保证的格式

保证人必须在汇票或粘单上记载下列事项：表明"保证"的字样、保证人名称和住所、被保证人的名称、保证日期，以及保证人签章。其中，保证文句和保证人签章属于绝对记载事项，保证人名称和住所、被保证人名称、保证日期属于相对记载事项。保证人未记载保证人名称和住所的，以保证人的营业场所、住所或者经常居住地为保证人住所。保证人未记载被保证人名称的，未承兑的汇票，以出票人为被保证人；已承兑的汇票，以承兑人为被保证人。保证人未记载保证日期的，出票日期为保证日期。

为出票人、承兑人保证的，应记载于汇票的正面；为背书人保证的，应记载于汇票的背面或粘单上。

根据《票据法》的规定，保证不得附有条件，附有条件的，不影响对汇票的保证责任。也就是说，如果保证附有条件，所附条件无效，保证本身仍具有效力，保证人应向持票人承担保证责任。

▶ 3. 保证的效力

（1）保证人的责任。被保证的汇票，保证人应当与被保证人对持票人承担连带责任。汇票到期后得不到付款的，持票人有权向保证人请求付款，保证人应当足额付款。

（2）共同保证人的责任。保证人为两人以上的，保证人之间承担连带责任。

（3）保证人的追索权。保证人清偿汇票债务后，可以行使持票人对被保证人及其前手的追索权。

【经典习题·单选题】下列选项中，属于汇票的绝对记载事项的是(　　)。

A. 背书日期　　　　　　　　B. 付款日期

C. 出票日期　　　　　　　　D. 保证日期

【正确答案】C。

四、银行汇票

(一)银行汇票的概念和适用范围

银行汇票是由出票银行签发的,在见票时按照实际结算金额无条件支付给收款人或者持票人的票据,如图2-8所示。银行汇票的出票银行为银行汇票的付款人。

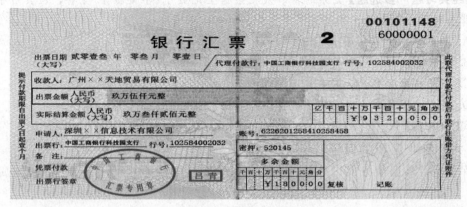

图2-8 银行汇票

单位和个人在异地、同城或同一票据交换区域的各种款项结算,均可使用银行汇票。

(二)银行汇票的记载事项

银行汇票的绝对记载事项有:表明"银行汇票"的字样、无条件支付的承诺、确定的金额、付款人名称、收款人名称、出票日期,以及出票人签章。

汇票上未记载上述事项之一的,汇票无效。

(三)银行汇票的出票

▶ 1. 申请

申请人使用银行汇票,应向出票银行填写"银行汇票申请书",填明收款人名称、汇票金额、申请人名称、申请日期等事项并签章,签章为其预留银行的签章。申请人和收款人均为个人,需要使用银行汇票向代理付款人支取现金的,申请人须在"银行汇票申请书"上填明代理付款人名称,在"汇票金额"栏先填写"现金"字样,后填写汇票金额。申请人或者收款人为单位的,不得在"银行汇票申请书"上填明"现金"字样。

▶ 2. 签发

出票银行受理银行汇票申请书,收妥款项后签发银行汇票,并用压数机压印出票金额,将银行汇票和解讫通知一并交给申请人。签发转账银行汇票,不得填写代理付款人名称,但由人民银行代理兑付银行汇票的商业银行,向设有分支机构地区签发转账银行汇票的除外。签发现金银行汇票,申请人和收款人必须均为个人,收妥申请人交存的现金后,在银行汇票"出票金额"栏先填写"现金"字样,后填写出票金额,并填写代理付款人名称。申请人或者收款人为单位的,银行不得为其签发现金银行汇票。

(四)银行汇票的基本规定

(1)银行汇票可以用于转账,标明现金字样的"银行汇票"也可以提取现金。

(2)银行汇票的付款人为银行汇票的出票银行,银行汇票的付款地为代理付款人或出票人所在地。

（3）银行汇票的出票人在票据上的签章，应为经中国人民银行批准使用的该银行汇票专用章加其法定代表人或其授权经办人的签名或者盖章。

（4）银行汇票的提示付款期限自出票日起一个月内。持票人超过付款期限提示付款的，代理付款人（银行）不予受理。

（5）银行汇票可以背书转让，但填明"现金"字样的银行汇票不得背书转让。银行汇票的背书转让以不超过出票金额的实际结算金额为准。未填写实际结算金额或实际结算金额超过出票金额的银行汇票不得背书转让。

（6）填明"现金"字样和代理付款人的银行汇票丧失，可以由失票人通知付款人或者代理付款人挂失止付。

（7）银行汇票丧失，失票人可以凭人民法院出具的其享有票据权利的证明，向出票银行请求付款或退款。

(五) 银行汇票申办和兑付的基本规定

收款人受理银行汇票依法审查无误后，应在出票金额以内，根据实际需要的款项办理结算，并将实际结算金额和多余金额填入银行汇票和解讫通知的有关栏内。未填明实际结算金额和多余金额或实际结算金额超过出票金额的，银行不予受理。银行汇票的实际结算金额不得更改，更改实际结算金额的银行汇票无效。

持票人向银行提示付款时，必须同时提交银行汇票和解讫通知，缺少任何一联，银行不予受理。

持票人超过提示付款期限向代理付款银行提示付款不获付款的，必须在票据权利时效内向出票银行作出说明，并提供本人身份证件或单位证明，持银行汇票和解讫通知向出票银行请求付款。

【经典习题·多选题】关于银行汇票的表述，正确的有（　　）。
A. 异地、同一票据交换区域均可使用
B. 银行汇票的提示付款期限自出票日起 10 日
C. 填明"现金"字样的可以用于支取现金
D. 银行汇票可以用于转账
【正确答案】A、C、D。

五、银行本票

(一) 银行本票的概念和种类

银行本票是出票人签发的，承诺自己在见票时无条件支付确定的金额给收款人或者持票人的票据。银行本票的出票人，为经中国人民银行当地分支行批准办理银行本票业务的银行机构。

银行本票分为不定额本票和定额本票两种。定额银行本票面额为 1000 元、5000 元、1 万元和 5 万元。

(二) 银行本票的适用范围

单位和个人在同一票据交换区域需要支付的各种款项，均可以使用银行本票，如图 2-9 所示。银行本票可以用于转账，注明"现金"字样的银行本票可以用于支取现金。

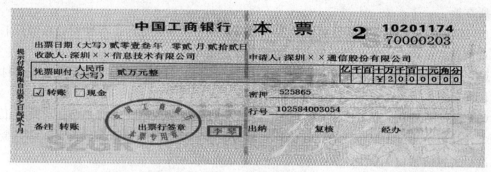

图 2-9 银行本票

(三) 银行本票的记载事项

银行本票必须记载下列事项：表明"银行本票"的字样、无条件支付的承诺、确定的金额、收款人名称、出票日期，以及出票人签章。

本票上未记载前款规定事项之一的，本票无效。

申请人或收款人为单位的，不得申请签发现金银行本票。

(四) 银行本票的出票

▶ 1. 申请

申请人使用银行本票，应向银行填写"银行本票申请书"，填明收款人名称、申请人名称、支付金额、申请日期等事项并签章。申请人和收款人均为个人需要支取现金的，应在"支付金额"栏先填写"现金"字样，后填写支付金额。申请人或收款人为单位的，不得申请签发现金银行本票。

▶ 2. 签发

出票银行受理银行本票申请书，收妥款项签发银行本票。用于转账的，在银行本票上划去"现金"字样；申请人和收款人均为个人需要支取现金的，在银行本票上划去"转账"字样。不定额银行本票用压数机压印出票金额。出票银行在银行本票上签章后交给申请人。申请人或收款人为单位的，银行不得为其签发现金银行本票。

(五) 银行本票的提示付款期限

银行本票见票即付。银行本票的提示付款期限自出票日起最长不得超过 2 个月。持票人超过付款期限提示付款的，代理付款人不予受理。持票人超过提示付款期限不获付款的，在票据权利时效内向出票银行作出说明，并提供本人身份证件或单位证明，可持银行本票向出票银行请求付款。本票的持票人未按照规定期限提示见票的，丧失对出票人以外的前手的追索权。

【经典习题·单选题】根据《票据法》的规定，票据持票人应在法定期限内向付款人提示付款。关于票据提示付款期限的下列表述中，正确的有(   )。

A. 商业汇票自到期日起 1 个月内提示付款
B. 银行汇票自出票日起 2 个月内提示付款
C. 银行本票自出票日起 1 个月内提示付款
D. 支票自出票日起 10 日内提示付款

【正确答案】D。

复习思考题

1. 持票人有哪些票据权利？
2. 支票的绝对记载事项和相对记载事项有哪些？支票的哪些事项可以由出票人授权补记？
3. 法定禁止背书转让的汇票有哪些？
4. 银行汇票有哪些基本规定？

第五节 银 行 卡

案例导入

小张前年在甲银行办理了一张信用额度为3万元的信用卡，最近，他收到了银行的催款通知，要求他归还银行本息合计53 017元。

案例思考：信用卡利息怎么计算？

分析与提示：贷记卡透支按月计收复利，透支利率为日利率0.05%。

一、银行卡的概念与分类

（一）银行卡的概念

银行卡是指经批准由商业银行(含邮政金融机构)向社会发行的具有消费信用、转账结算、存取现金等全部或部分功能的信用支付工具。

（二）银行卡的分类

▶ 1. 按照发行主体是否在境内分类

按照发行主体是否在境内分为境内卡和境外卡。

▶ 2. 按照是否给予持卡人授信额度分类

按照是否给予持卡人授信额度分为信用卡和借记卡。

(1) 信用卡是商业银行向个人和单位发行的，凭此向特约单位购物、消费和向银行存取现金，具有消费信用的银行卡。信用卡分为贷记卡和准贷记卡，贷记卡是指银行发行的、并给予持卡人一定信用额度、持卡人可在信用额度内先消费后还款的信用卡；准贷记卡是指银行发行的，持卡人按要求交存一定金额的备用金，当备用金账户余额不足支付时，可在规定的信用额度内透支的准贷记卡。通常所说的信用卡，一般单指贷记卡。

(2) 借记卡是商业银行向个人和单位发行的先存款后消费(或取现)而没有透支功能的银行卡。

3. 按照账户币种的不同分类

按照账户币种的不同分为人民币卡、外币卡和双币种卡。

4. 按信息载体的不同分类

按信息载体不同分为磁条卡和芯片卡。

信用卡的起源

最早的信用卡出现于19世纪末。19世纪80年代，英国服装业发展出所谓的信用卡，旅游业与商业部门也都跟随这个潮流。但当时的卡片仅能进行短期的商业赊借行为，款项还是要随用随付，不能长期拖欠，也没有授信额度。

据说20世纪50年代的一天，美国商人曼哈顿信贷专家弗兰克·麦克纳马拉在纽约一家饭店招待客人用餐，就餐后发现他的钱包忘记带在身边，不得不打电话叫妻子带现金来饭店结账，因而深感难堪，于是麦克纳马拉产生了创建信用卡公司的想法。1950年春，麦克纳马拉与他的好友施奈德合作投资一万美元，在纽约创立了"大来俱乐部"（Diners Club），即大来信用卡公司的前身，大来俱乐部为会员们提供一种能够证明身份和支付能力的卡片，会员凭卡片到指定27间餐厅就可以记账消费，不必付现金，这就是最早的信用卡。这种无须银行办理的信用卡的性质属于商业信用卡。

1952年，美国加利福尼亚州的富兰克林国民银行作为金融机构首先发行了银行信用卡，成为第一家发行信用卡的银行。

1959年，美国的美洲银行在加利福尼亚州发行了美洲银行卡。此后，许多银行加入了发卡银行的行列。到了20世纪60年代，银行信用卡很快受到社会各界的普遍欢迎，并得到迅速发展，信用卡不仅在美国，而且在英国、日本、加拿大以及欧洲各国也盛行起来。从70年代开始，中国香港、中国台湾、新加坡、马来西亚等发展中国家和地区也开始办理信用卡业务。

二、银行卡账户与交易

（一）单位卡交易的基本规定

（1）单位人民币卡可办理商品交易和劳务供应款项的结算，但不得透支。单位卡不得支取现金。

（2）发卡银行对贷记卡的取现应当每笔进行授权，每卡每日累计取现不得超过限定额度。

（3）发卡银行应当依照法律规定遵守信用卡业务风险控制指标。

（4）准贷记卡的透支期限最长为60天。贷记卡的首月最低还款额不得低于其当月透支余额的10%。

（5）发卡银行通过下列途径追偿透支款项和诈骗款项：扣减持卡人保证金、依法处理抵押物和质押物；向保证人追索透支款项；通过司法机关的诉讼程序进行追偿。

（二）银行卡的资金来源

单位卡账户的资金，一律从其基本存款账户转账存入，不得交存现金，不得将销货收入的款项存入其账户。

个人卡在使用过程中，需要向其账户续存资金的，只限于其持有的现金存入和工资性款项以及属于个人的劳务报酬收入转账存入。严禁将单位的款项存入个人卡账户。

（三）银行卡的计息和收费

▶ 1. 计息

（1）发卡银行对准贷记卡及借记卡（不含储值卡）账户内的存款，按照中国人民银行规定的同期同档次存款利率及计息办法计付利息。

（2）发卡银行对贷记卡账户的存款、储值卡（含 IC 卡的电子钱包）内的币值不计付利息。

（3）贷记卡持卡人非现金交易享受如下优惠条件。

① 免息还款期待遇。银行记账日至发卡行规定的到期还款日之间为免息还款期。最长为 60 天。持卡人在到期还款日前偿还所使用全部银行款项可享受免息还款期待遇，无须支付非现金交易的利息。

② 最低还款额待遇。持卡人在到期还款日前偿还所使用全部银行款项有困难的，可按发卡行规定的最低还款额还款。

贷记卡选择最低还款或超过批准的信用额度用卡，不得享受免息还款期待遇。贷记卡支取现金、准贷记卡透支，不享受免息还款期和最低还款额待遇。贷记卡透支按月计收复利，准贷记卡按月计收单利。透支利率为日利率 0.05%。

发卡银行对贷记卡持卡人未偿还最低还款额和超信用额度用卡的行为，分别按最低还款额未还部分、超过信用额度部分的 5% 收取滞纳金和超限费。

【经典习题·单选题】信用卡持卡人非现金交易享受免息还款期，免息还款期最长为（　　）。
A. 20 天　　　　　B. 30 天　　　　　C. 50 天　　　　　D. 60 天
【正确答案】D。

▶ 2. 收费

收费是指商业银行办理银行卡收单业务向商户收取结算手续费。

（1）宾馆、餐饮、娱乐、旅游等行业不得低于交易金额的 2%。

（2）其他行业不得低于交易金额的 1%。

（四）银行卡申领、注销和挂失

▶ 1. 银行卡的申领

凡在中国境内金融机构开立基本存款账户的单位，可凭中国人民银行核发的开户许可证申领单位卡。单位卡可申领若干张，持卡人资格由申领单位法定代表人或其委托的代理人书面指定和注销。凡具有完全民事行为能力的公民，可凭本人有效身份证件及发卡银行规定的相关证明文件申领个人卡。个人卡的主卡持卡人，可为其配偶及年满 18 周岁的亲属申领附属卡，申领的附属卡最多不得超过两张，也有权要求注销其附属卡。

▶ 2. 银行卡的注销

持卡人在还清全部交易款项、透支本息和有关费用后，有下列情形之一的，可申请办理销户。

（1）信用卡有效期满 45 天后，持卡人不更换新卡的。

（2）信用卡挂失满 45 天后，没有附属卡又不更换新卡的。

（3）信用卡被列入止付名单，发卡银行已收回其信用卡 45 天的。

(4) 持卡人死亡，发卡银行已收回其信用卡45天的。

(5) 持卡人要求销户或担保人撤销担保，并已交回全部信用卡45天的。

(6) 信用卡账户两年(含)以上未发生交易的。

(7) 持卡人违反其他规定，发卡银行认为应该取消资格的。

销户时，单位卡账户余额转入其基本存款账户，不得提取现金；个人卡账户可以转账结清，也可以提取现金。

【经典习题·多选题】下列关于信用卡的说法，错误的有(　　)。

A. 信用卡可以分为单位卡和个人卡

B. 一个单位只能开立一个基本存款账户，同样，只能申领一张单位卡

C. 任何一个合法公民都可以申领个人卡

D. 个人卡销户时，只能通过转账结清，不得支取现金

【正确答案】B、C、D。

▶ 3. 银行卡的挂失

持卡人丧失银行卡，应立即持本人身份证件或其他有效证明，并按规定提供有关情况，向发卡银行或代办银行申请挂失。

复习思考题

1. 什么是银行卡？它有哪些种类？

2. 贷记卡持卡人非现金交易有哪些优惠条件？

3. 什么情况下可以申请办理信用卡销户？

第六节　其他结算方式

案例导入

张女士的儿子从北京给张女士汇了2万元钱，张女士由于出国旅游忘记领取，3个月后想起来，找到银行要求领取汇款。

案例思考：这笔汇款还能取吗？
分析与提示：汇入银行对于向收款人发出取款通知，经过 2 个月无法交付的汇款，应主动办理退汇。

一、汇兑

(一) 汇兑的概念与适用范围

汇兑是汇款人委托银行将其款项支付给收款人的结算方式。汇兑结算适用于各种经济内容的异地提现和结算。

(二) 汇兑的分类

汇兑根据划转款项的不同方法以及传递方式的不同可以分为信汇和电汇两种，汇款人可选择使用。信汇是汇款人向银行提出申请，同时交存一定金额及手续费，汇出行将信汇委托书以邮寄方式寄给汇入行，授权汇入行向收款人解付一定金额的汇兑方式。电汇是汇款人将一定款项交存汇款银行，汇款银行通过电报或电传给目的地的分行或代理行（汇入行），指示汇入行向收款人支付一定金额的汇兑方式。信汇费用较低，速度相对较慢，而电汇速度快，但汇款人要负担较高的电报电传费用。

(三) 办理汇兑的程序

▶ 1. 签发汇兑凭证

签发汇兑凭证必须记载下列事项：

(1) 表明"信汇"或"电汇"的字样。
(2) 无条件支付的委托。
(3) 确定的金额。
(4) 收款人名称。
(5) 汇款人名称。
(6) 汇入地点、汇入行名称。
(7) 汇出地点、汇出行名称。
(8) 委托日期。
(9) 汇款人签章。

汇兑凭证上欠缺上列记载事项之一的，银行不予受理。

汇兑凭证记载的汇款人名称、收款人名称，其在银行开立存款账户的，必须记载其账号。欠缺记载的，银行不予受理。

汇款人和收款人均为个人，需要在汇入银行支取现金的，应在信、电汇凭证的汇款金额大写栏，先填写"现金"字样，后填写汇款金额。

汇兑凭证上记载收款人为个人的，收款人需要到汇入银行领取汇款，汇款人应在汇兑凭证上注明"留行待取"字样；留行待取的汇款，需要指定单位的收款人领取汇款的，应注明收款人的单位名称；信汇凭收款人签章支取的，应在信汇凭证上预留其签章。

汇款人确定不得转汇的，应在汇兑凭证备注栏注明"不得转汇"字样。

转 汇

发起清算行受理客户提交的汇出汇款业务,通过中间系统转发至结算银行,由其汇往收款行。

▶ 2. 银行受理

汇出银行受理汇款人签发的汇兑凭证,经审查无误后,应及时向汇入银行办理汇款,并向汇款人签发汇款回单。汇款回单只能作为汇出银行受理汇款的依据,不能作为该笔汇款已转入收款人账户的证明。

▶ 3. 汇入处理

汇入银行对开立存款账户的收款人,应将汇入款项直接转入收款人账户,并向其发出收账通知。收账通知是银行将款项确已收入收款人账户的凭据。

未在银行开立存款账户的收款人,凭信、电汇的取款通知或"留行待取"的,向汇入银行支取款项,必须交验本人的身份证件,在信、电汇凭证上注明证件名称、号码及发证机关,并在"收款人签盖章"处签章;信汇凭签章支取的,收款人的签章必须与预留信汇凭证上的签章相符。银行审查无误后,以收款人的姓名开立应解汇款及临时存款账户,该账户只付不收,付完清户,不计付利息。

(四)汇兑的撤销和退汇

▶ 1. 汇兑的撤销

汇款人对汇出银行尚未汇出的款项可以申请撤销。申请撤销时,应出具正式函件或本人身份证件及原信、电汇回单。汇出银行查明确未汇出款项的,收回原信、电汇回单,方可办理撤销。

▶ 2. 汇兑的退汇

汇款人对汇出银行已经汇出的款项可以申请退汇。转汇银行不得受理汇款人或汇出银行对汇款的撤销或退汇。

对在汇入银行开立存款账户的收款人,由汇款人与收款人自行联系退汇;对未在汇入银行开立存款账户的收款人,汇款人应出具正式函件或本人身份证件以及原信、电汇回单,由汇出银行通知汇入银行,经汇入银行核实汇款确未支付,并将款项退回汇出银行,方可办理退汇。汇入银行对于收款人拒绝接受的汇款,应即办理退汇。汇入银行对于向收款人发出取款通知,经过2个月无法交付的汇款,应主动办理退汇。

【经典习题·单选题】下列情形中,汇出银行可以办理退汇的是(   )。

A. 该汇款尚未汇出
B. 汇款人与收款人未达成一致退汇意见
C. 经过1个月无法交付的汇款
D. 收款人拒绝接受的汇款

【正确答案】D。

二、委托收款

(一) 委托收款的概念与适用范围

委托收款是指收款人委托银行向付款人收取款项的结算方式。单位和个人凭已承兑的商业汇票、债券、存单等付款人债务证明办理款项的结算,均可以使用委托收款结算方式,委托收款在同城、异地均可以使用。

(二) 委托收款的分类

委托收款根据结算款项的划回方式分为邮寄和电报两种,由收款人选用。前者是以邮寄方式由收款人开户银行向付款人开户银行转送委托收款凭证、提供收款依据的方式,后者则是以电报方式由收款人开户银行向付款人开户银行转送委托收款凭证,提供收款依据的方式。

(三) 委托收款的记载事项

委托收款的记载事项包括以下内容。

(1) 表明"委托收款"的字样。
(2) 确定的金额。
(3) 付款人名称。
(4) 收款人名称。
(5) 委托收款凭据名称及附寄单证张数。
(6) 委托日期。
(7) 收款人签章。

欠缺记载上列事项之一的,银行不予受理。

委托收款以银行以外的单位为付款人的,委托收款凭证必须记载付款人开户银行名称;以银行以外的单位或在银行开立存款账户的个人为收款人的,委托收款凭证必须记载收款人开户银行名称;未在银行开立存款账户的个人为收款人的,委托收款凭证必须记载被委托银行名称。欠缺记载的,银行不予受理。

(四) 委托收款的结算规定

▶ 1. 委托收款办理办法

(1) 以银行为付款人的,银行应在当日将款项主动支付给收款人。
(2) 以单位为付款人的,银行通知付款人后,付款人应于接到通知当日书面通知银行付款。银行在办理划款时,付款人存款账户不能足额支付的,应通过被委托银行向收款人发出未付款项通知书。

▶ 2. 委托收款的注意事项

(1) 付款人审查有关债务证明后,对收款人委托收取的款项需要拒绝付款的,有权提出拒绝付款。
(2) 收款人收取公用事业费,必须具有收付双方事先签订的经济合同,由付款人向开户银行授权,并经开户银行同意,报经中国人民银行当地分支行批准,可以使用同城特约委托收款。

三、托收承付

（一）托收承付的概念与适用范围

▶ 1. 托收承付的概念

托收承付是指根据购销合同由收款人发货后委托银行向异地付款人收取款项，由付款人向银行承付的结算方式。

▶ 2. 托收承付的适用范围

使用托收承付结算方式的收款单位和付款单位，必须是国有企业、供销合作社以及经营管理较好，并经开户银行审查同意的城乡集体所有制工业企业。

办理托收承付结算的款项，必须是商品交易以及因商品交易而产生的劳务供应的款项。代销、寄销、赊销商品的款项不得办理托收承付结算。

托收承付结算每笔的金额起点为1万元，新华书店系统每笔的金额起点为1千元。

收付双方使用托收承付结算必须签有符合《经济合同法》的购销合同，并在合同上订明使用托收承付结算方式。

【经典习题·多选题】根据《支付结算办法》的规定，下列款项中，能办理托收承付结算的是（　　）。

A. 商品交易取得的款项
B. 因商品交易而产生的劳务供应的款项
C. 因寄销商品而产生的款项
D. 因运送商品而产生的款项

【正确答案】A、B、D。

（二）托收承付的分类

托收承付结算款项的划回方法分为邮寄和电报两种，由收款人选用。

（三）托收承付的记载事项

签发托收承付凭证必须记载下列事项。

（1）表明"托收承付"的字样。
（2）确定的金额。
（3）付款人的名称和账号。
（4）收款人的名称和账号。
（5）付款人的开户银行名称。
（6）收款人的开户银行名称。
（7）托收附寄单证张数或册数。
（8）合同名称、号码。
（9）委托日期。
（10）收款人签章。

托收承付凭证上欠缺记载上列事项之一的，银行不予受理。

（四）托收承付的办理方法

▶ 1. 托收

收款人按照签订的购销合同发货后，应将托收凭证并附发运凭证或其他符合托收承付结算的有关证明和交易单证送交银行。

▶ 2. 承付

付款人开户银行收到托收凭证及其附件后,应当及时通知付款人。通知的方法,可以根据具体情况与付款人签订协议,采取付款人来行自取、派人送达,对距离较远的付款人邮寄等。付款人应在承付期内审查核对,安排资金。

购货单位承付货款有验单承付和验货承付两种方式,由收付双方商量选用,并在合同中明确规定。

验单承付期为3天,从购货单位开户银行发出通知的次日算起(承付期内遇法定节假日顺延)。验货付款的承付期为10天,从运输部门向付款人发出提货通知的次日算起,付款人在承付期内,未向银行表示拒绝付款,银行即视作承付,在承付期满的次日上午将款项划给收款人。对收付双方在合同中明确规定,并在托收凭证上注明验货付款期限的,银行从其规定。不论验单付款还是验货付款,付款人都可以在承付期内提前向银行表示承付,并通知银行提前付款,银行应立即办理划款;因商品的价格、数量或金额变动,付款人应多承付款项的,须在承付期内向银行提出书面通知,银行据以随同当次托收款项划给收款人。

四、国内信用证

(一)国内信用证的概念

国内信用证(以下简称信用证)是适用于国内贸易的一种支付结算方式,是开证银行依照申请人(购货方)的申请向受益人(销货方)开出的有一定金额、在一定期限内凭信用证规定的单据支付款项的书面承诺。

信 用 证

信用证,是指开证银行应申请人(买方)的要求并按其指示向受益人开立的载有一定金额的、在一定的期限内凭符合规定的单据付款的书面保证文件。信用证分为国际信用证和国内信用证。

(二)国内信用证的结算方式

国内信用证结算方式只适用于国内企业之间商品交易产生的货款结算,并且只能用于转账结算,不得支取现金。

(三)国内信用证办理的基本程序

▶ 1. 开证

(1)开证申请。开证申请人使用信用证时,应委托其开户银行办理开证业务。开证申请人申请办理开证业务时,应当填具开证申请书、信用证申请人承诺书并提交有关购销合同。

(2)受理开证。开证行决定受理开证业务时,应向申请人收取不低于开证金额20%的保证金,并可根据申请人资信情况要求其提供抵押、质押或由其他金融机构出具保函。

信用证的基本条款包括：开证行名称及地址；开证日期；信用证编号；不可撤销、不可转让信用证；开证申请人名称及地址；受益人名称及地址（受益人为有权收取信用证款项的人，一般为购销合同的供方）；通知行名称（通知行为受开证行委托向受益人通知信用证的银行）；信用证有效期及有效地点（信用证有效期为受益人向银行提交单据的最迟期限，最长不得超过 6 个月；信用证的有效地点为信用证指定的单据提交地点，即议付行或开证行所在地）；交单期（交单期为提交运输单据的信用证所注明的货物装运后必须交单的特定日期）；信用证金额；付款方式（即期付款、延期付款或议付）；运输条款；货物描述（包括货物名称、数量、价格等）；单据条款（必须注明据以付款或议付的单据，至少包括发票、运输单据或货物收据）；其他条款；开证行保证文句。

▶ 2. 通知

通知行收到信用证审核无误后，应填制信用证通知书，连同信用证交付受益人。

▶ 3. 议付

议付，是指信用证指定的议付行在单证相符条件下，扣除议付利息后向受益人给付对价的行为。议付行必须是开证行指定的受益人开户行。议付仅限于延期付款信用证。

议付行议付后，应将单据寄开证行索偿资金。议付行议付信用证后，对受益人具有追索权。到期不获付款的，议付行可从受益人账户收取议付金额。

▶ 4. 付款

开证行对议付行寄交的凭证、单据等审核无误后，对即期付款信用证，从申请人账户收取款项支付给受益人；对延期付款信用证，应向议付行或受益人发出到期付款确认书，并于到期日从申请人账户收取款项支付给议付行或受益人。

申请人交存的保证金和其存款账户余额不足支付的，开证行仍应在规定的付款时间内进行付款。对不足支付的部分做逾期贷款处理。

复习思考题

1. 办理汇兑有哪些程序？
2. 托收承付结算方式适用于哪些范围？
3. 国内信用证办理有哪些基本程序？

第三章 税收法律制度

>>> 教学目的与要求

1. 了解税收的概念及其分类。
2. 理解税收征管的具体规定，包括税务登记管理、发票的要求、纳税申报及方式、税款征收方式等规定。
3. 掌握税法及其构成要素。
4. 掌握增值税、营业税、消费税、企业所得税和个人所得税相关原理及应纳税额计算。
5. 掌握增值税税率调整、小规模纳税人标准统一，消费税税目税率调整，个人所得税纳税人、税率等最新政策。

第一节 税收概述

案例导入

王园准备在家乡创业，经过市场调研后，他认为幼儿园前景光明，且听人说国家对幼儿园提供的育养服务可以免税，于是在办理了工商营业执照后便大张旗鼓地开张了，由于园内设施齐全、师资优秀，招生规模喜人。

经营三个月后，地税局的工作人员找上门来，给了他一张罚款单，并根据他平均每月的营业额责令补缴税款、滞纳金，并限期办理税务登记。王园不认可税务局对他的处罚，他认为自己开办幼儿园提供的育养服务，可以享受国家免税照顾，不用办理税务登记。

案例思考：王园需要办理税务登记吗？不办理税务登记他开办的幼儿园可以免税吗？

分析与提示：王园需要办理税务登记，应自领取营业执照之日起30日内，申报办理税务登记。只有办理税务登记，纳入税务机关的管理范围，王园才能向税务机关申请享受包括申请税务减免、申请延期纳税等权利。不按规定办理税务登记，本来已违反税法，而他的幼儿园也因此没有纳入税务机关的管理范围，怎么谈得上享受国家规定的税收优惠政策。

一、税收的概念与分类

（一）税收的概念

税收是指以国家为主体，为实现国家职能，凭借政治权力，按照法律规定的标准，无偿取得财政收入的一种特定分配形式。

（二）税收的作用

(1) 税收是国家组织财政收入的主要形式和工具。
(2) 税收是国家调控经济运行的重要手段。
(3) 税收具有维护国家政权的作用，其本质是"取之于民，用之于民"。
(4) 税收是国际经济交往中维护国家利益的可靠保证。税收管辖权是国家主权的组成部分。

（三）税收的特征

▶ 1. 强制性

强制性是指国家凭借政治权力，以法律形式来确定国家作为征税人和社会成员作为纳税人之间的权利和义务关系。税收的强制性是指对于纳税人来说，税收是一种非自愿的，或称为强制的缴纳形式，在国家税法规定的范围内，任何单位和个人都必须依法纳税，否则，就要受到法律的制裁。税收的强制性是国家无偿取得财政收入的可靠保证。

▶ 2. 无偿性

无偿性是指国家向纳税人进行的无须偿还的征收，即国家征税以后不再把税金直接还给纳税人，也不向纳税人提供某种相应的服务或某种特许权力。税收的无偿性也是由国家凭借政治权力而建立起来的分配关系这一性质所决定的。以财产权为依据所形成的经济关系，具有自愿、公平、有偿的特征，而税收则是一种超越上述分配关系的无偿性分配关系。这种无偿分配方式有利于国家把分散的资财集中起来，统一安排使用。

▶ 3. 固定性

固定性是指国家在征税前，以法律形式预先规定了征税对象、计税标准以及征收比例或数额，并按照预定标准征收。税收的固定性包含以下两方面的含义：一是对什么征税、征多少税、由谁纳税必须是事先明确的，而不是任意确定的；二是税收活动的标准必须是统一的，即税收征纳，以及其他一切税收关系的处理及其标准是预先以法律形式规定的，具有相对稳定性。

【经典习题·多选题】下列各项中，属于税收特征的有（　　）。
A. 强制性　　　　B. 灵活性　　　　C. 无偿性　　　　D. 固定性
【正确答案】A、C、D。

（四）税收的分类

▶ 1. 按征税对象分类

按征税对象分类，可将全部税收划分为流转税、所得税、财产税、资源税和行为税五种类型。

1）流转税

流转税是指以货物或劳务的流转额为征税对象的一类税收。我国现行的增值税、消费税和关税等都属于流转税类。

【经典习题·多选题】下列属于流转税类的有（　　）。
A. 个人所得税　　　B. 增值税　　　C. 消费税　　　D. 资源税
【正确答案】B、C。

2）所得税

所得税也称收益税，是指以纳税人的各种所得额为课税对象的一类税收。现阶段，我国所得税类主要包括企业所得税、个人所得税等。

3）财产税

财产税是以纳税人所拥有或支配的特定财产为征税对象的一类税收。我国现行的房产税、车船使用税等属于财产税类。

4）资源税

资源税是以自然资源和某些社会资源作为征税对象的一类税收。我国现行的资源税、土地增值税和城镇土地使用税等属于此类。

5）行为税

行为税也称特定目的税，是指国家为了实现特定目的，以纳税人的某些特定行为为征税对象的一类税收。车辆购置税、城市维护建设税等属于此类税收。

【经典习题·单选题】下列各项中，属于按照税收的征税对象分类的是（　　）。
A. 关税类　　　B. 行为税类　　　C. 工商税类　　　D. 中央税
【正确答案】B。

▶ 2. 按征收管理的分工体系分类

按征收管理的分工体系分类，可分为工商税类、关税类。

1）工商税类

工商税类由税务机关负责征收管理，是我国现行税制的主体部分。

2）关税类

关税类是国家授权海关对出入关境的货物和物品为征税对象的一类税收。

▶ 3. 按照税收征收权限和收入支配权限分类

按照税收征收权限和收入支配权限分类，可分为中央税、地方税和中央地方共享税。

1）中央税

中央税是指由中央政府征收和管理使用或者地方政府征税后全部划解中央，由中央所有和支配的税收。消费税（含进口环节由海关代征的部分）、关税、海关代征的进口环节增值税等为中央税。

2）地方税

地方税是由地方政府征收、管理和支配的一类税收。地方税主要包括城镇土地使用税、耕地占用税、土地增值税、房产税、车船使用税、契税等。

3）中央与地方共享税

中央与地方共享税是指税收收入由中央和地方政府按比例分享的税收，如增值税、企业所得税和个人所得税等。

▶ 4. 按照计税标准不同分类

按照计税标准不同分类，可分为从价税、从量税和复合税。

1）从价税

从价税是以课税对象的价格作为计税依据，一般实行比例税率和累进税率，税收负担比较合理。如我国现行的增值税、企业所得税、个人所得税等税种。

2）从量税

从量税是以课税对象的实物量作为计税依据征收的一种税，一般采用定额税率。如我国现行的车船使用税、土地使用税、消费税中的啤酒和黄酒等。

3）复合税

复合税是指对征税对象采用从价和从量相结合的计税方法征收的一种税，如我国现行的消费税中对卷烟、白酒征收的消费税。

二、税法及其构成要素

（一）税法的概念

税法是指税收法律制度，是国家权力机关和行政机关制定的用以调整国家与纳税人之间在税收征纳方面的权利与义务关系的法律规范的总称，是国家法律的重要组成部分。

（二）税法的分类

▶ 1. 按税法的功能作用分类

按税法的功能作用不同，分为税收实体法和税收程序法。

1）税收实体法

税收实体法是规定税收法律关系主体的实体权利、义务的法律规范总称。税收实体法具体规定了各种税种的征收对象、征收范围、税目、税率等。如《企业所得税法》《个人所得税法》就属于实体法。

2）税收程序法

税收程序法是税务管理方面的法律规范。税收程序法主要包括《税收管理法》《纳税程序法》《发票管理法》《税务机关组织法》《税务争议处理法》等。

【经典习题·多选题】根据税法的功能作用的不同，可以将税法分为（　　）。

A. 税收行政法规　　B. 税收实体法　　C. 税收程序法　　D. 国际税法

【正确答案】B、C。

▶ 2. 按照主权国家行使税收管辖权分类

按照主权国家行使税收管辖权不同，分为国内税法、国际税法、外国税法。

1）国内税法

国内税法是指一国在其税收管辖权范围内，调整国家与纳税人之间权利义务关系的法律规范的总称，是由国家立法机关和经由授权或依法律规定的国家行政机关制定的法律、法规和规范性文件。

2）国际税法

国际税法是指两个或两个以上的课税权主体对跨国纳税人的跨国所得或财产征税形成的分配关系，并由此形成国与国之间的税收分配形式，主要包括双边或多边国家间的税收协定、条约和国际惯例。

3)外国税法

外国税法是指中国以外各个国家制定的税收法律制度。

▶ 3. 按税法法律级次不同分类

按税法法律级次不同,分为税收法律、税收行政法规、税收行政规章和税收规范性文件。

1)税收法律

税收法律(狭义的税法),由全国人民代表大会及其常务委员会制定,如《企业所得税法》《个人所得税法》《税收征收管理法》。

2)税收行政法规

税收行政法规,由国务院制定的有关税收方面的行政法规和规范性文件,如《增值税暂行条例》《消费税暂行条例》。

3)税收行政规章和税收规范性文件

税收行政规章和税收规范性文件,由国务院财税主管部门(财政部、国家税务总局、海关总署和国务院关税税则委员会)根据法律和国务院行政法规或者规范性文件的要求,在本部门权限范围内发布的有关税收事项的规章和规范性文件,包括命令、通知、公告、通告、批复、意见、函等文件形式,如《增值税暂行条例实施细则》《税务代理实施办法》。

【经典习题·多选题】下列属于税收实体法的有(　　)。

A.《税收征管法》

B.《增值税暂行条例》

C.《中华人民共和国企业所得税法》

D.《税收征收管理法实施细则》

【正确答案】B、C。

(三)税法的构成要素

税法的构成要素是指各种单行税法具有的共同的基本要素的总称。税法要素一般包括征税人、纳税义务人、征税对象、税目、税率、计税依据、纳税环节、纳税期限、纳税地点、减免税和法律责任。

▶ 1. 征税人

征税人即征税主体,是指在税收法律关系中行使税收征管权,依法进行税款征收行为的一方当事人,包括各级税务机关和海关。

▶ 2. 纳税义务人

纳税义务人即纳税主体,又称纳税人,是指税法规定的直接负有纳税义务的单位和个人。其范围既包括自然人和法人,也包括居民纳税人和非居民纳税人。

▶ 3. 征税对象

征税对象即纳税客体,又称课税对象,是指对什么征税,是税收法律关系中征纳双方权利义务所指向的物或行为课税对象,对什么征税,是区别不同税种的重要标志。

纳税义务人、征税对象和税率是构成税法的三个最基本的要素。

【经典习题·多选题】下列各项中,属于税法构成要素的有(　　)。

A. 税率　　　　B. 计税依据　　　C. 征税人　　　D. 纳税环节

【正确答案】A、B、C、D。

▶ 4. 税目

税目是指征税对象的具体项目，反映具体的征税范围，是对课税对象的界定制定方法。

税目的制定方法有列举法（具体列举征税对象，如消费税）和概括法（按照行业设计税目）。

▶ 5. 税率

税率是对征税对象的征收比例或征收额度。税率是计算税额的尺度，也是衡量税负轻重与否的重要标志，是税收法律制度中的核心要素。

我国现行的税率主要有比例税率、定额税率和累进税率。

1）比例税率

比例税率，是指对同一征税对象，不论数量多少，数额大小均按同一比例征税的税率。

【经典习题·多选题】下列各项中，采用比例税率征收的有（　　）。

A. 增值税　　　　　　　　　　　B. 消费税
C. 城镇土地使用税　　　　　　　D. 城市维护建设税

【正确答案】A、D。

2）定额税率

定额税率（固定税额），是指对单位征税对象规定固定的税额，而不采取百分比的形式。

3）累进税率

累进税率，是按征税对象数额的大小划分若干等级，每一等级规定一个税率，数额越大税率越高，一般适用于对所得额征税，包括超额累进税率、超率累进税率。

（1）超额累进税率，把征税对象按数额大小划分为若干个等级，每一等级规定一个税率，税率依次提高，每一纳税人的征税对象依所属等级同时适用几个税率分别计算，将计算结果相加后得出应纳税款。代表税种是个人所得税中的工资薪金所得适用税率。

（2）超率累进税率，指以征税对象数额的相对率划分若干级距，分别规定相应的差别税率，相对率每超过一个级距的，对超过的部分就按高一级的税率计算征收。代表税种为土地增值税。

▶ 6. 计税依据

计税依据是指计算应纳税额的依据或标准，即依据什么来计算纳税人应缴纳的税额。计税依据的数额同税额成正比，计税依据的数额越多，应纳税额也越多。绝大多数税种都采取从价计征。

（1）从价计征，以征税对象的自然数量与单位价格的乘积作为计税依据。

（2）从量计征，以征税对象的自然实物量作为计税依据。

（3）复合计征，既根据征税对象的实物量又根据其价值量征税。

▶ 7. 纳税环节

纳税环节是指税法规定的征税对象在从生产到消费的流转过程中应当缴纳税款的环节。

有的税种纳税环节单一，如资源税。有的税种需要在两个或两个以上的多个环节征税，如增值税，实行多次课征制，从商品生产环节到商业零售环节，每一个环节都要就其增值额部分纳税。

▶ 8. 纳税期限

纳税期限是指纳税人发生纳税义务后,向国家缴纳税款的期限。纳税期限基本上分为两种:按期纳税和按次纳税。

知识窗

纳税期限、纳税义务发生时间、缴库期限

(1) 纳税义务发生时间:指应税行为发生的时间。

(2) 纳税期限:每隔固定时间汇总一次纳税义务的时间。纳税人的具体纳税期限由主管税务机关根据纳税人应纳税额的大小分别核定;不能按照固定期限纳税的,可以按次纳税。

(3) 缴库期限:税法规定的纳税期满后,纳税人将应纳税款缴入国库的期限。

▶ 9. 纳税地点

纳税地点主要是指根据各个税种纳税对象的纳税环节和有利于对税款的源泉控制而规定的纳税人(包括代征、代扣、代缴义务人)的具体纳税地点。如增值税、企业所得税等,除另有规定者外,由纳税人向其所在地税务机关申报纳税。

▶ 10. 减免税

减免税是指国家对某些纳税人和征税对象给予鼓励和照顾的一种特殊规定。

(1) 减税和免税。减税是对应征税款减征一部分;免税是对应征税款全部予以免征。

(2) 起征点,又称"征税起点"或"起税点",是指税法规定对征税对象开始征税的起点数额。征税对象的数额达到起征点的就全部数额征税,未达到起征点的不征税。

(3) 免征额,是税法规定的课税对象全部数额中免予征税的数额,是对所有纳税人的照顾。

▶ 11. 法律责任

税收法律责任的形式主要有行政责任和刑事责任。

复习思考题

1. 税收有何特点?
2. 按照征税对象,税收应如何分类?按照计税标准的不同,税收应如何分类?
3. 按功能作用不同,税法如何分类?按法律级次分,税法如何分类?
4. 税法的构成要素有哪些?最基本要素有哪些?
5. 我国现行使用的税率主要有哪些?
6. 计税依据有哪些?

第二节 主要税种

案例导入

双十一来临了,S商场"买一送一"的广告铺天盖地:购价值××元的电脑,送价值×

××元的手机；购价值××元的洗发水，送价值××元的洗衣液……促销后商场的销售业绩傲人，仅送出去的商品就价值50万元，可是不久就接到税务机关的补缴税款的通知，其中商场就送出去的价值50万元的商品补缴税款增值税8万元。

案例思考：商场买一送一搞促销，要补缴增值税吗？

分析与提示：像案例中的S商场，进行"买一送一"的促销活动，商场就以为这"送"的商品不用缴税。实际上，商家将购买进来的商品送给客户，也会被税务法规视为销售，按市价计缴相关税款，这是有税法依据的，在税法上这视同销售，同样需要缴税。

一、增值税

（一）增值税的概念与分类

增值税是以销售货物、应税服务、无形资产以及不动产过程中产生的增值额作为计税依据而征收的一种流转税。所谓增值额，是指纳税人在生产、经营或劳务、服务活动中所创造的新增价值，即纳税人在一定时期内销售货物或提供劳务、服务所取得的收入大于其购进货物或取得劳务、服务时所支付金额的差额。

为了避免重复征税，世界上实行增值税的国家，对纳税人外购原材料、燃料、动力、包装物和低值易耗品等已纳的增值税税金，一般都准予从销项税额中抵扣。但对固定资产已纳的增值税税金是否允许扣除，政策不一，在处理上分为生产型增值税、收入型增值税和消费型增值税。

（1）生产型增值税：不允许扣除任何外购的固定资产价款。

（2）收入型增值税：只允许扣除纳税期内应计入产品价值的固定资产折旧部分。

（3）消费型增值税：纳税期内购置的用于生产产品的全部固定资产的价款在纳税期内一次全部扣除。

我国自1979年开始试行增值税，分别于1984年、1993年、2009年和2012年进行了四次重要改革。2009年1月1日前实行生产型增值税，从2009年1月1日起实行消费型增值税。

（二）增值税的征税范围

▶ 1. 征税范围的基本规定

1）销售或者进口的货物

货物是指有形动产，包括电力、热力、气体等在内。销售货物是指有偿转让货物的所有权。

2）提供加工、修理修配劳务

加工是指受托加工货物，即委托方提供原料及主要材料，受托方按照委托方的要求制造货物并收取加工费的业务；修理修配是指受托对损伤和丧失功能的货物进行修复，使其恢复原状和功能的业务。

提供加工、修理修配劳务是指有偿提供加工、修理修配劳务，但单位或个体经营者聘用的员工为本单位或雇主提供加工、修理修配劳务，不包括在内。

【经典习题·多选题】根据我国现行增值税的规定，纳税人提供下列劳务应当缴纳增值税的有(　　)。

A. 房屋维修　　B. 汽车修理　　C. 管道安装　　D. 服装加工

【正确答案】A、B、C、D。

3) 销售服务、无形资产或者不动产

销售服务、无形资产或者不动产，是指有偿提供服务、有偿转让无形资产或者不动产。但属于非经营活动的情形除外。

非经营活动的情形

情形一　行政单位收取的同时满足以下条件的政府性基金或者行政事业性收费。

(1) 由国务院或者财政部批准设立的政府性基金，由国务院或者省级人民政府及其财政、价格主管部门批准设立的行政事业性收费；

(2) 收取时开具省级以上(含省级)财政部门监(印)制的财政票据；

(3) 所收款项全额上缴财政。

情形二　单位或者个体工商户聘用的员工为本单位或者雇主提供取得工资的服务。

情形三　单位或者个体工商户为聘用的员工提供服务。

情形四　财政部和国家税务总局规定的其他情形。

▶ 2. 销售服务的具体内容

销售服务，是指提供交通运输服务、邮政服务、电信服务、建筑服务、金融服务、现代服务、生活服务。

1) 交通运输服务

交通运输服务，是指利用运输工具将货物或者旅客送达目的地，使其空间位置得到转移的业务活动。包括陆路运输服务、水路运输服务、航空运输服务和管道运输服务。

(1) 陆路运输服务，是指通过陆路(地上或者地下)运送货物或者旅客的运输业务活动，包括铁路运输服务和其他陆路运输服务。

铁路运输服务，是指通过铁路运送货物或者旅客的运输业务活动。

其他陆路运输服务，是指铁路运输以外的陆路运输业务活动。包括公路运输、缆车运输、索道运输、地铁运输、城市轻轨运输等。

(2) 水路运输服务，是指通过江、河、湖、川等天然、人工水道或者海洋航道运送货物或者旅客的运输业务活动。

(3) 航空运输服务，是指通过空中航线运送货物或者旅客的运输业务活动。

(4) 管道运输服务，是指通过管道设施输送气体、液体、固体物质的运输业务活动。

2) 邮政服务

邮政服务，是指中国邮政集团公司及其所属邮政企业提供邮件寄递、邮政汇兑和机要通信等邮政基本服务的业务活动。包括邮政普遍服务、邮政特殊服务和其他邮政服务。

(1) 邮政普遍服务，是指函件、包裹等邮件寄递，以及邮票发行、报刊发行和邮政汇兑等业务活动。

函件,是指信函、印刷品、邮资封片卡、无名址函件和邮政小包等。

包裹,是指按照封装上的名址递送给特定个人或者单位的独立封装的物品,其重量不超过50千克,任何一边的尺寸不超过150厘米,长、宽、高合计不超过300厘米。

(2) 邮政特殊服务,是指义务兵平常信函、机要通信、盲人读物和革命烈士遗物的寄递等业务活动。

(3) 其他邮政服务,是指邮册等邮品销售、邮政代理等业务活动。

3) 电信服务

电信服务,是指利用有线、无线的电磁系统或者光电系统等各种通信网络资源,提供语音通话服务,传送、发射、接收或者应用图像、短信等电子数据和信息的业务活动。包括基础电信服务和增值电信服务。

(1) 基础电信服务,是指利用固网、移动网、卫星、互联网,提供语音通话服务的业务活动,以及出租或者出售带宽、波长等网络元素的业务活动。

(2) 增值电信服务,是指利用固网、移动网、卫星、互联网、有线电视网络,提供短信和彩信服务、电子数据和信息的传输及应用服务、互联网接入服务等业务活动。

4) 建筑服务

建筑服务,是指各类建筑物、构筑物及其附属设施的建造、修缮、装饰,线路、管道、设备、设施等的安装以及其他工程作业的业务活动。包括工程服务、安装服务、修缮服务、装饰服务和其他建筑服务。

(1) 工程服务,是指新建、改建各种建筑物、构筑物的工程作业,包括与建筑物相连的各种设备或者支柱、操作平台的安装或者装设工程作业,以及各种窑炉和金属结构工程作业。

(2) 安装服务,是指生产设备、动力设备、起重设备、运输设备、传动设备、医疗实验设备以及其他各种设备、设施的装配、安置工程作业,包括与被安装设备相连的工作台、梯子、栏杆的装设工程作业,以及被安装设备的绝缘、防腐、保温、油漆等工程作业。

(3) 修缮服务,是指对建筑物、构筑物进行修补、加固、养护、改善,使之恢复原来的使用价值或者延长其使用期限的工程作业。

(4) 装饰服务,是指对建筑物、构筑物进行修饰装修,使之美观或者具有特定用途的工程作业。

(5) 其他建筑服务,是指上列工程作业之外的各种工程作业服务,如钻井(打井)、拆除建筑物或者构筑物、平整土地、园林绿化、疏浚(不包括航道疏浚)、建筑物平移、搭脚手架、爆破、矿山穿孔、表面附着物(包括岩层、土层、沙层等)剥离和清理等工程作业。

5) 金融服务

金融服务,是指经营金融保险的业务活动。包括贷款服务、直接收费金融服务、保险服务和金融商品转让。

(1) 贷款服务,是指将资金贷与他人使用而取得利息收入的业务活动。

(2) 直接收费金融服务,是指为货币资金融通及其他金融业务提供相关服务并且收取费用的业务活动。包括提供货币兑换、账户管理、电子银行、信用卡、信用证、财务担保、资产管理、信托管理、基金管理、金融交易场所(平台)管理、资金结算、资金清算、金融支付等服务。

（3）保险服务，是指投保人根据合同约定，向保险人支付保险费，保险人对于合同约定的可能发生的事故因其发生所造成的财产损失承担赔偿保险金责任，或者当被保险人死亡、伤残、疾病或者达到合同约定的年龄、期限等条件时承担给付保险金责任的商业保险行为。包括人身保险服务和财产保险服务。

（4）金融商品转让，是指转让外汇、有价证券、非货物期货和其他金融商品所有权的业务活动。

6）现代服务

现代服务，是指围绕制造业、文化产业、现代物流产业等提供技术性、知识性服务的业务活动。包括研发和技术服务、信息技术服务、文化创意服务、物流辅助服务、租赁服务、鉴证咨询服务、广播影视服务、商务辅助服务和其他现代服务。

（1）研发和技术服务，包括研发服务、合同能源管理服务、工程勘察勘探服务、专业技术服务。

研发服务，也称技术开发服务，是指就新技术、新产品、新工艺或者新材料及其系统进行研究与试验开发的业务活动。

合同能源管理服务，是指节能服务公司与用能单位以契约形式约定节能目标，节能服务公司提供必要的服务，用能单位以节能效果支付节能服务公司投入及其合理报酬的业务活动。

工程勘察勘探服务，是指在采矿、工程施工前后，对地形、地质构造、地下资源蕴藏情况进行实地调查的业务活动。

专业技术服务，是指气象服务、地震服务、海洋服务、测绘服务、城市规划、环境与生态监测服务等专项技术服务。

（2）信息技术服务，是指利用计算机、通信网络等技术对信息进行生产、收集、处理、加工、存储、运输、检索和利用，并提供信息服务的业务活动。包括软件服务、电路设计及测试服务、信息系统服务、业务流程管理服务和信息系统增值服务。

（3）文化创意服务，包括设计服务、知识产权服务、广告服务和会议展览服务。

设计服务，是指把计划、规划、设想通过文字、语言、图画、声音、视觉等形式传递出来的业务活动。

知识产权服务，是指处理知识产权事务的业务活动。

广告服务，是指利用图书、报纸、杂志、广播、电视、电影、幻灯片、路牌、招贴、橱窗、霓虹灯、灯箱、互联网等各种形式为客户的商品、经营服务项目、文体节目或者通告、声明等委托事项进行宣传和提供相关服务的业务活动。

会议展览服务，是指为商品流通、促销、展示、经贸洽谈、民间交流、企业沟通、国际往来等举办或者组织安排的各类展览和会议的业务活动。

（4）物流辅助服务，包括航空服务、港口码头服务、货运客运场站服务、打捞救助服务、装卸搬运服务、仓储服务和收派服务。

（5）租赁服务，包括融资租赁服务和经营租赁服务。

融资租赁服务，是指具有融资性质和所有权转移特点的租赁活动。

经营租赁服务，是指在约定时间内将有形动产或者不动产转让他人使用且租赁物所权不变更的业务活动。

(6) 鉴证咨询服务,包括认证服务、鉴证服务和咨询服务。

认证服务,是指具有专业资质的单位利用检测、检验、计量等技术,证明产品、服务、管理体系符合相关技术规范、相关技术规范的强制性要求或者标准的业务活动。

鉴证服务,是指具有专业资质的单位受托对相关事项进行鉴证,发表具有证明力的意见的业务活动。包括会计鉴证、税务鉴证、法律鉴证、职业技能鉴定、工程造价鉴证、工程监理、资产评估、环境评估、房地产土地评估、建筑图纸审核、医疗事故鉴定等。

咨询服务,是指提供信息、建议、策划、顾问等服务的活动。包括金融、软件、技术、财务、税收、法律、内部管理、业务运作、流程管理、健康等方面的咨询。

翻译服务和市场调查服务按照咨询服务缴纳增值税。

(7) 广播影视服务,包括广播影视节目(作品)的制作服务、发行服务和播映(含放映,下同)服务。

(8) 商务辅助服务,包括企业管理服务、经纪代理服务、人力资源服务、安全保护服务。

企业管理服务,是指提供总部管理、投资与资产管理、市场管理、物业管理、日常综合管理等服务的业务活动。

经纪代理服务,是指各类经纪、中介、代理服务。包括金融代理、知识产权代理、货物运输代理、代理报关、法律代理、房地产中介、职业中介、婚姻中介、代理记账、拍卖等。

人力资源服务,是指提供公共就业、劳务派遣、人才委托招聘、劳动力外包等服务的业务活动。

安全保护服务,是指提供保护人身安全和财产安全,维护社会治安等的业务活动。包括场所住宅保安、特种保安、安全系统监控以及其他安保服务。

(9) 其他现代服务,是指除研发和技术服务、信息技术服务、文化创意服务、物流辅助服务、租赁服务、鉴证咨询服务、广播影视服务和商务辅助服务以外的现代服务。

7) 生活服务

生活服务,是指为满足城乡居民日常生活需求提供的各类服务活动。包括文化体育服务、教育医疗服务、旅游娱乐服务、餐饮住宿服务、居民日常服务和其他生活服务。

(1) 文化体育服务,包括文化服务和体育服务。

文化服务,是指为满足社会公众文化生活需求提供的各种服务。包括:文艺创作、文艺表演、文化比赛,图书馆的图书和资料借阅,档案馆的档案管理,文物及非物质遗产保护,组织举办宗教活动、科技活动、文化活动,提供游览场所。

体育服务,是指组织举办体育比赛、体育表演、体育活动,以及提供体育训练、体育指导、体育管理的业务活动。

(2) 教育医疗服务,包括教育服务和医疗服务。

教育服务,是指提供学历教育服务、非学历教育服务、教育辅助服务的业务活动。

医疗服务,是指提供医学检查、诊断、治疗、康复、预防、保健、接生、计划生育、防疫服务等方面的服务,以及与这些服务有关的提供药品、医用材料器具、救护车、病房住宿和伙食的业务。

(3) 旅游娱乐服务,包括旅游服务和娱乐服务。

旅游服务,是指根据旅游者的要求,组织安排交通、游览、住宿、餐饮、购物、文娱、商务等服务的业务活动。

娱乐服务,是指为娱乐活动同时提供场所和服务的业务。具体包括:歌厅、舞厅、夜总会、酒吧、台球、高尔夫球、保龄球、游艺(包括射击、狩猎、跑马、游戏机、蹦极、卡丁车、热气球、动力伞、射箭、飞镖)。

(4) 餐饮住宿服务,包括餐饮服务和住宿服务。

餐饮服务,是指通过同时提供饮食和饮食场所的方式为消费者提供饮食消费服务的业务活动。

住宿服务,是指提供住宿场所及配套服务等的活动。包括宾馆、旅馆、旅社、度假村和其他经营性住宿场所提供的住宿服务。

(5) 居民日常服务,是指主要为满足居民个人及其家庭日常生活需求提供的服务,包括市容市政管理、家政、婚庆、养老、殡葬、照料和护理、救助救济、美容美发、按摩、桑拿、氧吧、足疗、沐浴、洗染、摄影扩印等服务。

(6) 其他生活服务,是指除文化体育服务、教育医疗服务、旅游娱乐服务、餐饮住宿服务和居民日常服务之外的生活服务。

▶ 3. 销售无形资产的具体内容

销售无形资产,是指转让无形资产所有权或者使用权的业务活动。无形资产,是指不具实物形态,但能带来经济利益的资产,包括技术、商标、著作权、商誉、自然资源使用权和其他权益性无形资产。

技术,包括专利技术和非专利技术。

自然资源使用权,包括土地使用权、海域使用权、探矿权、采矿权、取水权和其他自然资源使用权。

其他权益性无形资产,包括基础设施资产经营权、公共事业特许权、配额、经营权(包括特许经营权、连锁经营权、其他经营权)、经销权、分销权、代理权、会员权、席位权、网络游戏虚拟道具、域名、名称权、肖像权、冠名权、转会费等。

▶ 4. 销售不动产的具体内容

销售不动产,是指转让不动产所有权的业务活动。不动产,是指不能移动或者移动后会引起性质、形状改变的财产,包括建筑物、构筑物等。

建筑物,包括住宅、商业营业用房、办公楼等可供居住、工作或者进行其他活动的建造物。

构筑物,包括道路、桥梁、隧道、水坝等建造物。

转让建筑物有限产权或者永久使用权的,转让在建的建筑物或者构筑物所有权的,以及在转让建筑物或者构筑物时一并转让其所占土地的使用权的,按照销售不动产缴纳增值税。

【经典习题·多选题】2016年5月全面营改增后，下列服务项目中，属于营改增范围的有（　　）。

　　A. 代理记账

　　B. 房屋出租

　　C. 搬家服务

　　D. 技术咨询服务

【正确答案】A、C、D。

营 改 增

　　营改增，就是原来归地税部门征收的营业税，现在改由国税部门征收增值税（以下简称营改增）。营业税是对在中华人民共和国境内提供应税劳务、转让无形资产或销售不动产的单位和个人，就其营业额所征收的一种税。

　　营改增之前，营业税共有九个税目：交通运输业、建筑业、邮电通信业、文化体育业、金融保险业、服务业、转让无形资产、销售不动产、娱乐业。

　　为什么推行营改增？营改增可以说是一种减税政策，最大特点是减少重复征税。不仅是完善税制，还能在降低企业税负的同时，拉动经济增长，促进经济转型升级，带动就业创业，使社会经济运行形成更好的良性循环。

　　2011年，经国务院批准，财政部、国家税务总局联合下发营业税改增值税试点方案。从2012年1月1日起，在上海交通运输业和部分现代服务业开展营业税改征增值税试点。至此，货物劳务税收制度的改革拉开序幕。自2012年8月1日起至当年年底，国务院将扩大营改增试点至10省市。截至2013年8月1日，营改增范围已推广到全国试行。2013年8月1日起，将交通运输业（铁路运输业除外）和部分现代服务业营业税改征增值税试点在全国范围内推开，2014年1月1日起，将铁路运输业和邮政服务业纳入营改增试点，至此，交通运输业已全部纳入营改增范围。2014年6月1日起，将电信业纳入营改增试点范围，实行差异化税率。2016年5月1日起，全面实行营改增，将试点范围扩大到建筑业、房地产业、金融业、生活服务业，并将所有企业新增不动产所含增值税纳入抵扣范围，确保所有行业税负只减不增。这意味着，5月1日起，全链条覆盖的增值税将全面替代营业税，已在我国施行了二十余年的营业税将退出历史舞台，持续了四年多的营改增也将正式收官。

▶ 5. 征收范围的特殊规定

1）视同销售

（1）视同销售货物。单位或个体经营者有下列行为的，视同销售货物。

①将货物交付其他单位或者个人代销；

②销售代销货物；

③设有两个以上机构并实行统一核算的纳税人，将货物从一个机构移送其他机构用于销售，但相关机构设在同一县（市）的除外；

④将自产、委托加工的货物用于非增值税应税项目；

⑤将自产、委托加工的货物用于集体福利或个人消费；

⑥将自产、委托加工或购进的货物作为投资,提供给其他单位或个体工商户;

⑦将自产、委托加工或购进的货物分配给股东或投资者;

⑧将自产、委托加工或购进的货物无偿赠送其他单位或个人。

上述第⑤项所称"集体福利或个人消费"是指企业内部设置的供职工使用的食堂、浴室、理发室、宿舍、幼儿园等福利设施及设备、物品等,或者以福利、奖励、津贴等形式发放给职工个人的物品。

(2)视同销售服务、无形资产或者不动产有以下两点。

①单位或者个体工商户向其他单位或者个人无偿提供服务,但用于公益事业或者以社会公众为对象的除外。

②单位或者个人向其他单位或者个人无偿转让无形资产或者不动产,但用于公益事业或者以社会公众为对象的除外。

③财政部和国家税务总局规定的其他情形。

【经典习题·多选题】根据增值税规定,下列行为应视同销售货物征收增值税的有( )。

A. 将外购的服装作为春节福利发给企业员工

B. 将委托加工收回的卷烟用于赠送客户

C. 将新研发的玩具交付某商场代为销售

D. 单位或者个体工商户向其他单位或者个人无偿提供服务

【正确答案】B、C、D。

2)混合销售

一项销售行为如果既涉及服务又涉及货物,为混合销售。从事货物的生产、批发或者零售的单位和个体工商户的混合销售行为,按照销售货物缴纳增值税;其他单位和个体工商户的混合销售行为,按照销售服务缴纳增值税。

上述从事货物的生产、批发或者零售的单位和个体工商户包括以货物的生产、批发或者零售为主,兼营销售服务的单位和个体工商户在内。(三版新增)

3)兼营销售

兼营是指纳税人的经营范围既包括销售货物和应税劳务,又包括销售服务、无形资产或者不动产。与混合销售不同的是,兼营是指销售货物、应税劳务、服务、无形资产或者不动产不同时间发生在同一购买者身上,也不发生在同一项销售行为中。(三版新增)

纳税人兼营销售货物、劳务、服务、无形资产或者不动产,适用不同税率或者征收率的,应当分别核算适用不同税率或者征收率的销售额;未分别核算的,从高适用税率或征收率。

(三)增值税的纳税人

增值税纳税人是指税法规定负有缴纳增值税义务的单位和个人。在我国境内(以下简称境内)销售、进口货物或者提供加工、修理、修配劳务以及销售服务、无形资产或者不动产(也称为应税行为)的单位和个人,为增值税纳税人。

在境内销售服务、无形资产或者不动产

在境内销售服务、无形资产或者不动产,含有以下几点:

(1) 服务(租赁不动产除外)或者无形资产(自然资源使用权除外)的销售方或者购买方在境内；

(2) 所销售或者租赁的不动产在境内；

(3) 所销售自然资源使用权的自然资源在境内；

(4) 财政部和国家税务总局规定的其他情形。

单位，是指企业、行政单位、事业单位、军事单位、社会团体及其他单位。

个人，是指个体工商户和其他个人。

按照经营规模的大小和会计核算健全与否等标准，增值税纳税人可分为一般纳税人和小规模纳税人。会计核算健全，是指能够按照国家统一的会计制度规定设置账簿，根据合法、有效凭证核算。

▶ 1. 增值税一般纳税人

一般纳税人是指年应征增值税销售额(以下简称"年应税销售额"，包括一个公历年度内的全部应税销售额)超过《增值税暂行条例实施细则》规定的小规模纳税人标准的企业和企业性单位。

一般纳税人的特点是增值税进项税额可以抵扣销项税额。

下列纳税人不属于一般纳税人：

(1) 年应税销售额未超过小规模纳税人标准的企业；

(2) 除个体经营者以外的其他个人；

(3) 非企业性单位；

(4) 不经常发生增值税应税行为的企业。

▶ 2. 小规模纳税人

小规模纳税人是指年销售额在规定标准以下，并且会计核算不健全，不能按规定报送有关税务资料的增值税纳税人。

按照《财政部　国家税务总局关于统一增值税小规模纳税人标准的通知》(财税[2018]33号文件)，自2018年5月1日起，统一将小规模纳税人标准为年应征增值税销售额500万元及以下，已登记为增值税一般纳税人的单位和个人，在2018年12月31日前，可转登记为小规模纳税人，其未抵扣的进项税额作转出处理。

年应税销售额超过小规模纳税人标准的其他个人按小规模纳税人纳税。非企业性单位、不经常发生应税行为的企业可选择按小规模纳税人纳税。

小规模纳税人会计核算健全，能够提供准确税务资料的，可以向主管税务机关申请一般纳税人资格认定，成为一般纳税人。除国家税务总局另有规定外，一经认定为一般纳税人后，不得转为小规模纳税人。《国家税务总局关于小规模纳税人免征增值税政策有关征管问题的公告》(国家税务总局2019年4号公告)第五条规定转登记日前连续12个月(以1个月为1个纳税期)或者连续4个季度(以1个季度为1个纳税期)累计销售额未超过500万元的一般纳税人，在2019年12月31日前，可选择转登记为小规模纳税人。

2016年以前，小规模纳税人不得开具增值税专用发票。按照《国家税务总局关于扩大小规模纳税人自行开具增值税专用发票试点范围等事项的公告》(国家税务总局公告2019年第8号)规定，为了支持民营经济和小微企业发展，便利纳税人开具和使用增值税发票，自2019年3月1日起,住宿业、鉴证咨询业、建筑业、工业、信息传输、软件和信息技术服务业、租赁和商务服务业、科学研究和技术服务业、居民服务、修理和其他服务业的所有小规模纳税人均可以自愿使用增值税发票管理系统自行开具增值税专用发票,不受月销售额标准的限制。

试点纳税人应当就开具增值税专用发票的销售额计算增值税应纳税额,并在规定的纳税申报期内向主管税务机关申报缴纳。在填写增值税纳税申报表时,应当将当期开具增值税专用发票的销售额,按照3%和5%的征收率。

(四)增值税的扣缴义务人

中华人民共和国境外(以下简称境外)单位或者个人在境内发生应税行为,在境内未设有经营机构的,以购买方为增值税扣缴义务人。财政部和国家税务总局另有规定的除外。

境外单位或者个人在境内发生应税行为,在境内未设有经营机构的,扣缴义务人按照下列公式计算应扣缴税额:应扣缴税额=购买方支付的价款÷(1+税率)×税率。

(五)增值税税率

▶ 1. 基本税率

2019年4月1日起纳税人发生增值税应税销售行为(销售货物、提供应税劳务、提供有形动产租赁服务)或者进口货物,增值税的基本税率为13%。

▶ 2. 低税率

1)下列应税服务按照6%低税率征收增值税

提供现代服务业服务(有形动产租赁服务之外)、增值电信服务、金融业和生活服务业。

2)下列应税货物按照9%的低税率征收增值税

根据《财政部 国家税务总局关于调整增值税税率的通知》(财税〔2018〕32号文件),自2019年4月1日起,提供交通运输服务、邮政服务、基础电信服务、建筑、不动产租赁服务、销售不动产、转让土地使用权,销售或进口下列货物,其增值税税率为9%:

(1)粮食、食用植物油;

(2)自来水、暖气、冷气、热水、煤气、石油液化气、天然气、沼气、居民用煤炭制品;

(3)图书、报纸、杂志;

(4)饲料、化肥、农药、农机(不包括农机零部件)、农膜;

(5)国务院规定的其他货物。

▶ 3. 零税率

1)纳税人出口货物,一般适用零税率,国务院另有规定的除外。

2)中华人民共和国境内的单位和个人销售的下列服务和无形资产,适用增值税零税率:

(1)国际运输服务

国际运输服务,是指在境内载运旅客或者货物出境;在境外载运旅客或者货物入境;在境外载运旅客或者货物。

(2)航天运输服务

(3)向境外单位提供的完全在境外消费的下列服务:研发服务、合同能源管理服务、设计服务、广播影视节目(作品)的制作和发行服务、软件服务、电路设计及测试服务、信息系统服务、业务流程管理服务、离岸服务外包业务、转让技术。

增值税税率的前世今生

(1)开征时的二档税率

1994年1月1日起,根据《中华人民共和国增值税暂行条例》(国务院令〔1993〕第134号)规定,销售或者进口货物、劳务的税率为17%,销售或者进口特定货物税率为13%。

(2)营改增试点的四档税率

2012年,在上海试点营业税改征增值税工作,2016年5月1日起,在全国范围内全面推开"营改增"试点。根据《财政部 国家税务总局关于全面推开营业税改征增值税试点的通知》(财税〔2016〕36号)规定,增值税为四档税率:17%、13%、11%、6%。

(3)简并征收的三档税率

2017年7月1日,根据《财政部 国家税务总局关于简并增值税税率有关政策的通知》(财税〔2017〕37号)规定,取消13%税率,降低税负,增值税率变为17%、11%、6%三档。

(4)税率下调的三档税率

2018年5月1日,根据《财政部 税务总局关于调整增值税税率的通知》(财税〔2018〕32号)规定,纳税人发生增值税应税销售行为或者进口货物,原适用17%和11%税率的,税率分别调整为16%、10%,增值税率变为16%、10%、6%三档。

(5)税率再次下调的三档税率

2019年4月1日,根据《财政部 税务总局 海关总署关于深化增值税改革有关政策的公告》(财政部 税务总局 海关总署公告2019年第39号令)规定,将制造业等行业现行16%的税率降至13%,将交通运输业、建筑业等行业现行10%的税率降至9%;保持6%一档的税率不变,但通过采取对生产、生活性服务业增加税收抵扣等配套措施,确保所有行业税负只减不增,继续向推进税率三档并两档、税制简化方向迈进。

【经典习题·多选题】2019年4月1日后,增值税一般纳税人的低税率包括(   )。
A.6%   B.9%   C.13%   D.17%

【正确答案】A、B、C。

▶ 4. 征收率

自2009年1月1日起,小规模纳税人增值税征收率调整为3%。兼有不同征收率的销售货物、加工修理修配劳务、服务、无形资产或者不动产,从高适用征收率。

(六)增值税一般纳税人应纳税额的计算

我国增值税实行扣税法。一般纳税人凭增值税专用发票及其他合法扣税凭证注明税款进行抵扣,其应纳增值税的计算公式为

应纳税额＝当期销项税额－当期进项税额
　　　＝当期销售额×适用税率－当期进项税额

增值税一般纳税人销售货物或提供应税劳务和应税行为的应纳税额的多少,取决于当期销项税额与当期进项税额两个因素。

销项税额,是指纳税人销售货物或者提供应税劳务、应税行为,按照销售额和规定的税率计算并向购买方收取的增值税税额。

销项税额=销售额×适用税率

【案例3-1】甲公司为增值税一般纳税人,适用增值税税率为13%,11月甲公司当期实现的应税销售额为500万元,当期购进原材料取得增值税专用发票增值税进项税额为51万元。假如不考虑其他因素,当月甲公司应纳增值税税额为多少?

【正确答案】当期应纳税额=500×13%-51=14(万元)。

销项税额的计算取决于销售额和适用税率。在适用税率既定的前提下,销项税额的大小主要取决于销售额的大小。营改增后,销售额分别有全额计税、差额计税、组价计税等多种计税方法。

▶ 1. 增值税销售额全额计税方法

销售额,是指纳税人销售货物或提供应税劳务、发生应税行为取得的全部价款和价外费用,财政部和国家税务总局另有规定的除外。价外费用即价外收入,是价外收取的各种性质的收费,如违约金、滞纳金、赔偿金、延期付款利息、包装费、包装物租金、运输装卸费等。

因向购买方收取的销项税额属于价外税,所以增值税销售额中不包括向购买方收取的销项税额。如果销售货物是消费税应税产品或进口产品,则全部价款中包括消费税或关税。

【特别提示】价外费用视为含增值税的收入,必须换算为不含税收入再并入销售额。

销售额中不包括以下几点。

(1) 受托加工应税消费品所代收代缴的消费税。

(2) 同时符合以下条件的代垫运费:① 承运者的运费发票开具给购货方的;② 纳税人将该项发票转交给购货方的。

(3) 同时符合条件的代收政府性基金或者行政事业性收费。

(4) 销售货物的同时代办保险费,代收车辆购置税、车辆牌照费。

营改增后,贷款服务、直接收费金融服务,其销售额是以全额为计税依据的。贷款服务,以提供贷款服务取得的全部利息及利息性质的收入为销售额。直接收费金融服务,以提供直接收费金融服务收取的手续费、佣金、酬金、管理费、服务费、经手费、开户费、过户费、结算费、转托管费等各类费用为销售额。

纳税人销售货物或者提供应税劳务,采用销售额和销项税额合并定价方法的,需要换算。

不含税销售额=含税销售额÷(1+税率或征收率)

纳税人向购买方销售货物或提供应税劳务所收取的价款中不包含增值税税款。

【案例3-2】乙公司为增值税一般纳税人,12月销售产品一批,开出的增值税专用发票中注明销售额为10万元,增值税税率为13%,增值税税额为1.3万元,另开出一张普通发票,收取包装费5 800元。计算该公司12月增值税销售额。

【正确答案】增值税销售额=不含税销售额+含税销售额/(1+税率)
=100 000+5 800÷(1+13%)=105 132.74(元)

2. 增值税销售额差额计税方法

（1）金融商品转让，按照卖出价扣除买入价后的余额为销售额。

转让金融商品出现的正负差，按盈亏相抵后的余额为销售额。若相抵后出现负差，可结转下一纳税期与下期转让金融商品销售额相抵，但年末时仍出现负差的，不得转入下一个会计年度。

金融商品的买入价，可以选择按照加权平均法或者移动加权平均法进行核算，选择后36个月内不得变更。

金融商品转让，不得开具增值税专用发票。

（2）经纪代理服务，以取得的全部价款和价外费用，扣除向委托方收取并代为支付的政府性基金或者行政事业性收费后的余额为销售额。向委托方收取的政府性基金或者行政事业性收费，不得开具增值税专用发票。

（3）融资租赁和融资性售后回租业务。

① 经人民银行、银监会或者商务部批准从事融资租赁业务的试点纳税人，提供融资租赁服务，以取得的全部价款和价外费用，扣除支付的借款利息（包括外汇借款和人民币借款利息）、发行债券利息和车辆购置税后的余额为销售额。

② 经人民银行、银监会或者商务部批准从事融资租赁业务的试点纳税人，提供融资性售后回租服务，以取得的全部价款和价外费用（不含本金），扣除对外支付的借款利息（包括外汇借款和人民币借款利息）、发行债券利息后的余额作为销售额。

③ 试点纳税人根据2016年4月30日前签订的有形动产融资性售后回租合同，在合同到期前提供的有形动产融资性售后回租服务，可继续按照有形动产融资租赁服务缴纳增值税。

④ 经商务部授权的省级商务主管部门和国家经济技术开发区批准的从事融资租赁业务的试点纳税人，2016年5月1日后实收资本达到1.7亿元的，从达到标准的当月起按照上述第①、②、③项规定执行；2016年5月1日后实收资本未达到1.7亿元但注册资本达到1.7亿元的，在2016年7月31日前仍可按照上述第①、②、③项规定执行，2016年8月1日后开展的融资租赁业务和融资性售后回租业务不得按照上述第①、②、③项规定执行。

（4）航空运输企业的销售额，不包括代收的机场建设费和代售其他航空运输企业客票而代收转付的价款。

（5）试点纳税人中的一般纳税人（以下简称一般纳税人）提供客运场站服务，以其取得的全部价款和价外费用，扣除支付给承运方运费后的余额为销售额。

（6）试点纳税人提供旅游服务，可以选择以取得的全部价款和价外费用，扣除向旅游服务购买方收取并支付给其他单位或者个人的住宿费、餐饮费、交通费、签证费、门票费和支付给其他接团旅游企业的旅游费用后的余额为销售额。

选择上述办法计算销售额的试点纳税人，向旅游服务购买方收取并支付的上述费用，不得开具增值税专用发票，可以开具普通发票。

（7）试点纳税人提供建筑服务适用简易计税方法的，以取得的全部价款和价外费用扣除支付的分包款后的余额为销售额。

（8）房地产开发企业中的一般纳税人销售其开发的房地产项目（选择简易计税方法的房地产老项目除外），以取得的全部价款和价外费用，扣除受让土地时向政府部门支付的土地价款后的余额为销售额。

房地产老项目,是指《建筑工程施工许可证》注明的合同开工日期在 2016 年 4 月 30 日前的房地产项目。

(9) 试点纳税人按照上述(2)~(8)款的规定从全部价款和价外费用中扣除的价款,应当取得符合法律、行政法规和国家税务总局规定的有效凭证。否则,不得扣除。

上述凭证是指:

① 支付给境内单位或者个人的款项,以发票为合法有效凭证。

② 支付给境外单位或者个人的款项,以该单位或者个人的签收单据为合法有效凭证,税务机关对签收单据有疑义的,可以要求其提供境外公证机构的确认证明。

③ 缴纳的税款,以完税凭证为合法有效凭证。

④ 扣除的政府性基金、行政事业性收费或者向政府支付的土地价款,以省级以上(含省级)财政部门监(印)制的财政票据为合法有效凭证。

⑤ 国家税务总局规定的其他凭证。

纳税人取得的上述凭证属于增值税扣税凭证的,其进项税额不得从销项税额中抵扣。

▶ 3. 增值税特殊销售额计算方法

(1) 销售额以人民币计算,纳税人以外汇结算销售额的,其销售额的人民币折合率可以选择销售额发生的当天或者当月 1 日的人民币汇率中间价。纳税人应当在事先确定采用何种折合率,确定后 12 个月内不得变更。

(2) 纳税人进口货物,以组成计税价格为计算其增值税的计税依据。

组成计税价格=关税完税价格+关税+消费税

【案例 3-3】A 公司为增值税一般纳税人,9 月该公司进口生产用原材料一批,关税完税价格为 300 万元,已缴纳关税 20 万元,假定该原材料不需缴纳消费税。计算 A 公司进口该原材料的组成计税价格。

【正确答案】组成计税价格=300+20=320(万元)。

(3) 纳税人销售货物或者提供应税劳务的价格明显偏低无正当理由的,或者发生应税行为价格明显偏低或者偏高且不具有合理商业目的的,或者视同销售行为而无销售额的,主管税务机关有权按照下列顺序确定销售额:

① 按照纳税人最近时期销售同类货物、服务、无形资产或者不动产的平均价格确定。

② 按照其他纳税人最近时期销售同类货物、服务、无形资产或者不动产的平均价格确定。

③ 按照组成计税价格确定。其计算公式为

组成计税价格=成本×(1+成本利润率)

"成本"分为两种情况:一种情况是销售自产货物的为实际生产成本;另一种情况是销售外购货物的为实际采购成本。成本利润率由国家税务总局确定,一般为 10%。

不具有合理商业目的,是指以谋取税收利益为主要目的,通过人为安排,减少、免除、推迟缴纳增值税税款,或者增加退还增值税税款。

【案例 3-4】甲公司为增值税一般纳税人,10 月将自产的一批新电器 300 件作为福利发给公司员工。目前,市场上还没有与该类新电器类似的同类产品,因此,也没有同类产品的销售价格。已知每台电器成本为 400 元。计算该批新电器的增值税销售额。

【正确答案】增值税销售额＝成本×(1＋成本利润率)
$$=300×400×(1＋10\%)=132\,000(元)。$$

(4) 包装物押金处理。销售货物收取的包装物押金，如果单独记账核算，时间在1年以内，又未过期的，不并入销售额征税。因1年内逾期或超过1年未收回的包装物押金，应并入销售额征税。啤酒、黄酒以外的其他酒类产品收取的押金，无论是否逾期一律并入销售额征税。

征税时注意两点：一是逾期包装物押金为含税收入，需换算成不含税价再并入销售额；二是征税税率为所包装货物适用税率。

【案例 3-5】 某酒厂为一般纳税人，本月销售散装白酒10吨，出厂价格为4 000元/吨（不含税），销售额为40 000元。同时收取包装物押金4 640元，已单独设账核算，增值税税率为13％。该业务的销售额是多少？

【正确答案】销售额＝[40 000＋4 640÷(1＋13％)]＝44 106.19(元)。

(5) 折扣方式销售。一种是折扣销售，又称商业折扣，是指销货方在销售货物或提供劳务、发生应税行为时，因购买方购货数量较大等原因而给予的价格优惠(如购买5件，销售价格折扣5％；购买10件，折扣10％)。一种是销售折扣，又称现金折扣，是指销货方在销售货物或提供劳务、发生应税行为后，为鼓励购买方及早偿还货款而协议许诺给予购买方的一种折扣优待(如5天内付款，货款折扣3％；10天内付款，货款折扣2％；20天全价付款)。另一种是销售折让，指货物销售后，由于其品种、质量、规格等原因购买方未予退货，但销货方需给予购买方一种价格折让。

对商业折扣，如果销售货物或提供劳务、发生应税行为销售额和折扣额在同一张发票上分别注明的，可按冲减折扣额后的销售额征收增值税；将折扣额另开发票的，不论财务会计上如何处理，在征收增值税时，折扣额不得冲减销售额。销售折扣发生在销货之后，是一种融资性质的理财费用，一律不得从销售额中减除。对销售折让可按折让后的货款为销售额。

【案例 3-6】 某超市为增值税一般纳税人，增值税税率为13％，10月开展国庆促销期间，采取折扣销售方式出售某品牌奶粉，售价45元/盒。在促销期内凡一次购买5盒者，按七折优惠促销，并将折扣部分与销售额开具在同一张发票上。月末结账前，经核算促销期间消费者一次购买5盒的有200次，共出售了1 000盒。计算销售该批奶粉的增值税销售额。

【正确答案】增值税销售额＝(45×70％)×1 000÷(1＋13％)＝27 876.11(元)。

(6) 纳税人采取以旧换新方式销售货物，应按新货物的同期销售价格确定销售额。

所谓以旧换新销售，是指纳税人在销售过程中，折价收回同类旧货物，并以折价款部分冲减货物价款的一种销售方式。

税法规定，除金银首饰外，其他货物的以旧换新销售应按新货物的同期销售价格确定销售额，不得扣减旧货物的收购价格。对金银首饰以旧换新业务，可以按销售方实际收取的不含增值税的全部价款征收增值税。

【案例 3-7】 某商场为一般纳税人，适用的增值税税率为13％，采取以旧换新方式销售洗衣机，每台零售价3 510元，本月售出洗衣机100台，共收回100台旧洗衣机，每台旧洗衣机折价200元，取得现金净收入为331 000元。该业务增值税的销售额是多少？

【正确答案】增值税销售额＝销售额＝3 510×100÷(1＋13％)＝310 619.47(元)。

(7) 采取以物易物方式销售货物。以物易物是一种视同的销售行动，它是指销售双方不是以货币结算,而是以同等价款的货物相互结算,实现货物购销的一种方式。

以物易物的双方都应作购销处理,以各自发出的货物核算销售额并计算销项税额,以各自收到的货物按规定核算购货额并计算进项税额。

【案例3-8】某彩电厂、显像管厂均为增值税一般纳税人,彩电厂采取以物易物方式向显像管厂提供42寸彩电1 000台,每台含税售价4 000元,显像管厂向彩电厂提供显像管2 000台,每台含税售价1 900元。双方均已收到货物,且均开具普通发票。该彩电厂的销售额如何确定?

【正确答案】销售额=4 000×1 000÷(1+13%)=3 539 823.01(元)。

▶ 4. 进项税额的计算

进项税额是纳税人购进货物、接受应税劳务和应税服务所支付或负担的增值税额,它与销售方收取的销项税额相对应。准予从销项税额中抵扣的进项税额限于下列增值税扣税凭证上注明的增值税税额和按规定的扣除率计算的进项税额。

1)准予从销项税额中抵扣的进项税额

(1)从销售方取得的增值税专用发票(含税控机动车销售统一发票,下同)上注明的增值税额。

(2)从海关取得的海关进口增值税专用缴款书上注明的增值税税额。

(3)购进农产品,除取得增值税专用发票或者海关进口增值税专用缴款书外,按照农产品收购发票或者销售发票上注明的农产品买价和扣除率计算的进项税额。

进项税额=买价×扣除率

买价,是指纳税人购进农产品在农产品收购发票或者销售发票上注明的价款和按照规定缴纳的烟叶税。

根据财政部 税务总局 海关总署公告2019年第39号文件,纳税人购进农产品,原适用10%扣除率的,扣除率调整为9%。纳税人购进用于生产或者委托加工13%税率货物的农产品,按照10%的扣除率计算进项税额。

【案例3-9】某一般纳税人3月购进某国营农场自产玉米,收购凭证注明价款为56 830元,计算其可抵扣的进项税额。

【正确答案】进项税额=56 830×9%=5 114.7(元)。

(4)从境外单位或者个人购进服务、无形资产或者不动产,自税务机关或者扣缴义务人取得的解缴税款的完税凭证上注明的增值税额。

(5)自2019年4月1日起,纳税人取得不动产或者不动产在建工程的进项税额不再分2年抵扣。此前按照上述规定尚未抵扣完毕的待抵扣进项税额,可自2019年4月税款所属期起从销项税额中抵扣。

(6)纳税人购进国内旅客运输服务,其进项税额允许从销项税额中抵扣。

(7)自2019年4月1日至2021年12月31日,允许生产、生活性服务业纳税人按照当期可抵扣进项税额加计10%,抵减应纳税额(以下称加计抵减政策)。

生产、生活性服务业纳税人,是指提供邮政服务、电信服务、现代服务、生活服务(以下称四项服务)取得的销售额占全部销售额的比重超过50%的纳税人。

按照现行规定不得从销项税额中抵扣的进项税额,不得计提加计抵减额;已计提加计抵减额的进项税额,按规定作进项税额转出的,应在进项税额转出当期,相应调减加计抵

减额。计算公式如下:

$$当期计提加计抵减额 = 当期可抵扣进项税额 \times 10\%$$

当期可抵减加计抵减额＝上期末加计抵减额余额＋当期计提加计抵减额－当期调减加计抵减额

纳税人确定适用加计抵减政策后，当年内不再调整，以后年度是否适用，根据上年度销售额计算确定。

【经典习题·多选题】 某单位下列已取得增值税专用发票的项目中，可以作为进项税额抵扣的有(　　)。

A. 外购生产设备　　　　　　　　B. 外购生产设备修理用备件

C. 外购生产用车辆　　　　　　　D. 外购发给职工的节日慰问品

【正确答案】 A、B、C。

2) 不得从销项税额中抵扣的进项税额项目

纳税人取得的增值税扣税凭证不符合法律、行政法规或者国家税务总局有关规定的，其进项税额不得从销项税额中抵扣。下列项目的进项税额不得从销项税额中抵扣。

(1) 用于简易计税方法计税项目、免征增值税项目、集体福利或者个人消费的购进货物、加工修理修配劳务、服务、无形资产和不动产。其中涉及的固定资产、无形资产、不动产，仅指专用于上述项目的固定资产、无形资产(不包括其他权益性无形资产)、不动产。

纳税人的交际应酬消费属于个人消费。

(2) 非正常损失的购进货物，以及相关的加工修理修配劳务和交通运输服务。

(3) 非正常损失的在产品、产成品所耗用的购进货物(不包括固定资产)、加工修理修配劳务和交通运输服务。

(4) 非正常损失的不动产，以及该不动产所耗用的购进货物、设计服务和建筑服务。

(5) 非正常损失的不动产在建工程所耗用的购进货物、设计服务和建筑服务。

纳税人新建、改建、扩建、修缮、装饰不动产，均属于不动产在建工程。

(6) 购进的贷款服务、餐饮服务、居民日常服务和娱乐服务。

(7) 财政部和国家税务总局规定的其他情形。

第(4)、(5)项所称货物，是指构成不动产实体的材料和设备，包括建筑装饰材料和给排水、采暖、卫生、通风、照明、通信、煤气、消防、中央空调、电梯、电气、智能化楼宇设备及配套设施。非正常损失，是指因管理不善造成货物被盗、丢失、霉烂变质，以及因违反法律法规造成货物或者不动产被依法没收、销毁、拆除的情形。

【经典习题·多选题】 下列行为中，涉及的进项税额能从销项税额中抵扣的是(　　)。

A. 将外购的货物用于本单位集体福利

B. 将外购的货物分配给股东和投资者

C. 将外购的货物无偿赠送给其他个人

D. 将外购的货物作为投资提供给其他单位

【答案】 B、C、D。

(七) 小规模纳税人增值税应纳税额的计算

小规模纳税人销售货物或者提供应税劳务、应税行为，实行按照销售额和征收率计算应纳税额的简易办法，并且不得抵扣进项税额。小规模纳税人的增值税征收率为3%。

$$应纳税额 = 销售额 \times 征收率$$

【案例3-10】某加工企业为增值税小规模纳税人,9月发生如下业务:

(1) 购进原料一批,支付货款3万元、增值税税款0.51万元。

(2) 销售产品一批,取得收入(含增值税)12万元。

(3) 向一般纳税人企业销售一批产品,取得不含增值税销售收入8万元,增值税专用发票已由税务所代开。

要求计算该企业应纳增值税税额。

【正确答案】应纳税额=[12÷(1+3%)+8]×3%=0.59(万元)。

(八)增值税的征收管理

▶ 1. 纳税义务、扣缴义务发生时间

销售货物或提供应税劳务的纳税义务发生时间。

纳税人销售货物或提供应税劳务的纳税义务发生时间为收讫销售款项或取得索取销售款项凭据的当天,纳税人提供发生应税行为的纳税义务发生时间为提供发生应税行为并收讫销售款项或取得索取销售款项凭据的当天,先开具发票的,为开具发票的当天。其中,收讫销售款项或取得索取销售款项凭据的当天按结算方式的不同,具体为:

(1) 采用直接收款方式销售货物,不论货物是否发出,均为收到销售款或者取得索取销售款凭证的当天;先开具发票的,为开具发票的当天。纳税人提供应税服务的,为收讫销售款或者取得销售款项凭据的当天;先开具发票的,为开具发票的当天。

收讫销售款项是指纳税人提供应税服务过程中或者完成后收到款项。

取得索取销售款项凭证的当天,是指书面合同确定的付款日期;未签订书面合同或者书面合同未确定付款日期的,为应税服务完成的当天。

(2) 采取托收承付和委托银行收款方式销售货物,为发出货物并办妥托收手续的当天。

(3) 采取赊销和分期收款方式销售货物,为书面合同约定的收款当天,无书面合同或者书面合同没有约定收款日期的,为货物发出的当天。

(4) 采取预收货款方式销售货物,为货物发出的当天;但生产销售生产工期超过12个月的大型机械设备、船舶、飞机等货物,为收到预收款或者书面合同约定的收款日期的当天。

纳税人提供建筑服务、租赁服务采取预收款方式的,其纳税义务发生时间为收到预收款的当天。

【经典习题·多选题】采取预收货款方式销售货物,增值税纳税义务的发生时间是( )。

A. 销售方收到第一笔货款的当天

B. 销售方收到剩余货款的当天

C. 销售方发出货物的当天

D. 提供建筑服务、租赁服务的,为收到预收款的当天

E. 购买方收到货物的当天

【正确答案】C、D。

(5) 委托其他纳税人代销货物,为收到代销单位的代销清单或者收到全部或者部分货款的当天。未收到代销清单及货款的,为发出代销货物满180天的当天。

(6) 销售应税劳务,为提供劳务同时收讫销售款或者取得索取销售款的凭据的当天。

(7) 纳税人发生视同销售货物行为的,为货物移送的当天;纳税人发生视同销售服务、无形资产或者不动产的,其纳税义务发生时间为服务、无形资产转让完成的当天或者

不动产权属变更的当天。

（8）纳税人从事金融商品转让的，为金融商品所有权转移的当天。

（9）纳税人进口货物，纳税义务发生时间为报关进口的当天。

（10）增值税扣缴义务发生时间为纳税人增值税纳税义务发生的当天。

【经典习题·多选题】下列关于增值税纳税义务发生时间的表述中，正确的有（   ）。

A. 以预收款方式销售货物的，为收到预收款的当天

B. 委托他人代销货物的，为货物发出的当天

C. 采用赊销方式销售货物的，为书面合同约定的收款日期的当天

D. 进口货物，为报关进口的当天

【正确答案】C、D。

▶ 2. 纳税期限

增值税的纳税期限分别为1日、3日、5日、10日、15日、1个月或者1个季度。纳税人的具体纳税期限，由主管税务机关根据纳税人应纳税额的大小分别核定。以1个季度为纳税期限的规定适用于小规模纳税人、银行、财务公司、信托投资公司、信用社，以及财政部和国家税务总局规定的其他纳税人。不能按照固定期限纳税的，可以按次纳税。

纳税人以1个月或者1个季度为1个纳税期的，自期满之日起15日内申报纳税；以1日、3日、5日、10日或者15日为1个纳税期的，自期满之日起5日内预缴税款，于次月1日起15日内申报纳税并结清上月应纳税款。

扣缴义务人解缴税款的期限，按照前两款规定执行。

纳税人进口货物，应当自海关填发税款缴纳书之日起15日内缴纳税款。

▶ 3. 纳税地点

（1）销售货物或提供劳务的固定业户应当向其机构所在地的主管税务机构申报纳税，其到外县（市）销售货物或者应税劳务，应当向其机构所在地主管税务机关申请开具《外出经营活动税收管理证明》，并向其机构所在地主管税务机关申报纳税。未开具该证明的，应当向销售地或者劳务发生地的主管税务机关申报纳税。

发生应税行为的固定业户应当向其机构所在地或者居住地主管税务机关申报纳税。总机构和分支机构不在同一县（市）的，应当分别向各自所在地的主管税务机关申报纳税；经财政部和国家税务总局或者其授权的财政和税务机关批准，可以由总机构汇总向总机构所在地的主管税务机关申报纳税。

（2）非固定业户应当向销售地或者劳务、应税行为发生地主管税务机关申报纳税；未申报纳税的，由其机构所在地或者居住地主管税务机关补征税款。

（3）其他个人提供建筑服务，销售或者租赁不动产，转让自然资源使用权，应向建筑服务发生地、不动产所在地、自然资源所在地主管税务机关申报纳税。

（4）扣缴义务人应当向其机构所在地或者居住地主管税务机关申报缴纳扣缴的税款。

（5）进口货物向报关地海关申报纳税。

二、消费税

案例导入

税务机关在对美颜日用品公司检查时发现，本月为柔美化妆品公司加工一批高档化妆

品，加工费为 40 万元，材料成本为 60 万元，由美颜日用品公司代为采购，已代收代缴 30 万元消费税，并缴纳 6.8 万元增值税。

税务机关在调查清楚之后，要求该公司按照自产自销应税消费品补缴增值税 10.2 万元、消费税 12.86 万元。

案例思考： 为什么美颜日用品公司为柔美化妆品公司加工的高档化妆品不能按委托加工处理消费品？

案例分析： 委托加工应税消费品是指委托方提供原料和主要材料，受托方只收取加工费和代垫部分辅助材料加工的应税消费品。由受托方提供原材料或其他情形的一律不能视同加工应税消费品。案例中，柔美化妆品公司作为委托方并未提供原料和主要材料，故不能作为委托加工应税消费品处理，需作为自产自销应税消费品补交增值税、消费税。

（一）消费税的概念

消费税是对在我国境内从事生产、委托加工和进口应税消费品的单位和个人征收的一种流转税，是对特定的消费品和消费行为在特定的环节征收的一种流转税。

消费税具有征收范围选择性、征税环节单一性、平均税率水平比较高且税负差异大、征收方法灵活性的特点。

（二）消费税纳税人

消费税纳税人是指在中华人民共和国境内（起运地或者所在地在境内）生产、委托加工和进口《消费税暂行条例》规定的消费品的单位和个人，以及国务院确定的销售《消费税暂行条例》规定的消费品的其他单位和个人。单位是指企业、行政单位、事业单位、军事单位、社会团体及其他单位。个人是指个体工商户及其他个人。

【经典例题·多选题】下列表述内容中，属于消费税纳税人的有（   ）。

A. 生产应税消费品的单位和个人
B. 进口应税消费品的单位和个人
C. 委托加工应税消费品的单位和个人
D. 加工应税消费品的单位和个人

【正确答案】A、B、C。

（三）消费税的征税范围

目前，消费税的征税范围分布于生产、委托加工、进口、零售四个环节，指定环节一次性缴纳，其他环节不再缴纳（卷烟除外）。

▶ 1. 生产应税消费品

生产应税消费品在生产销售环节征税，这是消费税征收的主要环节。纳税人将生产的应税消费品换取生产资料、消费资料、投资入股、偿还债务，以及用于继续生产应税消费品以外的其他方面都应缴纳消费税。

▶ 2. 委托加工应税消费品

委托加工应税消费品是指委托方提供原料和主要材料，受托方只收取加工费和代垫部分辅助材料加工的应税消费品。由受托方提供原材料或其他情形的一律不能视同加工应税消费品。委托加工的应税消费品，除受托方为个人外，由受托方向委托方交货时代收代缴税款；委托个人加工的应税消费品，由委托方收回后缴纳消费税。

委托加工的应税消费品，委托方用于连续生产应税消费品的，所纳税款准予按规定抵扣；直接出售的，不再缴纳消费税。委托方将收回的应税消费品，以不高于受托方的计税价格出售的，为直接出售，不再缴纳消费税；委托方以高于受托方的计税价格出售的，不属于直接出售，需按照规定申报缴纳消费税，在计税时准予扣除受托方已代收代缴的消费税。

【经典例题·判断题】委托加工应税消费品均由受托方在向委托方交货时代收代缴消费税。（　　）

【正确答案】×。

▶ 3. 零售超豪华小轿车

为了引导合理消费，促进节能减排，根据《财政部 国家税务总局关于对超豪华小汽车加征消费税有关事项的通知》（财税〔2016〕129号）第一条规定，自2016年12月1日起，对超豪华小汽车，在生产（进口）环节按现行税率征收消费税的基础上，在零售环节加征消费税，税率为10%。

▶ 4. 批发、零售应税消费品

1) 批发卷烟

自2009年5月1日起，卷烟在批发环节加征一道从价税，只有卷烟在批发环节加征一道消费税。在中华人民共和国境内从事卷烟批发业务的单位和个人为纳税人。纳税人批发销售的所有牌号规格的卷烟，按其销售额（不含增值税）征收5%的消费税。纳税人销售给纳税人以外的单位和个人的卷烟于销售时纳税，纳税人直接销售的卷烟不缴纳消费税。自2015年5月10日起，卷烟批发复合计税。

2) 零售金银首饰

经国务院批准，自1995年1月1日起，金银首饰消费税由生产销售环节征收改为零售环节征收。改在零售环节征收消费税的金银首饰仅限于金基、银基合金首饰以及金、银和金基、银基合金的镶嵌首饰，适用税率为5%。其计税依据是不含增值税的销售额。

对既销售金银首饰，又销售非金银首饰的生产、经营单位，应将两类商品划分清楚，分别核算销售额。凡划分不清楚或不能分别核算的，在生产环节销售的，一律从高适用税率征收消费税；在零售环节销售的，一律按金银首饰征收消费税。金银首饰与其他产品组成成套消费品销售的，应按销售额全额征收消费税。

金银首饰连同包装物一起销售的，无论包装物是否单独计价，也无论会计上如何核算，均应并入金银首饰的销售额，计征消费税。

带料加工的金银首饰，应按受托方销售的同类金银首饰的销售价格确定计税依据征收消费税。没有同类金银首饰销售价格的，按照组成计税价格计算纳税。

纳税人采用以旧换新（含翻新改制）方式销售的金银首饰，应按实际收取的不含增值税的全部价款确定计税依据征收消费税。

【经典习题·多选题】下列行为中应征消费税的是（　　）。
A. 商店销售外购啤酒　　　　　　B. 商店销售自制啤酒
C. 商店进口化妆品　　　　　　　D. 商店零售金银首饰

【正确答案】B、C、D。

(四) 消费税的税目与税率

1. 税目

按照《消费税暂行条例》规定，2016年10月调整后，确定征收消费税的只有烟，酒，高档化妆品，贵重首饰及珠宝玉石，鞭炮、焰火，成品油，小汽车，摩托车，高尔夫球及球具，高档手表，游艇，木制一次性筷子，实木地板，电池，涂料15个税目，有的税目还进一步划分若干子目。

消费税税目调整

经过2014年、2015年、2016年的调整，现行消费税税目较之以前出现了较大调整。根据《财政部国家税务总局关于调整消费税政策的通知》（财税〔2014〕93号文件）的规定，自2014年12月1日起，取消气缸容量250毫升（不含）以下的小排量摩托车消费税，气缸容量250毫升和250毫升（不含）以上的摩托车继续分别按3%和10%的税率征收消费税。取消汽车轮胎税目。取消车用含铅汽油消费税，汽油税目不再划分二级子目，统一按照无铅汽油税率征收消费税。取消酒精消费税。取消酒精消费税后，"酒及酒精"品目相应改为"酒"，并继续按现行消费税政策执行。2015年2月1日起新增了涂料、电池两个税目，使消费税由原来的十四个税目调整为十五个税目。根据《财政部国家税务总局关于调整化妆品消费税政策的通知》（财税〔2016〕103号文件）规定，自2016年10月1日起对普通美容、修饰类化妆品消费税，将化妆品税目更名为高档化妆品，税率由30%调整为15%。

1) 烟

凡是以烟叶为原料加工生产的产品均属于本税目征收范围，包括卷烟（包括进口卷烟、白包卷烟、手工卷烟和未经国务院批准纳入计划的企业及个人生产的卷烟）、雪茄烟和烟丝三个子目。

卷烟又分为甲类卷烟、乙类卷烟。其中，甲类卷烟是指每标准条（200支，下同）在70元（不含增值税）及以上的卷烟；否则为乙类卷烟。

2) 酒

酒精度数在1度以上的各种酒类饮料，包括白酒、黄酒、啤酒和其他酒。

啤酒又分为甲类啤酒、乙类啤酒。其中甲类啤酒是指每吨出厂价（含包装物及包装物押金，但不含增值税）在3 000元及以上的啤酒；否则为乙类啤酒。

另外，饮食业、商业、娱乐业举办的啤酒屋（啤酒坊）利用啤酒生产设备生产的啤酒应当征收消费税。

3) 高档化妆品

包括高档美容、修饰类化妆品、高档护肤类化妆品和成套化妆品，不包括舞台、戏剧、影视演员化妆用的上妆油、卸装油、油彩。

高档美容、修饰类化妆品、高档护肤类化妆品是指生产（进口）环节销售（完税）价格（不含增值税）在10元/毫升（克）或15元/片（张）及以上的美容、修饰类化妆品和护肤类化妆品。

4）贵重首饰及珠宝玉石

贵重首饰及珠宝玉石包括以金、银、珠宝玉石等高贵稀有物质以及其他金属、人造宝石等制作的各种纯金银及镶嵌饰物，以及经采掘、打磨、加工的各种珠宝玉石。

5）鞭炮、焰火

鞭炮、焰火包括鞭炮、焰火，不包括体育上用的发令纸、鞭炮药引线。

6）成品油

成品油包括汽油、柴油、石脑油、溶剂油、航空煤油、润滑油、燃料油7个子目，航空煤油暂缓征收。

7）小汽车

小汽车是指由动力驱动，具有4个或4个以上车轮的非轨道承载的车辆，包括乘用车、中轻型商用客车、超豪华小汽车，不包括电动汽车、沙滩车、雪地车、卡丁车、高尔夫车以及车身长度大于7米（含）、座位10~23座（含）以下的商用客车。

乘用车是指含驾驶员在内最多不超过9个座位（含）的，在设计和技术特性上用于载运乘客和货物的各类中轻型商用客车。

中轻型商用客车是指含驾驶员在内座位数在10~23座（含）的，在设计和技术特性上用于载运乘客和货物的各类乘用车。

根据《财政部 国家税务总局关于对超豪华小汽车加征消费税有关事项的通知》（财税〔2016〕129号）第一条规定，"小汽车"税目下增设"超豪华小汽车"子税目。征收范围为每辆零售价格130万元（不含增值税）及以上的乘用车和中轻型商用客车，即乘用车和中轻型商用客车子税目中的超豪华小汽车。

8）摩托车

摩托车包括轻便摩托车和摩托车两种。气缸容量250毫升（不含）以下的小排量摩托车不征收消费税。

9）高尔夫球及球具

高尔夫球及球具是指从事高尔夫球运动所需的各种专用装备，包括高尔夫球、高尔夫球杆、高尔夫球包（袋）。高尔夫球杆的杆头、杆身和握把属于本税目的征收范围。

10）高档手表

高档手表是指销售价格（不含增值税）每只在10 000元及以上的各类手表。

11）游艇

游艇是指长度大于8米小于90米，船体由玻璃钢、钢、铝合金、塑料凳多种材料制作，可以在水上移动的水上浮载体。

12）木制一次性筷子

木制一次性筷子又称卫生筷子，是指以木材为原料经过锯段、浸泡、旋切、刨切、烘干、筛选、打磨、倒角、包装等环节加工而成的各类供一次性使用的筷子。

13）实木地板

实木地板是指以木材为原料，经锯割、干燥、抛光、截断、开榫、涂漆的工序加工而成的块状或条状的地面装饰材料。

14）电池

电池包括原电池、蓄电池、燃料电池、太阳能电池、其他电池。自2015年2月1日起对电池(铅蓄电池除外)征消费税,铅蓄电池自 2016 年 1 月 1 日起按 4%征税。

15) 涂料

涂料是指涂于物体表面能形成具有保护、装饰或特殊性能的固态涂膜的一类液体或固态材料的总称。自 2015 年 2 月 1 日起涂料征消费税。

【经典习题·多选题】根据现行《消费税暂行条例》的规定,下列各项中,属于消费税征收范围的是(   )。

A. 汽车轮胎　　　B. 游艇　　　　C. 高档手机　　　D. 高尔夫球及球具

【正确答案】B、D。

▶ 2. 税率

消费税采用比例税率、定额税率两种税率形式,以适应不同应税消费品的实际情况。消费税税目、子目、税率如表 3-1 所示。

表 3-1　消费税税目、子目、税率表

税　目	子　目	税　率
一、烟	1. 卷烟	
	(1) 甲类卷烟	56%+0.003 元/支
	(2) 乙类卷烟	36%+0.003 元/支
	(3) 批发环节	11%+0.005 元/支
	2. 雪茄烟	36%
	3. 烟丝	30%
二、酒	1. 白酒	20%+0.5 元/斤
	2. 黄酒	240 元/吨
	3. 啤酒	
	(1) 甲类啤酒	250 元/吨
	(2) 乙类啤酒	220 元/吨
	4. 其他酒	10%
三、高档化妆品	包括成套化妆品	15%
四、贵重首饰及珠宝玉石	1. 金、银为主的首饰和钻石、钻石饰品、铂金首饰	5%
	2. 其他贵重首饰和珠宝玉石	10%
五、鞭炮、焰火		15%
六、成品油	1. 柴油	1.2 元/升
	2. 航空煤油	1.2 元/升
	3. 燃料油	1.2 元/升
	4. 汽油	1.52 元/升
	5. 石脑油	1.52 元/升
	6. 溶剂油	1.52 元/升
	7. 润滑油	1.52 元/升

续表

税 目	子 目	税 率
七、小汽车	1. 乘用车(气缸容量/排气量为标准)	
	(1) 1.0升(含)以下的	1%
	(2) 1.0升以上至1.5升(含)的	3%
	(3) 1.5升以上至2.0升(含)的	5%
	(4) 2.0升以上至2.5升(含)的	9%
	(5) 2.5升以上至3.0升(含)的	12%
	(6) 3.0升以上至4.0升(含)的	25%
	(7) 4.0升以上的	40%
	2. 中轻型商用客车	5%
	3. 超豪华小汽车(零售环节)	0%
八、摩托车	1. 气缸容量为250毫升的	3%
	2. 气缸容量为250毫升以上	10%
九、高尔夫球及球具		10%
十、高档手表		20%
十一、游艇		10%
十二、木制一次性筷子		5%
十三、实木地板		5%
十四、电池		4%
十五、涂料		4%

(五) 消费税应纳税额的计算

消费税应纳税额的计算有三种方法：从价定率征收、从量定额征收，以及从价定率和从量定额复合征收。

▶ 1. 从价定率

从价定率征收，即根据不同的应税消费品确定不同的比例税率。

从价定率征收的消费品，其消费税税基与增值税税基是一致的，都是以含消费税而不含增值税的销售额作为计税依据。销售额即应税销售额，是纳税人销售应税消费品向购买方收取的全部价款和价外费用，价外费用的内容与增值税规定相同，其计算公式为

$$应纳税额 = 应税消费品的销售额 \times 比例税率$$

【案例3-11】A化妆品公司为增值税一般纳税人，5月10日向当地一家大型商场销售一批高档化妆品，开出增值税专用发票一张，取得不含增值税销售收入40万元，增值税税额为6.4万元。计算A公司上述业务应缴纳的消费税额。

【正确答案】高档化妆品适用消费税税率为15%，应税销售额为40万元，应缴纳的消费税税额为$40 \times 15\% = 6$(万元)。

如果应纳消费品的销售额中未扣除增值税税款，或因不得开具增值税专用发票而发生价税合并收取的，在计算消费税时应换算为不含增值税销售额，其换算公式为

$$应税消费品的销售额 = 含增值税的销售额 \div (1 + 增值税税率或征收率)$$

【案例3-12】A化妆品公司为增值税一般纳税人,6月15日向C公司销售一批高档化妆品,开出普通发票一张,收取含增值税销售额9.28万元,计算A公司应缴纳的消费税。

【正确答案】应缴纳的消费税税额为:$9.28 \div (1+13\%) \times 15\% = 1.23$(万元)。

▶ 2. 从量定额

从量定额征收,即根据不同的应税消费品确定不同的单位税额。

实行从量定额征收的应税消费品,其计税依据为其实际销售数量,适用黄酒、啤酒和成品油三种产品,其计算公式为

$$应纳税额 = 应税消费品的销售数量 \times 单位税额$$

销售数量是指纳税人生产、加工、进口应税消费品的数量,具体内容如下:

(1) 销售应税消费品的,为应税消费品的销售数量。

(2) 自产自用应税消费品的,为应税消费品的移送使用数量。

(3) 委托加工应税消费品的,为纳税人收回的应税消费品数量。

(4) 进口应税消费品,为海关核定的应税消费品的进口征税数量。

【经典习题·多选题】下列各项关于从量计征消费税计税依据确定方法的表述中,正确的有( )。

A. 销售应税消费品的,为应税消费品的销售数量

B. 进口应消费品的为海关核定的应税消费品数量

C. 以应税消费品投资入股的,为应税消费品移送使用数量

D. 委托加工应税消费品的,为加工完成的应税消费品数量

【正确答案】A、B、C。

【经典习题】A啤酒厂销售甲类啤酒20吨给副食品公司,销售乙类啤酒10吨给宾馆。计算A啤酒厂应缴纳的消费税。

【正确答案】应纳消费税=销售数量×定额税率=$20 \times 250 + 10 \times 220 = 7\,200$(元)。

▶ 3. 从价定率和从量定额复合征收

从价定率和从量定额复合征收,即以两种方法计算的应纳税额之和为该应税消费品的应纳税额。我国目前只对卷烟和白酒采用复合征收方法,其计算公式为

$$应纳税额 = 应税消费品的销售额 \times 比例税率 + 应税消费品的销售数量 \times 单位税额$$

【经典习题·多选题】根据消费税法律制度的规定,下列应税消费品中,实行从价定率与从量定额相结合的复合计税方法的有( )。

A. 烟丝 B. 卷烟 C. 白酒 D. 药酒

【正确答案】B、D。

【经典习题】D白酒生产企业为增值税一般纳税人,5月销售粮食白酒3吨,取得不含增值税的销售额60 000元。计算该白酒企业5月份应缴纳的消费税。

【正确答案】应纳消费税=$60\,000 \times 20\% + 3 \times 2000 \times 0.5 = 15\,000$(元)。

▶ 4. 应税消费品已纳税款的扣除

为避免重复征税,应税消费品若是用外购已缴纳消费税的应税消费品连续生产出来的,在对这些连续生产出来的应税消费品征税时,按当期生产领用数量计算准予扣除的外购应税消费品已缴纳的消费税税款。

在消费税15个税目中,除酒、小汽车、高档手表、游艇、电池、涂料外,其余税目

有扣税规定,内容如下。

(1) 外购已税烟丝生产的卷烟。
(2) 外购已税高档化妆品生产的高档化妆品。
(3) 外购已税珠宝玉石生产的贵重首饰及珠宝玉石。
(4) 外购已税鞭炮、焰火生产的鞭炮、焰火。
(5) 外购已税杆头、杆身和握把为原料生产的高尔夫球杆。
(6) 外购已税木制一次性筷子为原料生产的木制一次性筷子。
(7) 外购已税实木地板为原料生产的实木地板。
(8) 外购汽油、柴油、石脑油、润滑油用于连续生产成品油。
(9) 外购已税摩托车连续生产摩托车(如用外购两轮摩托车改装三轮摩托车)。

外购应税消费品的抵税范围发生调整

自 2014 年 12 月 1 日起,由于消费税税目调整等原因,外购应税消费品的抵税范围发生调整,删除了以前"外购已税汽车轮胎(内胎和外胎)生产的汽车轮胎"规定;将以前"外购汽油、柴油用于连续生产甲醇汽油、生物柴油""外购已税润滑油为原料生产的润滑油""以外购已税石脑油、燃料油为原料生产的应税消费品"调整为"外购汽油、柴油、石脑油、润滑油用于连续生产成品油"。自 2016 年 10 月 1 日起,"外购已税化妆品生产的化妆品"调整为"外购已税高档化妆品生产的高档化妆品"。

【经典习题·多选题】下列各项中,外购应税消费品已纳消费税款准予扣除的有(　　)。
A. 外购已税烟丝生产的卷烟
B. 外购已税汽车轮胎生产的小轿车
C. 外购已税珠宝原料生产的金银镶嵌首饰
D. 外购已税鞭炮、焰火生产的鞭炮、焰火
【正确答案】A、D。

▶ 5. 自产自用应税消费品应纳税额

纳税人自产自用应税消费品用于连续生产应税消费品的,不纳税;凡用于其他方面的,应按照纳税人生产的同类消费品的销售价格计算纳税,没有同类消费品销售价格的,按照组成计税价格计算纳税。

实行从价定率办法计算纳税的组成计税价格计算公式:

$$组成计税价格=(成本+利润)\div(1-比例税率)$$

实行复合计税办法计算纳税的组成计税价格计算公式:

$$组成计税价格=(成本+利润+自产自用数量\times定额税率)\div(1-比例税率)$$

▶ 6. 委托加工应税消费品应纳税额

委托加工的应税消费品,按照受托方的同类消费品的销售价格计算纳税;没有同类消费品销售价格的,按照组成计税价格计算纳税。

实行从价定率办法计算纳税的组成计税价格计算公式:

$$组成计税价格=(材料成本+加工费)\div(1-比例税率)$$

实行复合计税办法计算纳税的组成计税价格计算公式：
组成计税价格＝（材料成本＋加工费＋委托加工数量×定额税率）÷（1－比例税率）

（六）消费税征收管理

▶ 1. 纳税义务发生时间

（1）纳税人销售应税消费品的，按不同的销售结算方式分别如下。

① 采取赊销和分期收款结算方式的，为书面合同约定的收款日期的当天，书面合同没有约定收款日期或者无书面合同的，为发出应税消费品的当天。

② 采取预收货款结算方式的，为发出应税消费品的当天。

③ 采取托收承付和委托银行收款方式的，为发出应税消费品并办妥托收手续的当天。

④ 采取其他结算方式的，为收讫销售款或者取得索取销售款凭据的当天。

（2）纳税人自产自用应税消费品的，为移送使用的当天。

（3）纳税人委托加工应税消费品的，为纳税人提货的当天。

（4）纳税人进口应税消费品的，为报关进口的当天。

【经典习题·多选题】下列各项中，不符合消费税纳税义务发生时间规定的有（　　）。

A．进口的为取得进口货物当天
B．自产自用的是移送使用当天
C．委托加工是支付加工费的当天
D．预收货款是收取货款的当天

【正确答案】A、C、D。

▶ 2. 消费税纳税期限

消费税的纳税期限分别为1日、3日、5日、10日、15日、1个月或者1个季度，纳税人的具体纳税期限，由主管税务机关根据纳税人应纳税额的大小分别核定；以1个季度为纳税期限的规定适用于小规模纳税人以及财政部和国家税务总局规定的其他纳税人；不能按照固定期限纳税的，可以按次纳税。

纳税人以1个月或者1个季度为1个纳税期的，自纳税期满之日起15日内申报纳税；以1日、3日、5日、10日或者15日为1个纳税期的，自期满之日起5日内预缴税款，于次月1日起15日内申报纳税并结清上月应纳税款。

纳税人进口货物，应当自海关填发税款缴纳书之日起15日内缴纳税款。

▶ 3. 消费税纳税地点

（1）纳税人销售的应税消费品，以及自产自用的应税消费品，除国务院财政、税务主管部门另有规定外，应当向纳税人机构所在地或者居住地的主管税务机关申报纳税。

（2）委托加工的应税消费品，除受托方为个人外，由受托方向机构所在地或居住地主管税务机关解缴消费税税款；委托个人加工的应税消费品，由委托方向其机构所在地或者居住地主管税务机关申报纳税。

（3）进口的应税消费品，由进口人或者其代理人向报关地海关申报纳税。

（4）纳税人到外县（市）销售或者委托外县（市）代销自产应税消费品的，于应税消费品销售后，向机构所在地或居住地主管税务机关申报纳税。

（5）纳税销售的应税消费品，如因质量等原因，由购买者退回时，经由所在地主管税务机关审核批准后，可退还已征收的消费税税款，但不能自行直接抵减应纳税税款。

三、企业所得税

案例导入

风行公司总经理看到财务经理送过来的年度财务报告,肺都要气炸了:公司今年投入100万元赞助汽车拉力赛,却未取得预期效果,致使亏损50多万元,这已经让他很憋气,但居然还要就100万元赞助支出缴纳所得税。

案例思考: 风行公司100万元赞助支出为什么需要交企业所得税吗?如何避免这种情况?

案例分析: 会计上赞助支出可以作为费用支出,税法上却不能税前扣除,需要调增应纳税所得额,缴纳企业所得税。企业有什么应对方法呢?企业的财务部门应事先对受限制的赞助支出项目进行监督控制,进行严格的限制,尽量不出现超支。

(一)企业所得税的概念与纳税义务人

企业所得税是对我国企业和其他组织的生产经营所得和其他所得征收的一种税。

其纳税义务人是指在中华人民共和国境内的企业和其他取得收入的组织(以下统称企业)。个人独资企业和合伙企业缴纳个人所得税,不是企业所得税的纳税人。

企业分为居民企业和非居民企业。居民企业是指依法在中国境内成立,或者依照外国(地区)法律成立但实际管理机构(对企业的生产经营、人员、账务、财产等实施实质性全面管理和控制的机构)在中国境内的企业。非居民企业是指依照外国(地区)法律成立且实际管理机构不在中国境内,但在中国境内设立机构、场所的,或者在中国境内未设立机构、场所,但有来源于中国境内所得的企业。

【经典习题·多选题】下列单位不属于企业所得税纳税人的是( )。
A. 有限责任公司　　　　　　　　B. 个人独资公司
C. 个体工商户　　　　　　　　　D. 合伙企业
【正确答案】B、C、D。

(二)企业所得税的征税对象

企业所得税的征税对象是指企业的生产经营所得、其他所得和清算所得。

居民企业应就来源于中国境内、境外的所得作为征税对象。

非居民企业在中国境内设立机构、场所的,应当就其所设机构、场所取得的来源于中国境内的所得,以及发生在中国境外但与其所设机构、场所有实际联系的所得,缴纳企业所得税。非居民企业在中国境内未设立机构场所的,应当就来源于中国境内的所得缴纳企业所得税。

所得来源的确定

判断企业所得来源于中国境内或是境外,应按照以下原则确定。

(1) 销售货物所得，按照交易活动发生地确定。

(2) 提供劳务所得，按照劳务发生地确定。

(3) 转让财产所得，不动产转让所得按照不动产所在地确定，动产转让所得按照转让动产的企业或者机构、场所所在地确定，权益性投资资产转让所得按照被投资企业所在地确定。

(4) 股息、红利等权益性投资所得，按照分配所得的企业所在地确定。

(5) 利息所得、租金所得、特许权使用费所得，按照负担、支付所得的企业或者机构、场所所在地确定，或者按照负担、支付所得的个人的住所地确定。

(6) 其他所得，由国务院财政、税务主管部门确定。

(三) 企业所得税的税率

▶ 1. 基本税率为25%

适用于居民企业和在中国境内设有机构、场所且所得与机构、场所有关联的非居民企业。

▶ 2. 优惠税率

低税率为20%，适用于在中国境内未设立机构、场所的，或者虽设立机构、场所但取得的所得与其所设机构、场所没有实际联系的非居民企业，但在实际征税时，适用10%的税率。

对符合条件的小型微利企业，减按20%税率征收企业所得税；对国家需要重点扶持的高新技术企业，减按15%税率征收企业所得税。

小型微利企业的优惠政策

自2014年1月1日至2016年12月31日，对年应纳税所得额低于10万元(含10万元)的小型微利企业，其所得减按50%计入应纳税所得额，按20%的税率缴纳企业所得税。

【经典习题·多选题】以下适用企业所得税税率为25%的企业有(　　)。

A. 在中国境内的居民企业

B. 在中国境内设有机构、场所且所得与机构、场所有关联的非居民企业

C. 在中国境内设有机构、场所但所得与机构、场所没有实际联系的非居民企业

D. 在中国境内未设立机构、场所的非居民企业

【正确答案】A、B。

(四) 企业所得税应纳税所得额

应纳税所得额为企业每一个纳税年度的收入总额，减除不征税收入、免税收入、各项扣除以及允许弥补的以前年度亏损后的余额。应纳税所得额是企业所得税的计税依据，有两种计算方法。

直接计算法的应纳税所得额计算公式为

应纳税所得额＝收入总额－不征税收入－免税收入－各项扣除－准予弥补的以前年度亏损

间接计算法的应纳税所得额计算公式为

应纳税所得额＝利润总额＋纳税调整项目金额

▶ 1. 收入总额

企业以货币形式和非货币形式从各种来源取得的收入为收入总额,包括销售货物收入,提供劳务收入,转让财产收入,股息、红利等权益性投资收益,利息收入,租金收入,特许权使用费收入,接受捐赠收入,其他收入。

【案例 3-13】A 公司本年度销售收入 2 000 万元,提供劳务收入 100 万元,转让无形资产收入 500 万元,利息收入 20 万元,此外,A 公司当年无其他收入,且所取得收入均为货币形式,并不存在需要调整事项。计算 A 公司当年收入总额。

【正确答案】收入总额＝销售收入＋劳务收入＋转让无形资产收入＋利息收入
　　　　　　　＝2 000＋100＋500＋20＝2 620(万元)。

▶ 2. 不征税收入

不征税收入是指从性质和根源上不属于企业营利性活动带来的经济利益、不负有纳税义务并不作为应纳税所得额组成部分的收入。如财政拨款、依法收取并纳入财政管理的行政事业性收费、政府性基金以及其他不征税收入。

▶ 3. 免税收入

免税收入是指属于企业的应税所得但按照税法规定免予征收企业所得税的收入。

免税收入包括国债利息收入,符合条件的居民企业之间的股息、红利收入,在中国境内设立机构、场所的非居民企业从居民企业取得与该机构、场所有实际联系的股息、红利收入,符合条件的非营利组织的收入等。

【经典习题·多选题】企业取得的下列收入,属于企业所得税免税收入的有(　　)。

A. 国债利息收入

B. 财政拨款

C. 居民企业直接投资于其他居民企业取得的投资收益

D. 在中国境内设立机构、场所的非居民企业连续持有居民企业公开发行并上市流通的股票 1 年以上取得的投资收益

【正确答案】A、C、D。

▶ 4. 准予扣除项目

企业实际发生的与取得收入有关的、合理的支出,包括成本、费用、税金、损失和其他支出等,准予在计算应纳税所得额时扣除。

(1) 成本,即企业销售商品、提供劳务、转让固定资产、无形资产所发生的各项直接成本和间接成本。

(2) 费用,即企业每一个纳税年度为生产、经营商品和提供劳务发生的销售费用、管理费用和财务费用,已计入成本的有关费用除外。

(3) 税金,即企业发生的除企业所得税及允许抵扣的增值税以外的各项税金及附加,包括消费税、资源税、关税、城市维护建设税、土地增值税、房产税、车船税、土地使用税、印花税、教育费附加等产品销售税金及附加。

【经典习题·多选题】以下不得在所得税前扣除的税金包括(　　)。

A. 允许抵扣的增值税　　　　　　　　B. 印花税

C. 出口关税　　　　　　　　　　　　D. 企业所得税

【正确答案】A、D。

(4) 损失，即企业在生产经营活动中发生的固定资产和存货的盘亏、毁损、报废损失，转让财产损失，呆账损失，坏账损失，自然灾害等不可抗力因素造成的损失以及其他损失。

(5) 其他支出，即除成本、费用、税金、损失外，企业在生产经营活动中发生的与生产经营活动有关的、合理的支出。

▶ 5. 不得扣除项目

(1) 向投资者支付的股息、红利等权益性投资收益款项。

(2) 企业所得税税款。

(3) 税收滞纳金。

(4) 罚金、罚款和被没收财物的损失。

(5) 企业发生的公益性捐赠支出以外的捐赠支出。企业发生的公益性捐赠支出，在年度利润总额12%内的部分，准予在计算应纳税所得额时扣除。

(6) 赞助支出，是指企业发生的与生产经营活动无关的各种非广告性支出。

(7) 未经核定的准备金支出，是指不符合国务院财政、税务主管部门规定的各项资产减值准备、风险准备等准备金支出。

(8) 企业之间支付的管理费、企业内营业机构之间支付的租金和特许权使用费，以及非银行企业内营业机构之间支付的利息。

(9) 与取得收入无关的其他支出。

【经典习题·多选题】在计算企业所得税应纳税所得额时不得扣除的有（　　）。

A. 企业之间支付的管理费

B. 企业内营业机构之间支付的租金

C. 企业向投资者支付的股息

D. 银行企业内营业机构之间支付的利息

【正确答案】A、B、C。

▶ 6. 职工福利费、工会经费和职工教育经费支出的税前扣除

(1) 企业发生的职工福利费支出，不超过工资薪金总额14%部分，准予扣除。

(2) 企业拨缴的工会经费，不超过工资薪金总额2%部分，准予扣除。

(3) 自2018年1月1日起，根据《财政部 税务总局关于企业职工教育经费税前扣除政策的通知》（财税〔2018〕51号），为鼓励企业加大职工教育投入，企业发生的职工教育经费支出，不超过工资薪金总额8%的部分，准予在计算企业所得税应纳税所得额时扣除；超过部分，准予在以后纳税年度结转扣除。

【案例3-14】M公司年工资、薪金总额为480万元，计算M公司当年可在所得税前列支的职工福利费、工会经费和职工教育经费限额。

【正确答案】当年可在所得税前列支的职工福利费限额=480×14%=67.2（万元）。

当年可在所得税前列支的工会经费限额=480×2%=9.6（万元）。

当年可在所得税前列支的职工教育经费限额=480×8%=38.4（万元）。

▶ 7. 亏损弥补

税法上的亏损，不是企业财务报表中反映在会计账面上的亏损额，而是指企业依照企业所得税法规定，将每一纳税年度的收入总额减除不征税收入、免税收入和各项扣除后小

于零的数额。

纳税人发生年度亏损的,可以用下一纳税年度的所得弥补;下一纳税年度的所得不足弥补的,可以逐年延续弥补,先亏先补,但是延续弥补期最长不得超过 5 年,5 年内不管是盈利还是亏损,都作为实际弥补期限。

【案例 3-15】下表为经税务机关审定的某居民企业 4 年盈亏情况,假设该企业一直执行 5 年亏损弥补规定,计算该企业 4 年间需缴纳的企业所得税。

年　　度	2012	2013	2014	2015
盈亏情况(万元)	-40	-30	20	60

【正确答案】

(1) 该企业 2012 年的亏损,需要用 2013—2017 年的所得弥补,尽管期间 2013 年发生亏损,也要占用 5 年抵亏期的一个抵扣年度,且先亏先补,2014 年补 20 万元亏损,2015 年补完余下的 20 万元亏损。

(2) 该企业 2013 年的亏损,需要用 2014—2018 年的所得弥补,且必须在 2012 年的亏损弥补完成后才能考虑,至 2015 年补完 2012 年的亏损后尚余 40 万元,则补完 2013 年的 30 万元亏损,余下 10 万元所得。

因此,2012—2014 年不需缴纳企业所得税,2015 年应纳所得税额为 $10 \times 25\% = 2.5$(万元)。

(五) 企业所得税征收管理

▶ 1. 纳税地点

居民企业一般以企业登记注册地为纳税地点,但登记注册地在境外的,以企业实际管理机构所在地为纳税地点。

居民企业在中国境内设立的不具有法人资格的分支或营业机构,由该居民企业汇总计算并缴纳企业所得税。

▶ 2. 纳税期限

企业所得税实行按年(自公历 1 月 1 日起到 12 月 31 日止)计算,分月或分季预缴,年终汇算清缴(年终后 5 个月内进行)、多退少补的征纳方法。

纳税人在一个年度中间开业,或者由于合并、关闭等原因,使该纳税年度的实际经营期不足 12 个月的,应当以其实际经营期为一个纳税年度。

▶ 3. 纳税申报

按月或按季预缴的,应当自月份或季度终了之日起 15 日内,向税务机关报送预缴企业所得税纳税申报表,预缴税款。企业无论盈利或亏损都应当自年度终了之日起 5 个月内报送年度企业所得税纳税申报表,并汇算清缴,结清应缴应退税款。

四、个人所得税

案例导入

史密斯先生是德国工程师,德国总部将其派到中国上海分公司担任技术总监,任期从

2019年1月至2019年7月，派驻中国期间，每月工资薪金所得人民币30 000元，且2019年2月因转让一项专利从德国一家公司获得100 000万元特许权使用费所得。

案例思考：史密斯先生每月的工资薪金个人所得税由谁代扣代缴？其从德国取得的特许权使用费所得需要交个人所得税吗？为什么？怎么缴纳？

分析与提示：上海分公司每月代扣代缴史密斯先生的工资、薪金个人所得税。

其从德国取得的特许权使用费所得需要交个人所得税，因为其在2019年在中国境内居住累计满183天，是居民个人，需要就境内、境外所得缴纳个人所得税，其个人所得税通过自行申报的方式进行缴纳。

（一）个人所得税的概念

个人所得税是以个人（自然人）取得的各项应税所得为征税对象所征收的一种税。

2018年8月31日，第十三届全国人民代表大会常务委员会第五次会议决定对《中华人民共和国个人所得税法》作出纳税人、应税项目、税率、应纳税所得额的计算等比较重大的修改，自2019年1月1日起施行。

（二）个人所得税的纳税义务人

个人所得税的纳税义务人，以住所和居住时间为标准分为居民个人和非居民个人。

▶ 1. 居民个人

根据新的《中华人民共和国个人所得税法》，在中国境内有住所，或者无住所而一个纳税年度内在中国境内居住累计满183天的个人，为居民个人。居民个人负有无限纳税义务，居民个人从中国境内和境外取得的所得，依照本法规定缴纳个人所得税。

在中国境内有住所，是指因户籍、家庭、经济利益关系而在中国境内习惯性居住。

▶ 2. 非居民个人

在中国境内无住所又不居住，或者无住所而一个纳税年度内在中国境内居住累计不满183天的个人，为非居民个人。非居民个人从中国境内取得的所得，依照本法规定缴纳个人所得税。

"纳税年度，自公历一月一日起至十二月三十一日止。"

居民纳税人、非居民纳税人

在自2019年1月1日施行新的个人所得税法之前，个人所得税的纳税人分为居民纳税义务人、非居民纳税义务人。其中，居民纳税义务人是指在中国境内有住所，或者无住所但在中国境内居住满1年的个人。在中国境内居住满一年，是指在一个纳税年度中（即公历1月1日起至12月31日止）在中国境内居住365日。临时离境的，不扣减日数。临时离境是指在一个纳税年度中,一次不超过30日或者多次累计不超过90日的离境。非居民纳税义务人是指在中国境内无住所又不居住,或者无住所而在中国境内居住不满1年的个人。

【经典习题·判断题】 史密斯先生是英国人,在我国无住所。2019年1月8日他来华工作,2019年7月28日结束工作离华,史密斯先生属于非居民个人。

【正确答案】 ×。

(三) 个人所得税的应税项目和税率

▶ 1. 个人所得税的应税项目

现行个人所得税共有9个应税项目。

1) 工资、薪金所得

指个人因任职或受雇而取得的工资、薪金、奖金、年终加薪、劳动分红、津贴、补贴以及与任职或受雇有关的其他所得。

自2018年10月1日至2018年12月31日,纳税人的工资、薪金所得,先行以每月收入额减除费用五千元以及专项扣除和依法确定的其他扣除后的余额为应纳税所得额,依照本决定第十六条的个人所得税税率表一(综合所得适用)按月换算后计算缴纳税款,并不再扣除附加减除费用。

2) 劳务报酬所得

劳务报酬所得,是指个人独立从事非雇佣的各种劳务所取得的所得。包括:设计、装潢、安装、制图、化验、测试、医疗、法律、会计、咨询、讲学、新闻、广播、翻译、审稿、书画、雕刻、影视、录音、录像、演出、表演、广告、展览、技术服务、介绍服务、经纪服务、代办服务及其他劳务。

3) 稿酬所得

稿酬所得,是指个人因其作品以图书、报刊形式出版、发表而取得的所得。

4) 特许权使用费所得

特许权使用费所得,是指个人提供专利权、商标权、著作权、非专利技术以及其他特许权的使用权取得的所得。提供著作权的使用权取得的所得,不包括稿酬所得。

5) 经营所得

(1) 个体工商户的生产、经营所得

① 个体工商户从事工业、手工业、建筑业、交通运输业、商业、饮食业、服务业、修理业及其他行业取得的所得;

② 个人经政府有关部门批准,取得执照,从事办学、医疗、咨询以及其他有偿服务活动取得的所得;

③ 个体工商户和个人取得的与生产、经营有关的各项应税所得;

④ 其他个人从事个体工商业生产、经营取得的所得。

另外,按照税法规定,从2000年1月1日起,个人独资企业和合伙企业停征企业所得税,其投资者依法缴纳个人所得税,比照本应税项目执行。

(2) 企业、事业单位的承包经营、承租经营所得

企业、事业单位的承包经营、承租经营所得,是指个人承包经营或承租经营以及转包、转租取得的所得。

6) 利息、股息、红利所得

利息、股息、红利所得,是指个人拥有债权、股权而取得的利息、股息、红利所得。

自 2005 年 6 月起,对个人投资上市公司取得的股息、红利所得,暂减按 50% 计入个人应纳税所得额;自 2008 年 10 月 9 日,储蓄存款利息所得暂免征个人所得税。

7) 财产租赁所得

财产租赁所得,是指个人出租建筑物、土地使用权、机器设备、车船以及其他财产取得的所得。

8) 财产转让所得

财产转让所得,是指个人转让有价证券、股票、建筑物、土地使用权、机器设备、车船以及其他财产取得的所得。

9) 偶然所得

偶然所得,是指个人得奖、中奖、中彩以及其他偶然性质的所得。

居民个人取得前款第一项至第四项所得(以下简称综合所得),按纳税年度合并计算个人所得税;非居民个人取得前款第一项至第四项所得,按月或者按次分项计算个人所得税。

纳税人取得前款第五项至第九项所得,依照本法规定分别计算个人所得税。

▶ 2. 个人所得税税率

1) 综合所得,指工薪所得、劳务报酬所得、稿酬所得、特许权使用费所得四项劳动性所得。劳务报酬所得、稿酬所得、特许权使用费所得,以收入减除 20% 的费用后的余额为收入额;稿酬所得的收入额,在此基础上,再减除 70% 计算。

表 3-2 个人所得税税率表一(综合所得适用)

级数	全年应纳税所得额	税率(%)	速算扣除数
1	不超过 36 000 元的部分	3	0
2	超过 36 000 元至 144 000 元的部分	10	2 520
3	超过 144 000 元至 300 000 元的部分	20	16 920
4	超过 300 000 元至 420 000 元的部分	25	31 920
5	超过 420 000 元至 660 000 元的部分	30	52 920
6	超过 660 000 元至 960 000 元的部分	35	85 920
7	超过 960 000 元的部分	45	181 920

(注 1:本表所称全年应纳税所得额是指依照规定,居民个人取得综合所得以每一纳税年度收入额减除费用 6 万元以及专项扣除、专项附加扣除和依法确定的其他扣除后的余额。

注 2:非居民个人取得工资、薪金所得,劳务报酬所得,稿酬所得和特许权使用费所得,依照本表按月换算后计算应纳税额。

注 3:本级速算扣除额=上级最高所得额×(本级税率-上一级税率)+上一级速算扣除数。)

2) 经营所得,适用百分之五至百分之三十五的超额累进税率(税率表附后)。

将个人所得税税率表二(个体工商户的生产、经营所得和对企事业单位的承包经营、承租经营所得适用)修改为:

表 3-3 个人所得税税率表二（经营所得适用）

级数	全月应纳税所得额	预扣率(%)	速算扣除数
1	不超过 3 000 元	3	0
2	超过 3 000 元至 12 000 元的部分	10	210
3	超过 12 000 元至 25 000 元的部分	20	1410
4	超过 25 000 元至 35 000 元的部分	25	2660
5	超过 35 000 元至 55 000 元的部分	30	4410
6	超过 55 000 元至 80 000 元的部分	35	7160
7	超过 80 000 元的部分	45	15160

表 3-4 个人所得税税率表三（经营所得适用）

级数	全年应纳税所得额	税率(%)	速算扣除数
1	不超过 30 000 元	5	0
2	超过 30 000 元至 90 000 元的部分	10	1 500
3	超过 90 000 元至 300 000 元的部分	20	10 500
4	超过 300 000 元至 500 000 元的部分	30	40 500
5	超过 500 000 元的部分	35	65 500

3）利息、股息、红利所得，财产租赁所得，财产转让所得和偶然所得，适用比例税率，税率为百分之二十。

（四）个人所得税应纳税所得额，应纳所得税的计算

▶ 1. 居民个人的综合所得应纳税所得额、应纳所得税的计算

（1）居民个人综合所得的计算

居民个人的劳务报酬所得、稿酬所得、特许权使用费所得，以收入减除百分之二十的费用后的余额为收入额。稿酬所得的收入额减按百分之七十计算。在此基础上，与工资薪金所得一起并入综合所得。

【案例 3-16】中国居民罗斯敏 2019 年取得工资收入 150 000 元人民币，取得稿酬所得 20 000 元，专项扣除及专项附加扣除共计 7 000 元，计算他全年的综合所得。

【正确答案】稿酬所得收入额＝20 000×（1－20%）×（1－30%）＝11 200（元）。

综合所得＝150 000＋11 200＝161 200（元）。

（2）居民个人的综合所得应纳税所得税、应纳所得税的计算

居民个人的综合所得，以每一纳税年度的收入额减除费用六万元以及专项扣除、专项附加扣除和依法确定的其他扣除后的余额，为应纳税所得额。

再根据应纳税所得额，找出税率和速算扣除数。

居民个人综合所得应纳个税＝居民个人综合所得应纳税所得额×税率－速算扣除数

【案例 3-17】接上题，计算中国居民罗斯敏全年综合所得的应纳税所得额、应纳个税。

【正确答案】应纳税所得额＝161 200－7 000＝154 200（元）。根据税法的规定，全年应纳税所得额 154 200 元，属于第三级，适用税率为 20%，速算扣除数 16 920 元，应纳所得税＝154 200×20%－16 920＝13 820（元）。

专项扣除，包括居民个人按照国家规定的范围和标准缴纳的基本养老保险、基本医疗

保险、失业保险等社会保险费和住房公积金等。

专项附加扣除，包括子女教育、继续教育、大病医疗、住房贷款利息或者住房租金、赡养老人等六项专项附加扣除。

六项专项附加扣除

(1) 子女教育

纳税人的子女接受全日制学历教育的相关支出，按照每个子女每月1 000元的标准定额扣除。

学历教育包括义务教育(小学、初中教育)、高中阶段教育(普通高中、中等职业、技工教育)、高等教育(大学专科、大学本科、硕士研究生、博士研究生教育)。

年满3岁至小学入学前处于学前教育阶段的子女，前款规定执行。

父母可以选择由其中一方按扣除标准的100%扣除，也可以选择由双方分别按扣除标准的50%扣除，具体扣除方式在一个纳税年度内不能变更。

(2) 继续教育

纳税人在中国境内接受学历(学位)继续教育的支出，在学历(学位)教育期间按照每月400元定额扣除。同一学历(学位)继续教育的扣除期限不能超过48个月。纳税人接受技能人员职业资格继续教育、专业技术人员职业资格继续教育的支出，在取得相关证书的当年，按照3 600元定额扣除。

个人接受本科及以下学历(学位)继续教育，符合本办法规定扣除条件的，可以选择由其父母扣除，也可以选择由本人扣除。

纳税人接受技能人员职业资格继续教育、专业技术人员职业资格继续教育的，应当留存相关证书等资料备查。

(3) 大病医疗

在一个纳税年度内，纳税人发生的与基本医保相关的医药费用支出，扣除医保报销后个人负担(指医保目录范围内的自付部分)累计超过15 000元的部分，由纳税人在办理年度汇算清缴时，在80 000元限额内据实扣除。

纳税人发生的医药费用支出可以选择由本人或者其配偶扣除；未成年子女发生的医药费用支出可以选择由其父母一方扣除。

纳税人及其配偶、未成年子女发生的医药费用支出，按本办法第十一条规定分别计算扣除额。

纳税人应当留存医药服务收费及医保报销相关票据原件(或者复印件)等资料备查。医疗保障部门应当向患者提供在医疗保障信息系统记录的本人年度医药费用信息查询服务。

(4) 住房贷款利息

纳税人本人或者配偶单独或者共同使用商业银行或者住房公积金个人住房贷款为本人或者其配偶购买中国境内住房，发生的首套住房贷款利息支出，在实际发生贷款利息的年度，按照每月1 000元的标准定额扣除，扣除期限最长不超过240个月。纳税人只能享受一次首套住房贷款的利息扣除。

本办法所称首套住房贷款是指购买住房享受首套住房贷款利率的住房贷款。

经夫妻双方约定，可以选择由其中一方扣除，具体扣除方式在一个纳税年度内不能变更。

夫妻双方婚前分别购买住房发生的首套住房贷款，其贷款利息支出，婚后可以选择其中一套购买的住房，由购买方按扣除标准的100%扣除，也可以由夫妻双方对各自购买的住房分别按扣除标准的50%扣除，具体扣除方式在一个纳税年度内不能变更。

纳税人应当留存住房贷款合同、贷款还款支出凭证备查。

(5) 住房租金

纳税人在主要工作城市没有自有住房而发生的住房租金支出，可以按照以下标准定额扣除：

（一）直辖市、省会（首府）城市、计划单列市以及国务院确定的其他城市，扣除标准为每月1 500元；

（二）除第一项所列城市以外，市辖区户籍人口超过100万的城市，扣除标准为每月1 100元；市辖区户籍人口不超过100万的城市，扣除标准为每月800元。

纳税人的配偶在纳税人的主要工作城市有自有住房的，视同纳税人在主要工作城市有自有住房。

夫妻双方主要工作城市相同的，只能由一方扣除住房租金支出。

住房租金支出由签订租赁住房合同的承租人扣除。

纳税人及其配偶在一个纳税年度内不能同时分别享受住房贷款利息和住房租金专项附加扣除。

纳税人应当留存住房租赁合同、协议等有关资料备查。

(6) 赡养老人

纳税人赡养一位及以上被赡养人的赡养支出，统一按照以下标准定额扣除：

（一）纳税人为独生子女的，按照每月2 000元的标准定额扣除；

（二）纳税人为非独生子女的，由其与兄弟姐妹分摊每月2 000元的扣除额度，每人分摊的额度不能超过每月1 000元。可以由赡养人均摊或者约定分摊，也可以由被赡养人指定分摊。约定或者指定分摊的须签订书面分摊协议，指定分摊优先于约定分摊。具体分摊方式和额度在一个纳税年度内不能变更。

本办法所称被赡养人是指年满60岁的父母，以及子女均已去世的年满60岁的祖父母、外祖父母。

▶ **2. 非居民个人的综合所得应纳税所得额、应纳所得税计算**

【案例3-18】某外商投资企业中的外国专家在中国2019年1月5日工作到2019年3月10日，2019年1月份取得由该企业发放的工资收入人民币20 000元，计算该专家应纳的个人所得税税额。

【正确答案】应纳税所得额＝20 000－5000＝15 000(元)。

根据税法的规定，全月应纳税所得额15 000元属于第一级，适用税率为3%，应纳税额＝15 000×3%＝450(元)。

▶ **3. 经营所得应纳税所得额、应纳所得税的计算**

经营所得，以每一纳税年度的收入总额减除成本、费用以及损失后的余额，为应纳税所得额;再根据应纳税所得额,找出税率和速算扣除数。

经营所得应纳税所得额=全年收入总额-成本-费用-损失

经营所得应纳所得税=应纳税所得额×适用税率-速算扣除数

【案例3-19】2019年1月1日起,吴夯与A公司签订承包协议,经营酒店,按合同规定,吴夯每年应从承包经营利润中上缴承包费4.5万元。2019年该酒店实现承包经营利润20万元,计算其2019年应缴纳的个人所得税税额。

【正确答案】年应纳税所得额=承包经营利润-上缴承包费-每月必要费用扣减合计= 200 000-45 000-(5 000×12)=95 000(元)。

根据税法的规定,其经营所得全年应纳税所得额95 000元,属于第三级,适用税率为20%,速算扣除数10 500,应纳所得税=95 000×20%-10 500=8 500(元)。

▶ 4. 财产租赁所得的应纳税所得额、应纳所得税的计算

财产租赁所得,以一个月内取得的收入为一次。

每次收入不超过4 000的,减除费用800元;4 000元以上的,减除20%的费用,其余额为应纳税所得额;再以应纳税所得额乘以20%为应纳所得税。

(1)每次(月)收入不足4 000元的:

应纳税额=[每次(月)收入额-财产租赁过程中缴纳的税费-由纳税人负担的租赁财产实际开支的修缮费用(800元为限)-800元]×20%

(2)每次(月)收入在4 000元以上的:

应纳税额=[每次(月)收入额-财产租赁过程中缴纳的税费-由纳税人负担的租赁财产实际开支的修缮费用(800元为限)]×(1-20%)×20%

个人按市场价出租居民住房,税率10%。

税费包括(以前环节负担的)增值税、城建税、房产税、教育费附加。

▶ 5. 财产转让所得的应纳税所得额、应纳所得税的计算

以转让财产的收入额减除财产原值和合理费用后的余额,为应纳税所得额;再以应纳税所得额乘以20%为应纳所得税。

财产转让所得应纳税所得额=一次转让财产的收入额-财产原值-合理费用

财产转让所得应纳所得税=财产转让所得应纳税所得额×20%

【案例3-20】我国公民张先生2019年1月转让购买的三居室精装修房屋一套,售价230万元,转让过程中支付的相关税费13.8万元。该套房屋的购进价为100万元,购房过程中支付的相关税费为3万元,所有税费支出均取得合法凭证,计算转让房屋所得应缴纳的个人所得税。

【正确答案】应纳税所得额=230-100-13.8-3=113.2(万元)。

应纳所得税=(230-100-13.8-3)×20%=22.64(万元)。

▶ 6. 利息、股息、红利所得和偶然所得的应纳税所得额、应纳所得税的计算

以每次收入额为应纳税所得额,再以应纳税所得额乘以20%为应纳所得税。

【案例3-21】张某2018年12月取得储蓄存款利息1 200元,取得某国内上市公司发行的公司债券利息750元,计算其应缴纳的个人所得税。

【正确答案】应缴纳的个人所得税=750×20%=150(元)。

▶ 7. 个人将其所得对教育、扶贫、济困等公益慈善事业进行捐赠,捐赠额未超过

纳税人申报的应纳税所得额30％的部分，可以从其应纳税所得额中扣除；国务院规定对公益慈善事业捐赠实行全额税前扣除的，从其规定。

▶8. 居民个人从中国境外取得的所得，可以从其应纳税额中抵免已在境外缴纳的个人所得税税额，但抵免额不得超过该纳税人境外所得依照本法规定计算的应纳税额。

(五) 个人所得税征收管理

个人所得税以所得人为纳税人，以支付所得的单位或者个人为扣缴义务人。各项所得的计算，以人民币为单位。所得为人民币以外的货币的，按照人民币汇率中间价折合成人民币缴纳税款。纳税人有中国公民身份号码的，以中国公民身份号码为纳税人识别号；纳税人没有中国公民身份号码的，由税务机关赋予其纳税人识别号。扣缴义务人扣缴税款时，纳税人应当向扣缴义务人提供纳税人识别号。

▶1. 需办理纳税申报的情形

有下列情形之一的，纳税人应当依法办理纳税申报：
1) 取得综合所得需要办理汇算清缴；
2) 取得应税所得没有扣缴义务人；
3) 取得应税所得，扣缴义务人未扣缴税款；
4) 取得境外所得；
5) 因移居境外注销中国户籍；
6) 非居民个人在中国境内从两处以上取得工资、薪金所得；
7) 国务院规定的其他情形。

扣缴义务人应当按照国家规定办理全员全额扣缴申报，并向纳税人提供其个人所得和已扣缴税款等信息。

▶2. 代扣代缴

代扣代缴是指按照税法规定负有扣缴税款义务的单位或个人，在向个人支付应纳税所得时，应计算应纳税额，从其所得中扣除并缴入国库，同时向税务机关报送扣缴个人所得税报告表。

凡支付个人应纳税所得的企业、事业单位、社会团体、军队、驻华机构（不含依法享有外交特权和豁免的驻华使领馆、联合国及其国际组织驻华机构）、个体户等单位或者个人，为个人所得税的扣缴义务人。

居民个人取得综合所得，按年计算个人所得税；有扣缴义务人的，由扣缴义务人按月或者按次预扣预缴税款；需要办理汇算清缴的，应当在取得所得的次年3月1日至6月30日内办理汇算清缴。预扣预缴办法由国务院税务主管部门制定。

纳税人取得利息、股息、红利所得，财产租赁所得，财产转让所得和偶然所得，按月或者按次计算个人所得税，有扣缴义务人的，由扣缴义务人按月或者按次代扣代缴税款。

居民个人向扣缴义务人提供专项附加扣除信息的，扣缴义务人按月预扣预缴税款时应当按照规定予以扣除，不得拒绝。

非居民个人取得工资、薪金所得，劳务报酬所得，稿酬所得和特许权使用费所得，有扣缴义务人的，由扣缴义务人按月或者按次代扣代缴税款；不办理汇算清缴。

扣缴义务人每月或者每次预扣、代扣的税款，应当在次月十五日内缴入国库，并向税务机关报送扣缴个人所得税申报表。

3. 自行申报

纳税人取得经营所得，按年计算个人所得税，由纳税人在月度或者季度终了后十五日内向税务机关报送纳税申报表，并预缴税款；在取得所得的次年 3 月 31 日前办理汇算清缴。

纳税人取得应税所得没有扣缴义务人的，应当在取得所得的次月十五日内向税务机关报送纳税申报表，并缴纳税款。

纳税人取得应税所得，扣缴义务人未扣缴税款的，纳税人应当在取得所得的次年 6 月 30 日前，缴纳税款；税务机关通知限期缴纳的，纳税人应当按照期限缴纳税款。

居民个人从中国境外取得所得的，应当在取得所得的次年 3 月 1 日至 6 月 30 日内申报纳税。

非居民个人在中国境内从两处以上取得工资、薪金所得的，应当在取得所得的次月 15 日内申报纳税。

纳税人因移居境外注销中国户籍的，应当在注销中国户籍前办理税款清算。

纳税人办理汇算清缴退税或者扣缴义务人为纳税人办理汇算清缴退税的，税务机关审核后，按照国库管理的有关规定办理退税。

复习思考题

1. 增值税的纳税人有哪两类？小规模纳税人的认定标准统一为多少？一般纳税人税率、计税依据、纳税义务发生时间、纳税期限分别是什么？
2. 消费税的征税范围有哪些？哪些适用从量计征？哪些适用复合计征？委托加工要符合什么条件？自产自用什么情况下需要在移送使用环节征税？
3. 企业所得税的纳税人有哪两类？其纳税义务、征税范围、免税收入、不征税收入、税法亏损？
4. 新的个人所得税纳税人划分标准有什么变化？其综合所得税率如何？经营所得税率如何？

第三节　税收征收管理

案例导入

美颜日用品公司本月为柔美化妆品公司加工一批香水，加工费为 40 万元，材料成本为 60 万元，由柔美化妆品公司提供，由于柔美化妆品公司流动资金不畅，美颜日用品公司没有代收代缴 30 万元消费税。

税务机关在调查清楚之后，对美颜日用品公司做出 15 万元的处罚。

案例思考： 明明是柔美化妆品公司流动资金不畅，导致美颜日用品公司没有代收代缴消费税，为什么还被处以罚款？

分析与提示： 委托加工应税消费品，受托方作为扣缴义务人有代收代缴消费税的义务，《税收征管法》第六十九条规定："扣缴义务人应扣未扣、应收未收税款的，由

税务机关向纳税人追缴税款,对扣缴义务人处应扣未扣税款 50% 以上 3 倍以下的罚款。"

一、税务登记

税务登记又称纳税登记,是税务机关依据税法规定,对纳税人的生产、经营活动进行登记管理的一项法定制度,也是纳税人依法履行纳税义务的法定手续。税务登记是整个税收征收管理的起点。

税务登记管理包括开业税务登记、变更税务登记、注销税务登记、停业复业登记、外出经营报验登记。

(一) 开业税务登记

▶ 1. 开业税务登记的对象

开业税务登记又称设立登记,是指从事生产、经营的纳税人,经国家工商行政管理部门批准开业后办理的纳税登记。

根据有关规定,开业税务登记的纳税人分为以下两类。

(1) 领取营业执照从事生产、经营的纳税人。包括企业,企业在外地设立的分支机构和从事生产、经营的场所,个体工商户,从事生产、经营的事业单位。

(2) 其他纳税人。根据有关法规规定,不从事生产、经营,但依照法律、法规的规定负有纳税义务的单位和个人,除临时取得应税收入或发生应税行为以及只缴纳个人所得税、车船税的外,都应按规定向税务机关办理税务登记。

【经典习题·多选题】《中华人民共和国税收征收管理法》规定,下列单位中,应向税务机关申请办理开业税务登记的有( )。

A. 国有企业

B. 国家机关

C. 个体工商户

D. 从事生产、经营的事业单位

【正确答案】A、C、D。

▶ 2. 开业税务登记的时间和地点

(1) 从事生产、经营的纳税人,应当自领取营业执照之日起 30 日内,向生产、经营地或者纳税义务发生地的主管税务机关申报办理税务登记,如实填写税务登记表并按照税务机关的要求提供有关证件、资料。

(2) 除上述以外的其他纳税人,除国家机关和个人外,应当自纳税义务发生之日起 30 日内,持有关证件向所在地主管税务机关申报办理税务登记。

以下三种情况应比照开业登记办理。

(1) 扣缴义务人应当自扣缴义务发生之日起 30 日内，向所在地的主管税务机关申报办理扣缴税款登记，领取扣缴税款登记证件；税务机关对已办理税务登记的扣缴义务人，可以只在其税务登记证件上登记扣缴税款事项，不再发给扣缴税款登记证件。

(2) 跨地区的非独立核算分支机构应当自设立之日起 30 日内，向所在地税务机关办理注册税务登记。

【经典习题·单选题】跨地区的非独立核算分支机构应当自设立之日起（　　）日内，向所在地税务机关办理注册登记。

A. 15　　　　　　　　　　B. 30
C. 60　　　　　　　　　　D. 180

【正确答案】B。

(3) 从事生产、经营的纳税人外出经营，在同一地连续 12 个月内累计超过 180 天的，应当自期满之日起 30 日内，向生产、经营所在地税务机关申报办理税务登记，税务机关核发临时税务登记证及副本。

▶ 3. 开业税务登记的内容

开业税务登记的内容包括单位名称、法定代表人或业主姓名及居民身份证、护照或其他证明身份的合法证件；住所、经营地点；登记注册类型及所属主管单位；核算方式；行业、经营范围、经营方式；注册资金、投资总额、开户银行及账号；经营期限、从业人数、营业执照号码；财务负责人、办税员；其他有关事项。

▶ 4. 开业税务登记的程序

1) 税务登记的申请

纳税人必须在规定的期限内，向主管税务机关及时申报办理税务登记手续，认真填写《税务登记表》，按规定内容逐项填写，并加盖企业印章，经法定代表人签字后将税务登记表报送主管税务机关。

2) 提供有关证件资料

(1) 营业执照或其他核准执业证件及工商登记表，或其他核准执业登记表复印件；
(2) 有关机关、部门批准设立的文件；
(3) 有关合同、章程、协议书复印件；
(4) 法定代表人和董事会成员名单；
(5) 法定代表人(负责人)或业主居民身份证、护照或其他证明身份的合法证件；
(6) 组织机构统一代码证书；
(7) 住所或经营场所证明；
(8) 委托代理协议书复印件；
(9) 属于享受税收优惠政策的企业还应提供的相应证明、资料，以及税务机关需要的其他资料、证件。

3) 受理

税务机关对申请办理税务登记的单位和个人提供的《申请税务登记报告书》，及要求报送的各种附列资料、证件进行查验，只有手续完备、符合要求的，方可受理登记，并根据其经济类型发给相应的税务登记表。

从事生产、经营的纳税人应当按照国家有关规定，持税务登记证件在银行或其他金融机构开立基本存款账户和其他存款账户，并将全部账号报告税务机关。纳税人只有凭税务登记证件，方可办理减税、免税、退税、购买发票、领取外出经营税收管理证明及税务机关规定的其他有关税务事项。

4）审核

税务机关对纳税人填报的《税务登记表》、提供的证件和资料，应在收到之日起30日内审核完毕，符合规定的，予以登记；对不符合规定的不予登记，也应在30日内予以答复。

5）税务登记证的核发

《税收征管法》第十五条规定："税务机关应当自收到申报之日起30日内审核并发给税务登记证件。"

（1）对从事生产、经营并经工商行政管理部门核发营业执照的纳税人，核发税务登记证及其副本。

（2）对未取得营业执照或工商登记核发临时营业执照从事生产经营的纳税人，暂核发税务登记证及其副本，并在正副本右上角加盖"临时"章。

（3）对纳税人非独立核算的分支机构及非从事生产经营的纳税人（除临时取得应税收入或发生应税行为以及只缴纳个人所得税、车船使用税的外），核发注册税务登记证及其副本。

（4）对外商投资企业、外国企业及外商投资企业分支机构，分别核发外商投资企业税务登记证及其副本、外国企业税务登记证及其副本、外商投资企业分支机构税务注册证及其副本。

对既没有税收纳税义务又不需领用收费（经营）票据的社会团体等，可以只登记不发证。

（二）变更税务登记

变更税务登记是纳税人税务登记内容发生重要变化向税务机关申报办理的税务登记手续。

▶ 1. 适用范围

纳税人办理税务登记后，如发生下列情形之一，应当办理变更税务登记：发生改变名称、改变法定代表人、改变经济性质或经济类型、改变住所和经营地点（不涉及主管税务机关变动的）、改变生产经营或经营方式、增减注册资金（资本）、改变隶属关系、改变生产经营期限、改变或增减银行账号、改变生产经营权属以及改变其他税务登记内容的。

▶ 2. 时间要求

纳税人税务登记内容发生变化的，应当自工商行政管理机关或者其他机关办理变更登记之日起30日内，持有关证件向原税务登记机关申报办理变更税务登记。

纳税人税务登记内容发生变化，不需要到工商行政管理机关或者其他机关办理变更登记的，应当自发生变化之日起30日内，持有关证件向原税务登记机关申报办理变更税务登记。

▶ 3. 变更税务登记的程序、方法

（1）申请。纳税人申请办理变更税务登记时，应向主管税务机关领取《税务变更登记表》，如实填写变更登记事项、变更登记前后的具体内容。

（2）提供有关证件、资料。

(3) 受理、审核。

(4) 发证。对需要变更税务登记证内容的，主管税务机关应收回原税务登记证的正本、副本，按变更后的内容，重新制发税务登记证的正本、副本。

(三) 停业、复业登记

▶ 1. 停业登记程序

实行定期定额征收方式的纳税人，在营业执照核准的经营期限内需要停业的，应当向税务机关提出停业登记，说明停业的理由、时间、停业前的纳税情况和发票的领、用、存情况，并如实填写申请停业登记表。税务机关经过审核，应责成其结清税款并收回税务登记证、发票领购簿及发票，办理停业登记。

▶ 2. 停业期间发生纳税义务的处理

纳税人停业期间发生纳税义务，应当及时向税务机关申报，依法补缴应纳税款。

▶ 3. 复业登记程序

纳税人应当于恢复生产、经营之日之前，向税务机关提出复业登记申请，填写《停业复业（提前复业）报告书》，经确认后，办理复业登记，领回或启用税务登记证件、发票领购簿及其停业前领购的发票，纳入正常管理。

▶ 4. 延长停业登记

纳税人停业期满不能及时恢复生产、经营的，应当在停业期满前向税务机关提出延长停业登记。纳税人停业期满未按期复业又不申请延长停业的，税务机关应当视为已恢复营业，实施正常的税收征收管理。

【经典习题·判断题】纳税人停业期满未按期复业又不申请延长停业的，税务机关应当视为已恢复营业，实施正常的税收征收管理。（ ）

【正确答案】√。

(四) 外出经营报验登记

(1) 纳税人到外县（市）临时从事生产经营活动的，应当在外出生产经营以前，持税务登记证向主管税务机关申请开具《外出经营税收管理证明》（以下简称《外管证》）。

(2) 税务机关按照一地一证的原则，核发《外管证》，其有效期一般为30天，最长不超过180天。

(3) 纳税人应当在《外管证》注明地进行生产经营前向当地税务机关报验登记，并提交税务登记证副本、《外管证》，在《外管证》注明地货物时，还应如实填写《外出经营货物报验单》，申报查验货物。

(4) 外出经营活动结束，纳税人应向外出经营地税务机关申报并经税务机关核实，纳税人结清应纳税款、缴销未使用发票并办理有关手续。

(5) 外出经营活动结束后，纳税人应于10日内将经营地主管税务机关注明经营情况并加盖印章的《外出经营税收管理证明》向主管税务机关申请办理核销手续。

案情简介

王某在A县开办了一家特色农产品销售公司，并领取营业执照。由于经营情况发生变化，一年后该公司的所有销售生意都在外地。因为要在销售地纳税，所以该公司没有在A

县办理税务登记,准备去B市办理税务登记。

案例思考:

(1) 该公司是否应当在机构所在地办理税务登记,为什么?

(2) 如果公司要在外地销售,需要办理哪些税务手续?

(3) 如果公司在外地销售累计超过180天,需要办理哪些税务手续?

分析与提示:

(1) 该公司应当在机构所在地办理税务登记,并纳入外出经营报验登记管理之中。《税收征管法》规定,从事生产、经营的纳税人,应当自领取营业执照之日起30日内,向生产、经营地或者纳税义务发生地的主管税务机关申报办理税务登记。

(2) 纳税人到外县(市)临时从事生产经营活动的,应当在外出生产经营以前,持税务登记证向主管税务机关申请开具《外出经营税收管理证明》。

(3) 如果公司在外地销售累计超过180天,应当自期满之日起30日内,向生产、经营所在地税务机关申报办理税务登记,税务机关核发临时税务登记证及副本。

(五)注销税务登记

注销税务登记是指纳税人税务登记内容发生了根本性变化,需终止履行纳税义务时向税务机关申报办理的税务登记手续。

▶1. 适用范围

纳税人因经营期限届满而自动解散;企业由于改组、分立、合并等原因而被撤销;企业资不抵债而破产;纳税人住所、经营地址迁移而涉及改变原主管税务机关的;纳税人被工商行政管理部门吊销营业执照;以及纳税人依法终止履行纳税义务的其他情形。

【经典习题·多选题】根据税收征收管理法律制度的规定,纳税人应办理税务注销登记的情形有( )。

A. 纳税人破产

B. 纳税人变更法定代表人

C. 纳税人被吊销营业执照

D. 纳税人暂停经营活动

【正确答案】A、C。

▶2. 时间要求

纳税人发生解散、破产、撤销以及其他情形,依法终止纳税义务的,应在向工商行政管理机关办理注销登记前,持有关证件向原税务登记机关申报办理注销税务登记;按照规定不需要在工商管理机关办理注销登记的,应当自有关机关批准或者宣告终止之日起15日内,持有关证件向原税务登记管理机关申报办理注销税务登记。

纳税人因住所、生产、经营场所变动而涉及改变主管税务登记机关的,应当在向工商行政管理机关申请办理变更或注销登记前,或者住所、生产、经营场所变动前,向原税务登记机关申报办理注销税务登记，并在 30 日内向迁达地主管税务登记机关申报办理税务登记。

纳税人被工商行政管理机关吊销营业执照的，应当自营业执照被吊销之日起 15 日内向原税务登记机关申报办理注销税务登记。

【经典习题·单选题】纳税人因住所、经营地址迁移而涉及改变主管税务机关的，应向原主管税务机关申请办理（　　）。

A. 开业登记　　　　　　　　B. 注销登记
C. 变更登记　　　　　　　　D. 停业登记

【正确答案】B。

【经典习题·判断题】纳税人被工商行政管理机关吊销营业执照的，应当自营业执照被吊销之日起 30 日内，向原税务登记机关申报办理注销税务登记。（　　）

【正确答案】×。

▶ 3. 注销税务登记的程序、方法
1）注销税务登记申报，并提供相关证件、资料

纳税人办理注销税务登记时，应向原税务机关领取《注销税务登记申请审批表》，如实填写注销登记事项内容及原因。

2）提供有关证件、资料
（1）《注销税务登记申请书》。
（2）主管部门批文或董事会、职代会的决议以及其他有关证明文件。
（3）营业执照被吊销的应提交工商行政管理部门发放的吊销决定。
（4）主管税务机关原发放的《税务登记证》正、副本。
（5）税务机关要求提供的其他有关证件和资料。

3）受理、核实

纳税人正常注销的，必须经过主管税务机关收缴证件、清缴发票、结清税款、有关资格注销等步骤，由主管税务机关核准后领取《注销税务登记通知书》。

纳税人办理注销税务登记前，应当向税务机关结清应纳税款、滞纳金和罚款，缴销发票、税务登记证件和其他税务证件。

二、发票开具与管理

（一）发票的种类

发票是指在购销商品、提供劳务或接受劳务、服务以及从事其他经营活动，所提供给对方的收付款的凭证。较为常见的发票有增值税专用发票、普通发票和专业发票。

2016 年 5 月 1 日起，新营改增试点行业开始使用增值税发票。营改增纳税人全面使用增值税发票，营业税发票不再使用。

▶ 1. 增值税专用发票

增值税专用发票，是指专门用于结算销售货物和提供加工、修理修配劳务使用的一种发票，如图 3-1 所示。

增值税专用发票只限于增值税一般纳税人领购使用，增值税小规模纳税人不得领购使用。一般纳税人如有法定情形的，不得领购使用增值税专用发票。除规定不得开具增

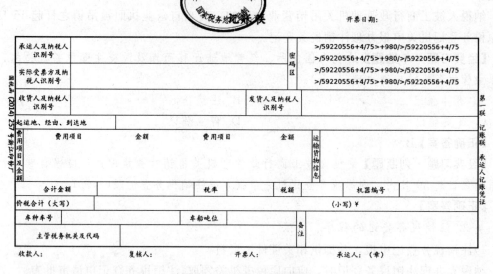

图 3-1 增值税专用发票

值税专用发票的情形外，一般纳税人销售货物、提供应税劳务、应税服务，必须向购买方开具增值税专用发票。增值税专用发票由国务院税务主管部门指定的企业印制。

▶ 2. 普通发票

普通发票主要由增值税小规模纳税人使用，增值税一般纳税人在不能开具专用发票的情况下也可使用普通发票，如图 3-2 所示。

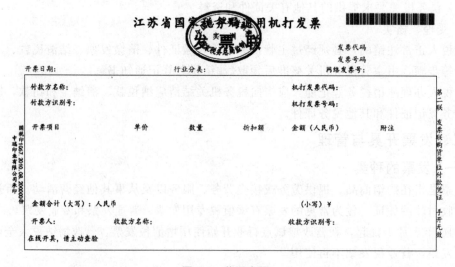

图 3-2 普通发票

▶ 3. 专业发票

专业发票是指国有金融、保险企业的存贷、汇兑、转账凭证、保险凭证；国有邮政、电信企业的邮票、邮单、话务、电报收据；国有铁路、国有航空企业和交通部门、国有公路、水上运输企业的客票、货票等，如图 3-3 所示。

图 3-3 专业发票

【经典习题·多选题】下列各项中，属于专业发票的有( )。
A. 银行转账凭证   B. 商品房销售发票   C. 增值税专用发票   D. 火车票
【正确答案】A、D。

（二）发票的开具要求

（1）单位和个人应在发生经营业务、确认营业收入时，才能开具发票。

（2）单位和个人开具发票时应按号码顺序填开，填写项目齐全、内容真实、字迹清楚、全部联次一次性复写或打印，内容完全一致，并在发票联和抵扣联加盖单位财务印章或者发票专用章。开具发票后，如发生销货退回需开红字发票的，必须收回原发票并注明"作废"字样或取得对方有效证明；发生销售折让的，在收回原发票并注明"作废"字样后，重新开具销售发票。

（3）填写发票应当使用中文。民族自治地区可以同时使用当地通用的一种民族文字；外商投资企业和外资企业可以同时使用一种外国文字。

（4）使用电子计算机开具发票必须报主管税务机关批准，并使用税务机关统一监制的机打发票。

（5）开具发票时限、地点应符合规定。开票时限和地点必须准确，不能混淆销售或劳务时间，不得提前或滞后。

（6）任何单位和个人不得转借、转让、代开发票；未经税务机关批准，不得拆本使用发票；不得自行扩大专业发票适用范围。

（7）发票限于领购单位和个人在本省、自治区、直辖市内开具。任何单位和个人未经批准，不得跨规定的使用区域携带、邮寄、运输空白发票。禁止携带、邮寄或者运输空白发票出入境。

【经典习题·多选题】在普通发票的开具、使用、取得的过程中，下列说法中，正确的是( )。

A. 发票要全联一次填写
B. A省的小规模纳税人将其在所属税务机关领用的普通发票借给B省纳税人在B省使用
C. 开具发票要加盖财务印章或发票专用章
D. 开具发票后，如发生销售折让，在收回原发票并注明"作废"后，重新开具发票

【正确答案】A、C、D。

(三)发票保管管理

根据发票管理的要求,发票保管分为税务机关保管和用票单位、个人保管两个层次,都必须建立严格的发票保管制度,包括专人保管制度、专库保管制度、专账登记制度、保管交接制度、定期盘点制度。

(四)发票缴销管理

发票缴销管理包括发票收缴和发票销毁。发票收缴是指用票单位和个人按规定向税务机关上缴已经使用或未使用的发票;发票销毁是指由税务机关统一将自己或他人已使用或未使用的发票进行销毁。发票销毁首先必须收缴;但收缴的发票不一定都要销毁,一般都要按照法律法规保存一定时期后才能销毁。

三、纳税申报管理

纳税申报是指纳税人、扣缴义务人按照税法规定的期限和内容向税务机关提交有关纳税事项书面报告的法律行为,是纳税人履行纳税义务、承担法律责任的主要依据,是税务机关税收管理信息的主要来源和税务管理的一项重要制度。

(一)纳税申报的对象

《税收征管法》规定,纳税申报的对象为纳税人和扣缴义务人。纳税人在纳税期内没有应纳税款的,也应当按照规定办理纳税申报。纳税人享受减税、免税待遇的,在减税、免税期间应当按照规定办理纳税申报。

【经典习题·多选题】纳税申报的对象包括(　　)。

A. 扣缴义务人
B. 在减税、免税期间享受减税、免税待遇的纳税人
C. 纳税期内没应纳税款的纳税人
D. 在纳税期内有应纳税款的纳税人

【正确答案】A、B、C、D。

(二)纳税申报的内容

纳税申报的内容包括税种、税目,应纳税项目或者应代扣代缴、代收代缴税款项目,计税依据,扣除项目及标准,适用税率或者单位税额,应退税项目及税额、应减免税项目及税额,应纳税额或者应代扣代缴、代收代缴税额,税款所属期限、延期缴纳税款、欠税、滞纳金等。

(三)纳税申报的方式

纳税人办理纳税申报主要采取方式有直接申报、邮寄申报、数据电文和简易申报。

▶ **1. 直接申报**

直接申报指纳税人自行到税务机关办理纳税申报,这是一种传统申报方式。

▶ **2. 邮寄申报**

邮寄申报指经税务机关批准的纳税人使用统一规定的纳税申报特快专递专用信封,通过邮政部门办理邮寄手续,并以邮政部门收据作为申报凭据,其以寄出的邮戳日期为实际申报日期。

▶ **3. 数据电文**

数据电文指经税务机关确定的电话语音、电子数据交换和网络传输等电子方式。目前纳税人的网上申报,就是数据电文申报方式的一种形式。

▶ 4. 简易申报

简易申报指实行定期定额缴纳税款的纳税人,在法律、行政法规规定的期限内或税务机关依据法规的规定确定的期限内缴纳税款的,税务机关可以视同申报。

【经典习题·单选题】纳税人通过税务机关确定的电话语音、电子数据和网络传输方式办理申报纳税,该种申报方式被称为( )方式。

A. 直接申报　　　　B. 邮寄申报　　　　C. 数据电文　　　　D. 其他申报

【正确答案】C。

(四) 延期申报管理

延期申报是指纳税人、扣缴义务人不能按照税法规定的期限办理纳税申报或扣缴税款报告。

根据《税收征管法》和《实施细则》规定,纳税人因有特殊情况,不能按期进行纳税申报的,经县以上税务机关核准,可以延期申报。但应当在规定的期限内向税务机关提出书面延期申请,经税务机关核准,在核准的期限内办理。经核准延期办理纳税申报的,应在纳税期内按照上期实际缴纳的税额或者税务机关核定的税额预缴税款,并在核准的延期内办理纳税结算。

【经典习题·多选题】下列各项关于纳税申报管理的表述中,错误的是( )。

A. 扣缴人不得采取邮寄申报的方式

B. 纳税人在纳税期内没有应纳税款的,不必办理纳税申报

C. 实行定期定额缴纳税款的纳税人可以实行简易申报、简并征收等申报纳税方式

D. 主管税务机关根据纳税人实际情况及其所纳税种确定的纳税申报期限不具有法律效力

【正确答案】A、B、D。

四、税款征收

税款征收是税务机关依照税收法律、法规的规定,将纳税人应当缴纳的税款组织入库的一系列活动的总称。税款征收是税收征收管理工作的中心环节,是全部税收征管工作的目的和归属。

(一) 税款征收的方式

税款征收的方式主要有九种:查账征收、查定征收、查验征收、定期定额征收、核定征收、代扣代缴、代收代缴、委托代征税款及其他方式。

▶ 1. 查账征收

查账征收是指税务机关按照纳税人提供的账表所反映的经营情况,依照适用税率计算缴纳税款的方式。一般适用于财务会计制度较为健全,能够认真履行纳税义务的纳税单位。

【经典习题·单选题】在税款征收方式中,查账征收方式一般适用于( )。

A. 经营品种比较单一,经营地点,时间和商品来源不固定的纳税单位

B. 账册不够健全,但能够控制原材料或进销存的纳税单位

C. 财务会计制度较为健全,能够认真履行纳税义务的纳税单位

D. 无完整考核依据的小型纳税单位

【正确答案】C。

▶ 2. 查定征收

查定征收是指税务机关根据纳税人的从业人员、生产设备、采用原材料等因素,对其

产制的应税产品查实核定产量、销售额并据以征收税款的方式。一般适用于账册不健全，但是能控制原材料或进销货的纳税单位。

【经典习题·多选题】税款征收方式是指税务机关根据实际情况确定的计算征收税款的方式和形式，其中查定征收方式一般适用于(　　)的纳税单位。

A. 财务会计制度比较健全，能够认真履行纳税义务
B. 账册不够健全
C. 能够控制原材料或进销货
D. 无完整考核依据

【正确答案】B、C。

▶ 3. 查验征收

查验征收是指税务机关对纳税人应税商品，通过查验数量，按市场一般销售单价计算其销售收入并据以征税的方式。一般适用于经营品种比较单一，经营地点、时间和商品来源不固定的纳税单位。

▶ 4. 定期定额征收

定期定额征收是指税务机关通过典型调查，逐户确定营业额和所得额并据以征税的方式。一般适用于无完整考核依据的小型纳税单位。

【经典习题·判断题】定期定额征收的方式一般适用于无完整考核依据的小型纳税单位。(　　)

【正确答案】√。

▶ 5. 核定征收

核定征收是指由于纳税人的会计账簿不健全，资料残缺难以查账，或其他原因难以准确确定纳税人应纳税额时，由税务机关采用合理的方法依法核定纳税人应纳税款的征收方式。包括：定额征收，直接核定所得税额；核定应税所得率征收，按照收入总额或成本费用等项目的实际发生额，按照先核定的应税所得率计算缴纳所得税。

▶ 6. 代扣代缴

代扣代缴是指按照税法规定，负有扣缴税款的法定义务人，在向纳税人支付款项时，从所支付的款项中直接扣收税款的方式，有利于对零星分散的税源实行控管。典型代表是个人所得税的工资薪金所得应纳个人所得税。

▶ 7. 代收代缴

代收代缴是指负有收缴税款的法定义务人，对纳税人应纳的税款进行代收代缴的方式。即由与纳税人有经济业务往来的单位和个人向纳税人收取款项时，依照税收的规定收取税款。也适用于对零星分散、不易控制的税源实行源泉控制。例如，受托加工应缴消费税的消费品，由受托方代收代缴消费税。

▶ 8. 委托代征税款

委托代征税款是指税务机关委托代征人以税务机关的名义征收税款，并将税款缴入国库的方式。一般适用于小额、零散税源的征收，如车船税。

▶ 9. 其他方式

其他方式包括邮寄纳税、自计自填自缴、自报核缴、利用网络申报、用IC卡纳税等。

税款征收的原则

(1) 税务机关是征税的唯一行政主体。

(2) 税务机关只能依照法律、行政法规的规定征收税款。

(3) 税务机关不得违反法律、行政法规的规定开征、停征、多征、少征、提前征收或者延缓征收税款或者摊派税款。

(4) 税务机关征收税款必须遵守法定权限和法定程序的原则。

(5) 税务机关征收税款或扣押、查封商品、货物或其他财产时,必须向纳税人开具完税凭证或开付扣押、查封的收据或清单。

(6) 税款、滞纳金、罚款统一由税务机关上缴国库。

(7) 税款优先的原则。

(二) 税款征收制度

▶ 1. 代扣代缴、代收代缴税款制度

(1) 税务机关不得要求无代扣、代收税款义务的单位和个人履行代扣、代收税款义务。

(2) 扣缴义务人必须依法履行代扣、代收税款义务,否则要承担法律责任,除了给予处罚外,应责成其限期补扣应扣未扣或补收应收未收税款。

(3) 扣缴义务人依法履行代扣、代收税款义务时,纳税人不得拒绝,若拒绝,应在1日内报告主管税务机关处理,否则应承担应扣未扣或应收未收的责任。

(4) 扣缴义务人不能超越范围代扣、代收税款,扣缴义务人也不得提高或降低标准代扣、代收税款。

(5) 税务机关按照规定付给扣缴义务人代扣、代收手续费。代扣、代收税款手续费只能由县(市)以上税务机关统一办理退库手续,不得在征收税款中坐支。

▶ 2. 延期缴纳税款制度

纳税人因有特殊困难,不能按期缴纳税款的,经省、自治区、直辖市国家税务局、地方税务局批准,可以延期缴纳税款,但最长不得超过3个月。

▶ 3. 税收滞纳金征收制度

《税收征管法》规定,纳税人未按照规定期限缴纳税款的,扣缴义务人未按照规定期限解缴税款的,税务机关除责令限期缴纳外,从滞纳税款之日起(税款缴纳期限届满次日起至纳税人、扣缴义务人实际缴纳或者解缴税款之日止),按日加收滞纳税款万分之五的滞纳金。

【经典习题·单选题】某公司将税务机关确定的应于12月5日缴纳的税款200 000元拖延至12月15日缴纳,根据《中华人民共和国税收征管法》规定,税务机关将依法加收公司滞纳税款的滞纳金为( )元。

A. 100 B. 1 000 C. 10 000 D. 4 000

【正确答案】B。

▶ 4. 减免税收制度

(1) 减免税必须有法律、行政法规的明确规定。地方各级人民政府、各级人民政府主管部门、单位和个人违反法律、行政法规规定,擅自作出的减税、免税决定无效,税务机关不得执行,并向上级税务机关报告。

(2)纳税人在享受减免税待遇期间,仍应按规定办理纳税申报。

(3)纳税人享受减税、免税的条件发生变化时,应当自发生变化之日起15日内向税务机关报告,经税务机关审核后,停止其减税、免税;对不报告的又不再符合减税、免税条件的,税务机关有权追回已减免的税款。

(4)减税、免税期满,纳税人应当自期满次日起恢复纳税。

【经典习题·判断题】纳税人享受减税、免税待遇的,在减税、免税期间不需办理纳税申报。( )

【正确答案】×。

▶ 5. 税额核定制度

1)核定的情形

纳税人有下列情形之一的,税务机关有权核定其应纳税额。

(1)依照法律、行政法规的规定可以不设置账簿的。

(2)依照法律、行政法规的规定应当设置但未设置账簿的。

(3)擅自销毁账簿或者拒不提供纳税资料的。

(4)虽设置账簿,但账目混乱或者成本资料、收入凭证、费用凭证残缺不全,难以查账的。

(5)发生纳税义务,未按照规定的期限办理纳税申报,经税务机关责令限期申报,逾期仍不申报的。

(6)纳税人申报的计税依据明显偏低,又无正当理由的。

【经典习题·多选题】下列各项中,税务机关有权核定纳税人应纳税额的情形有( )。

A. 纳税人按规定应当设置账簿但未设置的

B. 纳税人账目混乱

C. 纳税人拒不提供纳税资料

D. 纳税人申报的计税依据明显偏低,又无正当理由的

【正确答案】A、B、C、D。

2)核定的方法

(1)参照当地同类行业或者类似行业中经营规模和收入水平相近的纳税人的收入额和利润率核定。

(2)按照成本加合理费用和利润的方法核定。

(3)按照耗用的原材料、燃料、动力等推算或者测算核定。

(4)按照其他合理的方法核定。

采用以上一种方法不足以正确核定应纳税额时,可以同时采用两种以上的方法核定。

五、税务代理

(一)税务代理的概念

税务代理指代理人接受纳税主体的委托,在法定的代理范围内依法代其办理相关税务事宜的行为。

税务代理具有中介性、法定性、自愿性、公正性的特点。

(二)税务代理的法定业务范围

税务代理的范围,是指按国家有关法律的规定,允许税务代理人从事的业务内容。
《税务代理业务规程》规定,代理人可以接受纳税人、扣缴义务人的委托,从事下列范围的业务代理。

(1) 办理税务登记、变更税务登记和注销税务登记手续。
(2) 办理纳税、退税、减免税申报或扣缴税款报告。
(3) 建账建制,办理账务。
(4) 办理除增值税专用发票外的发票领购手续。
(5) 办理纳税申报或扣缴税款报告。
(6) 制作涉税文书。
(7) 开展税务咨询、税收筹划、涉税培训等涉税服务业务。
(8) 办理税务行政复议或税务行政诉讼。
(9) 审查纳税情况。
(10) 办理增值税一般纳税人资格认定申请。
(11) 利用主机共享服务系统为增值税一般纳税人代开增值税专用发票。
(12) 国家税务总局规定的其他业务。

应由税务机关行使的行政职权,除税务机关按照法律、行政法规的规定实行委托代理或行使的以外,不在税务代理的业务范围之列。

六、税务检查

(一)税务检查的概念

税务检查是税务机关根据税收法律、行政法规的规定,对纳税人、扣缴义务人履行纳税义务、扣缴义务及其他有关业务事项进行审查、核实、监督活动的总称。税务检查是税收征收管理的重要内容,也是税务监督的重要组成部分。

(二)税务检查的内容

(1) 检查纳税人的账簿、记账凭证、报表和有关资料,检查扣缴义务人代扣代缴、代收代缴税款账簿、记账凭证和有关资料。
(2) 到纳税人的生产、经营场所和货物存放地检查纳税人应纳税的商品、货物或者其他财产,检查扣缴义务人与代扣代缴、代收代缴税款有关的经营情况。
(3) 责成纳税人、扣缴义务人提供与纳税或者代扣代缴、代收代缴税款有关的文件、证明材料和有关资料。
(4) 询问纳税人、扣缴义务人与纳税或者代扣代缴、代收代缴税款有关的问题和情况。
(5) 到车站、码头、机场、邮政企业及其分支机构检查纳税人托运、邮寄应纳税商品、货物或者其他财产的有关单据、凭证和有关资料。
(6) 经县以上税务局(分局)局长批准,凭全国统一格式的检查存款账户许可证明,查询从事生产、经营的纳税人、扣缴义务人在银行或者其他金融机构的存款账户。税务机关调查税收违法案件时,经设区的市、自治州以上税务局(分局)局长批准,可以查询案件涉嫌人员的储蓄存款。

(三)税收检查的形式

▶ 1. 重点检查

重点检查指对公民举报、上级机关交办或有关部门转来的有逃税行为或逃税嫌疑的,纳税申报与实际生产经营情况有明显不符的纳税人及有普遍逃税行为的行业进行检查。

▶ 2. 分类计划检查

分类计划检查指根据纳税人历来纳税情况、纳税规模及税务检查间隔时间的长短等综合因素，按事先确定的纳税人分类、计划检查时间及检查频率而进行的检查。

▶ 3. 集中性检查

集中性检查指税务机关在一定时间、一定范围内，统一安排、统一组织的税务检查，一般规模较大。

▶ 4. 临时性检查

临时性检查指由各级税务机关根据不同的经济形势、偷逃税趋势、税收任务完成情况等综合因素，在正常的检查计划外安排的检查，如典型调查性的检查等。

▶ 5. 专项检查

专项检查指税务机关根据税收工作实际，对某一税种或税收征收管理某一环节进行的检查，如增值税一般纳税专项检查。

(四) 税收保全措施和税收强制执行措施

▶ 1. 税收保全措施

税收保全措施是指税务机关对可能由于纳税人的行为或者某种客观原因，致使以后税款的征收不能保证或难以保证的案件，采取限制纳税人处理或转移商品、货物或其他财产的措施。

《税收征管法》第三十八条规定，税务机关有根据认为从事生产、经营的纳税人有逃避纳税义务行为的，可以在规定的纳税期之前，责令限期缴纳税款；在限期内发现纳税人有明显的转移、隐匿其应纳税的商品、货物以及其他财产迹象的，税务机关应责令其提供纳税担保。如果纳税人不能提供纳税担保，经县以上税务局(分局)局长批准，税务机关可以采取下列税收保全措施。

(1) 书面通知纳税人开户银行或者其他金融机构冻结纳税人的金额相当于应纳税款的存款。

(2) 扣押、查封纳税人的价值相当于应纳税款的商品、货物或者其他财产。其他财产包括纳税人的房地产、现金、有价证券等不动产和动产。

提示：个人及其所扶养家属维持生活必需的住房和用品，不在税收保全措施的范围之内。生活必需的住房和用品不包括机动车辆、金银饰品、古玩字画、豪华住宅或者一处以外的住房。税务机关对单价5 000元以下的其他生活用品，不采取税收保全措施和强制执行措施。

【经典习题·判断题】当纳税人不能提供纳税担保，经县以上税务局(分局)局长批准，可以冻结纳税人所有存款。( )

【正确答案】×。

税收保全措施期限一般不超过6个月；重大案件需要延长的，应当报国家税务总局批准。纳税人在规定的期限内缴纳税款的，税务机关必须立即解除税收保全措施；限期期满仍未缴纳税款的，经县以上税务局(分局)局长批准，税务机关采取税收强制执行措施。

▶ 2. 税收强制执行措施

税收强制执行措施是指当事人不履行法律、行政法规规定的义务，有关国家机关采用法定的强制手段，强迫当事人履行义务的行为。

《税收征管法》第三十八条规定，从事生产、经营的纳税人、扣缴义务人未按照规定的期限缴纳或者解缴税款，纳税担保人未按照规定的期限缴纳所担保的税款，由税务机关责令限期缴纳,逾期仍未缴纳的,经县以上税务局(分局)局长批准,税务机关可以采取下列强制执行措施。

(1) 书面通知其开户银行或者其他金融机构从其存款中扣缴税款。

(2) 扣押、查封、依法拍卖或者变卖其价值相当于应纳税款的商品、货物或者其他财产,以拍卖或者变卖所得抵缴税款。

七、法律责任

税收法律责任,是指税收法律关系的主体因违反税收法律规范所应承担的法律后果。税收法律责任可分为行政责任和刑事责任。

(一) 违反税务管理行为的法律责任

(1) 根据《税收征管法》第六十条和《实施细则》第九十条规定,纳税人有下列行为之一的,由税务机关责令限期改正,可以处 2 000 元以下的罚款;情节严重的,处 2 000 元以上 1 万元以下的罚款。

① 未按照规定的期限申报办理税务登记、变更或者注销登记的。

② 未按照规定设置、保管账簿或者保管记账凭证和有关资料的。

③ 未按照规定将财务、会计制度或者财务、会计处理办法和会计核算软件报送税务机关备查的。

④ 未按照规定将其全部银行账号向税务机关报告的。

⑤ 未按照规定安装、使用税控装置,或者损毁或擅自改动税控装置的。

⑥ 纳税人未按照规定办理税务登记证件验证或者换证手续的。

(2) 纳税人不办理税务登记的,由税务机关责令限期改正;逾期不改正的,经税务机关提请工商行政管理机关吊销其营业执照。

【经典习题·多选题】10 月 20 日,某税务机关对某酒店检查发现该酒店当年 9 月 1 日领取营业执照,未申请办理税务登记,下列说法正确的是(   )。

A. 该酒店应于领取营业执照 30 日内办理税务登记

B. 税务机关应责令该酒店限期办理税务登记

C. 税务机关可以根据《中华人民共和国税收征收管理法》相关规定对该酒店处以罚款

D. 税务机关可以吊销该酒店营业执照

【正确答案】A、B、C。

(3) 纳税人未按照规定使用税务登记证件,或者转借、涂改、损毁、买卖、伪造税务登记证件的,处 2 000 元以上 1 万元以下的罚款;情节严重的,处 1 万元以上 5 万元以下的罚款。

(二) 扣缴义务人违反账簿、凭证管理的法律责任

根据《税收征管法》第六十一条规定,扣缴义务人未按照规定设置、保管代扣代缴、代收代缴税款账簿或者保管代扣代缴、代收代缴税款记账凭证及有关资料的,由税务机关责令期改正,可以处 2 000 元以下的罚款;情节严重的,处 2 000 元以上 5 000 元以下的罚款。

(三) 纳税人、扣缴义务人未按规定进行纳税申报的法律责任

根据《税收征管法》第六十二条规定,纳税人未按照规定的期限办理纳税申报和报送纳税资料的,或者扣缴义务人未按照规定的期限向税务机关报送代扣代缴、代收代缴税款报告表和有关资料的,由税务机关责令限期改正,可以处 2 000 元以下的罚款;情节严重

的,处 2 000 元以上 1 万元以下的罚款。

(四) 对逃避缴纳税款罪的认定及法律责任

2009 年 2 月 28 日第十一届全国人民代表大会常务委员会第七次会议通过《中华人民共和国刑法修正案(七)》后逃避缴纳税款罪取代了原来的偷税罪。

▶ 1. 逃避缴纳税款罪的认定

纳税人采取欺骗、隐瞒手段进行虚假纳税申报或者不申报,逃避缴纳税款数额较大并且占应纳税额 10% 以上的;扣缴义务人采取欺骗、隐瞒手段,不缴或者少缴已扣、已收税款,数额较大的即构成逃避缴纳税款罪。

(1) 犯罪主体要件。本罪的犯罪主体包括纳税人和扣缴义务人。既可以是自然人,也可以是单位。

(2) 犯罪主观方面。本罪的主观要件是故意和过失。进行虚假纳税申报行为是在故意的心理状态下进行的。不进行纳税申报一般也是故意的行为,有时也存在过失的可能,对于确因疏忽而没有纳税申报,属于漏税,依法补缴即可,其行为不构成犯罪。因此,逃税罪的主观要件一般是故意。

(3) 犯罪客体要件。本罪的客体是指逃税行为侵犯了我国的税收征收管理秩序。

(4) 犯罪客观方面。本罪的客观方面表现为:纳税人采取欺骗、隐瞒手段,进行虚假纳税申报或者不申报,逃避缴纳税款数额较大且占应纳税额 10% 以上;扣缴义务人采取欺骗、隐瞒手段不缴或者少缴已扣、已收税款,数额较大的行为。

▶ 2. 法律责任

《刑法修正案(七)》中将《刑法》第二百零一条修改为:逃避缴纳税款罪将处三年以下有期徒刑或者拘役,并处罚金;数额巨大并且占应纳税额 30% 以上的,处三年以上七年以下有期徒刑,并处罚金。扣缴义务人采取前款所列手段,不缴或者少缴已扣、已收税款,数额较大的,依照前款的规定处罚。对多次实施前两款行为,未经处理的,按照累计数额计算。

有第一款行为,经税务机关依法下达追缴通知后,补缴应纳税款,缴纳滞纳金,已受行政处罚的,不予追究刑事责任;但是,五年内因逃避缴纳税款受过刑事处罚或者被税务机关给予二次以上行政处罚的除外。

偷 税 罪

《税收征管法》规定,纳税人伪造、变造、隐匿、擅自销毁账簿、记账凭证,或者在账簿上多列支出或者不列、少列收入,或者经税务机关通知申报而拒不申报或者进行虚假的纳税申报,不缴或者少缴应纳税款的,是偷税。

对纳税人偷税的,由税务机关追缴其不缴或者少缴的税款、滞纳金,并处不缴或者少缴的税款 50% 以上 5 倍以下的罚款;构成犯罪的,税务机关应当依法移送司法机关追究刑事责任。

扣缴义务人采取前款所列手段,不缴或者少缴已扣、已收税款,由税务机关追缴其不缴或者少缴的税款、滞纳金,并处不缴或者少缴的税款 50% 以上 5 倍以下的罚款;构成犯罪的,税务机关应当依法移送司法机关追究刑事责任。

《刑法》第二百零一条将"偷税罪"改为"逃税罪"的最大亮点就是设立了不予追究刑事责任的情形,目的在于鼓励涉嫌逃税的纳税人主动补缴税款,缴纳滞纳金,接受行政处罚,给予纳税人改过自新的机会，体现了宽严相济的刑事政策。同时由于刑法的修订，使得逃税罪犯罪构成要件也发生了较大变化。税务机关下达追缴通知后，将决定是否将纳税人或扣缴义务人移交司法机关提起刑事追诉。此次修改对于打击逃税犯罪，维护税收征管秩序，保证国家税收收入，促使纳税义务人依法积极履行纳税义务，将产生重要深远的影响。

（五）进行虚假申报或不进行申报行为的法律责任

《税收征管法》第六十四条规定，纳税人、扣缴义务人编造虚假计税依据的，由税务机关责令限期改正，并处 5 万元以下的罚款。纳税人不进行纳税申报，不缴或者少缴应纳税款的，由税务机关追缴其不缴或者少缴的税款、滞纳金，并处不缴或者少缴税款 50% 以上 5 倍以下的罚款。

（六）逃避追缴欠税的法律责任

《税收征管法》第六十五条规定，纳税人欠缴应纳税款，采取转移或者隐匿财产手段，妨碍税务机关追缴欠缴的税款的，由税务机关追缴欠缴的税款、滞纳金，并处欠缴税款 50% 以上 5 倍以下的罚款；构成犯罪的，依法追究刑事责任。

《刑法》第二百零三条规定，纳税人欠缴应纳税款，采取转移或者隐匿财产手段，致使税务机关无法追缴所欠税款，数额在 1 万元以上 10 万元以下，处 3 年以下有期徒刑或者拘役，并处或者单处欠缴税款 1 倍以上 5 倍以下罚金；数额在 10 万元以上，处 3 年以上 10 年以下有期徒刑，并处欠缴税款数额 1 倍以上 5 倍以下罚金。

（七）骗取出口退税的法律责任

根据《税收征收管理法》第六十六条规定，以假报出口或者其他欺骗手段，骗取国家出口退税款，由税务机关追缴其骗取的退税款，并处骗取税款 1 倍以上 5 倍以下的罚款；构成犯罪的，依法追究刑事责任。

对骗取国家出口退税款的，税务机关可以在规定期间内停止为其办理出口退税。

根据《刑法》第二百零四条规定，以假报出口或者其他欺骗手段，骗取国家出口退税款，数额较大的，处 5 年以下有期徒刑或者拘役，并处骗取税款 1 倍以上 5 倍以下罚金；数额巨大或者有其他严重情节的，处 5 年以上 10 年以下有期徒刑，并处骗取税款 1 倍以上 5 倍以下罚金；数额特别巨大或者有其他特别严重情节的，处 10 年以上有期徒刑或者无期徒刑，并处骗取税款 1 倍以上 5 倍以下罚金或者没收财产。

（八）抗税的法律责任

《征管法》第六十七条规定，以暴力、威胁方法拒不缴纳税款的，是抗税，除由税务机关追缴其拒缴的税款、滞纳金外，依法追究刑事责任。情节轻微，未构成犯罪的，由税务机关追缴其拒缴的税款、滞纳金，并处拒缴税款 1 倍以上 5 倍以下的罚款。

《刑法》第二百零二条规定，以暴力、威胁方法拒不缴纳税款的，处 3 年以下有期徒刑或者拘役，并处拒缴税款 1 倍以上 5 倍以下罚金；情节严重的，处 3 年以上 7 年以下有期徒刑，并处拒缴税款 1 倍以上 5 倍以下罚金。

（九）在规定期限内不缴或者少缴税款的法律责任

《税收征管法》第六十八条规定，纳税人、扣缴义务人在规定期限内不缴或者少缴应纳或者应解缴的税款，经税务机关责令限期缴纳，逾期仍未缴纳的，税务机关除依照《税收征管法》第四十条的规定，采取强制执行措施追缴其不缴或者少缴的税款外，可以处不缴或者少缴的税款 50% 以上 5 倍以下罚款。

（十）扣缴义务人不履行扣缴义务的法律责任

《税收征管法》第六十九条规定，扣缴义务人应扣未扣、应收未收税款的，由税务机关向纳税人追缴税款，对扣缴义务人处应扣未扣税款50%以上3倍以下的罚款。

（十一）拒绝税务机关检查的法律责任

税务机关依法进行税务检查时，有权向有关单位和个人调查纳税人、扣缴义务人和其他当事人与纳税或者代扣代缴、代收代缴税款有关情况。

《税收征管法》第七十条规定，纳税人、扣缴义务人逃避、拒绝或者以其他方式阻挠税务机关检查的，由税务机关责令改正，可以处1万元以下的罚款；情节严重的，处1万元以上5万元以下的罚款。

（十二）非法印制发票的法律责任

根据《税收征收管理法》第七十一条规定：违反本法第二十二条规定，非法印制发票的，由税务机关销毁非法印制的发票，没收违法所得和作案工具，并处1万元以上5万元以下的罚款；构成犯罪的，依法追究刑事责任。

根据《中华人民共和国刑法》第二百零六条规定：伪造或者出售伪造的增值税专用发票的，处3年以下有期徒刑、拘役或者管制，并处2万元以上20万元以下罚金；数量较大或者有其他严重情节的，处3年以上10年以下有期徒刑，并处5万元以上50万元以下罚金；数量巨大或者有其他特别严重情节的，处10年以上有期徒刑或者无期徒刑，并处5万元以上50万元以下罚金或者没收财产。

单位犯本条规定之罪的，对单位判处罚金，并对其直接负责的主管人员和其他直接责任人员，处3年以下有期徒刑、拘役或者管制；数量较大或者有其他严重情节的，处3年以上10年以下有期徒刑；数量巨大或者有其他特别严重情节的，处10年以上有期徒刑或者无期徒刑。

【经典习题·单选题】《中华人民共和国刑法》规定，虚开增值税专用发票或者虚开用于骗取出口退税、抵扣税款的其他发票的税款数额巨大或者有其他特别严重情节的，应进行的处罚是（　　）。

A. 处10年以上有期徒刑或者无期徒刑，并处5万元以上50万元以下罚金或者没收财产

B. 处10年以上有期徒刑或者无期徒刑，并处10万元以上100万元以下罚金或者没收财产

C. 处3年以上10年以下有期徒刑，并处5万元以上50万元以下罚金

D. 剥夺政治权利

【正确答案】A。

根据《刑法》第二百零九条规定，伪造、擅自制造或者出售伪造、擅自制造的可以用于骗取出口退税、抵扣税款的其他发票的，处3年以下有期徒刑、拘役或者管制，并处2万元以上20万元以下罚金；数量巨大的，处3年以上7年以下有期徒刑，并处5万元以上50万元以下罚金；数量特别巨大的，处7年以上有期徒刑，并处5万元以上50万元以下罚金或者没收财产。

伪造、擅自制造或者出售伪造、擅自制造的前款规定以外的其他发票的，处2年以下有期徒刑、拘役或者管制，并处或者单处1万元以上5万元以下罚金；情节严重的，处2年以上7年以下有期徒刑，并处5万元以上50万元以下罚金。

根据《中华人民共和国税收征收管理法实施细则》（国务院令第362号）第九十一条的规定："非法印制、转借、倒卖、变造或者伪造完税凭证的，由税务机关责令改正，处2 000

元以上1万元以下的罚款；情节严重的，处1万元以上5万元以下的罚款；构成犯罪的，依法追究刑事责任。"

（十三）有税收违法行为而拒不接受税务机关处理的法律责任

《税收征管法》第七十二条规定，从事生产、经营的纳税人、扣缴义务人有本法规定的税收违法行为，拒不接受税务机关处理的，税务机关可以收缴其发票或者停止向其发售发票。

（十四）银行及其他金融机构不履行税收法规规定职责的法律责任

纳税人、扣缴义务人的开户银行或者其他金融机构拒绝接受税务机关依法检查纳税人、扣缴义务人存款账户，或者拒绝执行税务机关作出的冻结存款或者扣款的决定，或者在接到税务机关的书面通知后帮助纳税人、扣缴义务人转移存款，造成税款流失的，由税务机关处10万元以上50万元以下的罚款，对直接负责的主管人和其他直接责任人员处1 000元以上1万元以下的罚款。

八、税务行政复议

（一）税务行政复议的概念

税务行政复议是指当事人（纳税人、扣缴义务人、纳税担保人及其他税务当事人）对税务机关及其工作人员作出的税务具体行政行为不服，依法向上一级税务机关（复议机关）提出申请，复议机关对具体行政行为的合法性、合理性作出裁决。

（二）税务行政复议的前提

（1）申请人按照前款规定申请行政复议的，必须依照税务机关根据法律、法规确定的税额、期限，先行缴纳或者解缴税款和滞纳金，或者提供相应的担保，才可以在缴清税款和滞纳金以后或者所提供的担保得到做出具体行政行为的税务机关确认之日起60日内提出行政复议申请。

（2）申请人对税务机关做出逾期不缴纳罚款加处罚款的决定不服的，应当先缴纳罚款和加处罚款，再申请行政复议。

（三）税务行政复议的受案范围

（1）税务机关做出的征税行为，包括确认纳税主体、征税对象、征税范围、减税、免税及退税、适用税率、计税依据、纳税环节、纳税期限、纳税地点以及税款征收方式等具体行政行为，征收税款、加收滞纳金及扣缴义务人、受税务机关委托征收的单位作出的代扣代缴、代收代缴、代征行为等。

（2）行政许可、行政审批行为。

（3）发票管理行为，包括发售、收缴、代开发票。

（4）税收保全措施、强制执行措施。

（5）行政处罚行为，包括罚款、没收财务和非法所得、停止出口退税权。

（6）不依法履行下列职责的行为：颁发税务登记；开具、出具完税凭证、外出经营活动税收管理证明；行政赔偿；行政奖励；其他不依法履行职责的行为。

（7）资格认定行为。

（8）不依法确认纳税担保行为。

（9）政府信息公开工作中的具体行政行为。

（10）纳税信用等级评定行为。

（11）通知出入境管理机关阻止出境行为。

(12) 其他。

(四) 税务行政复议的管辖

(1) 对各级国家税务局的具体行政行为不服的向其上一级国家税务局申请行政复议。

(2) 对各级地方税务局的具体行政行为不服的可以选择向其上一级地方税务局或者该税务局的本级人民政府申请行政复议。

(3) 对国家税务总局作出的具体行政行为不服的，向国家税务总局申请行政复议。对行政复议决定不服，申请人可以向人民法院提起行政诉讼，也可以向国务院申请裁决，国务院的裁决为终局裁决。

(4) 对下列税务机关的具体行政行为不服的，按照下列规定申请行政复议。

① 对计划单列市税务局作出的具体行政行为不服的，向省税务局申请行政复议。

② 对税务所、各级税务局的稽查局作出的具体行政行为不服的，向其主管税务局申请行政复议。

③ 对两个以上税务机关共同做出的具体行政行为不服的，向共同上一级税务机关申请行政复议；对税务机关与其他行政机关共同做出的具体行政行为不服的，向其共同上一级行政机关申请行政复议。

④ 对被撤销的税务机关在撤销以前所做出的具体行政行为不服的，向继续行使其职权的税务机关的上一级税务机关申请行政复议。

⑤ 对税务机关做出逾期不缴纳罚款加处罚款的决定不服的，向做出行政处罚决定的税务机关申请行政复议。但是对已处罚款和加处罚款都不服的，一并向做出行政处罚决定的税务机关的上一级税务机关申请行政复议。

【经典习题·多选题】下列各项中，符合税务行政一级复议具体规定的有（　　）。

A. 对国家税务总局作出的具体行政行为不服的，应向国家税务总局申请复议

B. 对省级地方税务局作出的具体行政行为不服的，可以向省级人民政府申请复议

C. 对两个以上税务机关共同作出的具体行政行为不服的，向共同上一级税务机关申请复议

D. 对国家税务局和地方税务局共同作出的具体行政行为不服的，可以向当地县级以上人民政府申请复议

【正确答案】A、B、C。

复习思考题

1. 开业、变更、注销税务登记的范围、时间要求是什么？
2. 税款征收的方式主要有哪些？适用对象是什么？
3. 税务代理的法定业务范围是什么？
4. 税收保全措施和税收强制执行措施是什么？适用对象、实施条件、实施时间方面有什么区别？
5. 违反税务管理行为的法律责任是什么？
6. 扣缴义务人违反账簿、凭证管理的法律责任是什么？

第四章 财政法律制度
Chapter 4

>>> **教学目的与要求**

1. 了解预算法律制度，包括预算法的概念和构成。
2. 理解国家预算的概念、作用、级次划分和构成。
3. 掌握国家预算的概念、作用、级次划分和构成。
4. 掌握预算管理的中各级权力机构的职权、各级财政部门的职权以及各部门各单位的职权。
5. 掌握预算的编制、审批、执行和调整，以及决算和预决算的监督。
6. 掌握政府采购法律制度的构成，包括概念、主体、范围、采购方式等。
7. 掌握国库集中收付制度。
8. 加强学生对我国财政系统的认知，强化国民意识。

第一节　预算法律制度

案例导入

2009年，面对百年一遇的国际金融危机，我国在实施适度宽松的货币政策同时，重启积极财政政策，并出台了4万亿元的投资计划，旨在推动和保证经济增长。据统计，2009年一季度经济增速回落到6.2%的低谷，二季度止跌回稳，增长7.9%，三季度和四季度经济增速继续回升，分别增长9.1%和10.7%，实现全年经济增长8.7%。

那么，总额高达4万亿元的资金从何而来？

4万亿元的投资包含多种投资渠道，首先是中央政府出一部分钱，依照"投资带动投资"的加速原理，政府投资的示范和带动效应会引出一连串的投资，其中有地方配套投资以及各种社会投资。从政府投资方面看，一方面是政府拿出一部分钱进行投资；另一方面是通过发行国债增加基础设施建设投资。

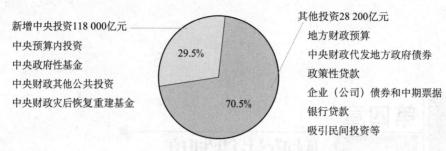

案例思考：我国的这项举措和国家预算有什么关系？

分析与提示：4万亿元救市资金1/3来源于国家财政收入，这正是国家预算收入的主要构成部分，而国家在财政预算的计划中，要考虑到当国家面临重大事件和危机的时候，可供充分调配的资金，可见国家预算对于国家的重要性。

一、预算法律制度的构成

预算法律制度是指国家经过法定程序制定的，用以调整国家预算关系的法律、行政法规和相关规章制度。我国预算法律制度由《预算法》《预算法实施条例》，以及有关国家预算管理的其他法规制度构成。

（一）《中华人民共和国预算法》

《中华人民共和国预算法》于1994年第八届全国人民代表大会第二次会议通过，并于1995年1月1日起施行。此后，历经四次审议，第十二届全国人民代表大会常务委员会第十次会议在2014年8月31日表决通过了《全国人大常委会关于修改〈预算法〉的决定》，并决议于2015年1月1日起施行。该法包括了总则、预算管理职权、预算收支范围、预算编制、预算审查和批准、预算执行、预算调整、决算、监督、法律责任、附则在内。

《中华人民共和国预算法》是有关国家预算收支以及进行预算管理的法律规范的总称，也是我国财政法律制度的核心，是我国国家预算管理工作的根本性法律，是制定其他预算法规的基本依据。

（二）《中华人民共和国预算法实施条例》

《中华人民共和国预算法实施条例》于1995年11月2日经中华人民共和国国务院第三十七次常务会议通过，并由中华人民共和国国务院于1995年11月22日发布实施。该条例包括预算收支范围、预算编制和执行、决算等内容，共计八章七十九条，对《中华人民共和国预算法》的主要内容做了进一步的补充说明，是具体运用《预算法》的方法指南。

二、国家预算

（一）国家预算的概念

国家预算也称政府预算，是政府的基本财政收支计划，即经法定程序审核批准的国家年度财政收支计划。国家预算是实现财政职能的基本手段，反映国家的施政方针和社会经济政策，规定政府活动的范围和方向。

预算一词从字面上理解是指在经济上预先盘算的意思。国家的财政分配活动不能盲目进行，国家要从社会产品中收取多少，通过什么方式收取，收来的钱用在什么地方，怎么使用，达到什么效果，都必须事先做出估算，并经过法定程序予以确认。

国家预算产生于封建社会末期和资本主义发展初期，英国在1689年通过《权利法案》的颁布，编制了世界上第一张国家预算收支表。目前，我国的预算收入主要采取税收形式，是社会主义经济的内部积累。我国的预算支出主要用于社会主义建设，节减军政费用，腾出资金用于经济建设和文化、教育、科学、卫生以及社会福利事业，这是我国安排预算资金的一贯方针。

（二）国家预算原则

国家预算是国家年度财政收支计划的指导方针，其编制必须遵循一定的原则。

▶ 1. 公开性

国家预算反映政府的活动范围、方向和政策，与全体公民的切身利益息息相关，因此国家预算及其执行情况必须采取一定形式公开，为人民所了解并置于人民的监督之下。

▶ 2. 计划性

预算的编制需要对预算收支规模、收入来源和支持用途做出事先的设计和计划。

▶ 3. 法律性

预算的形成和结果必须经过立法机构的审查批准，使政府的行为通过预算的法制化管理置于社会公众监督之下。

▶ 4. 完整性

预算是各项财政收支的汇集，必须包含一切财政收支，甚至是预算外收支，才能综合反映国家收支活动的全貌。

▶ 5. 年度性

预算以一个财政年度为时间单位，要反映全年的财政收支活动，由政府每年向立法机关呈送审批。同时，不允许将不属于本年度财政收支的内容列入本年度的国家预算之中。

（三）国家预算的作用

▶ 1. 财力保证作用

通过预算的编制，事先进行预测，使我们能掌握一年内能筹集到多少收入，并根据财力的多少和支出的需要确定支出，也就是我们常说的要量入为出。

▶ 2. 调解制约作用

国家预算的收支规模可以调节社会总供给和总需求的平衡，是国家财政实行宏观调控的主要依据。预算上的一收一支，不仅仅是数字的排列，它必然要反映在政府的各项活动上。从预算收入安排上看，每一笔收入都必须落实到项目上，在某一个收入项目上征多少收入，减多少收入，能反映出政府的政策取向。如在2004年的预算中，确定减征农业税，就反映出国家要通过减轻种粮农户的负担来鼓励农民种粮的政策。从支出安排上看，国家对哪些方面增加投入，反映出国家鼓励哪些方面的发展。如近些年来，国家每年都加大对教育、农业、科技的投入，就反映出国家重视农业、重视科教兴国的政策。

▶ 3. 反映监督作用

预算的收支反映了国民经济的发展规模和社会主义各项事业建设状况，因此，通过预算的编制和执行，便于掌握国民经济的运行状况和出现的问题，从而采取对策，促进国民经济稳定发展。此外，对预算的讨论决定和对预算执行的监督是人民参与国家事务管理的重要体现。预算草案编出后要送由人民代表组成的权力机关进行审查，经其批准后预算才能成立。倘若预算草案不符合人民的意愿，权力机关有权进行修改，有权不予批准。

【历年真题·多选题】下列各项中，属于国家预算作用的是（　　）。
A. 财力保证作用　　B. 调节制约作用　　C. 反映监督作用　　D. 指导经济作用
【正确答案】A、B、C。

（四）国家预算的级次划分

在现代社会，一般国家都实行多级预算，我国的预算级次是根据财政法原理中的"一级政权，一级财政"原则，实行一级政府一级预算，共分为五级预算，具体包括以下内容。

（1）中央预算。
（2）省级（省、自治区、直辖市）预算。
（3）地市级（社区的市、自治州）预算。
（4）县市级（县、自治县、不设区的市、市辖区）预算。
（5）乡镇级（乡、民族乡、镇）预算。

其中，对于不具备设立预算条件的乡、民族乡、镇，经省、自治区、直辖市政府确定，可以暂不设立预算。

（五）国家预算的构成

我国的国家预算根据国家政权结构和行政区划分的不同，可以分为中央预算、地方预算、各级总预算和各部门预算、单位预算，如表4-1所示。各级预算都要实行收支平衡的原则。中央预算在国家预算中处于主导地位，地方预算在国家预算中居于基础性地位。

表4-1　国家预算的构成

分类标准	类	别
根据政府级次不同划分	中央预算	地方预算
根据预算收支管理范围划分	总预算	部门单位预算

▶ 1. 中央预算

中央预算由中央各部门（含直属单位，下同）的预算组成。中央预算包括地方向中央上解的收入数额和中央对地方返还或者给予补助的数额。所谓"中央各部门"，是指与财政部直接发生预算缴款、拨款关系的国家机关、军队、政党组织和社会团体；所谓"直属单位"，是指与财政部直接发生预算缴款、拨款关系的企业和事业单位。

中央预算在国家预算体系中占主导地位，中央预算收入主要由中央固定收入、共享收入的中央收入部分、地方上缴收入等组成。中央预算支出由中央本级支出和补助地方支出组成，主要包括国防、外交、中央级行政管理费、文教卫生事业费、中央统筹的基本建设投资，以及中央本级负担的公检法支出、中央财政对地方的税收返还等。

▶ 2. 地方预算

地方预算由各省、自治区、直辖市总预算构成，包括下级政府向上级政府上解的收入数额和上级政府对下级政府返还或者给予补助的数额。

地方预算各级总预算由本级政府预算和汇总的下一级总预算组成，下一级只有本级预算的，下一级总预算即指本级预算。地方预算收入主要由地方固定收入、共享收入中的地方收入部分、中央对地方的返还收入、补助收入等组成；地方预算支出则主要包括地方行政管理费、公检法支出、地方统筹的基本建设投资、地方文教卫生事业费支出、地方上解支出等。

▶ 3. 总预算

总预算是指政府的财政汇总预算。各级总预算由本级政府预算和所属下一级政府的总预算汇编而成,没有下级政府预算的,下一级政府总预算即指下级政府的本级预算。

▶ 4. 部门单位预算

各部门预算由本部门所属各单位预算组成。单位预算是指列入部门预算的国家机关、社会团体和其他单位的收支预算。部门单位预算是总预算的基础,由各预算部门和单位编制,其内涵包括:一是财政预算以部门编制预算作为起点;二是国家预算要落实到每一个具体部门;三是"部门"本身要有严格的资质要求,限定那些与财政直接发生经费领拨关系的一级预算单位为预算部门。

可以说,部门预算是一项综合预算,既包括行政单位预算,又包括其下属的事业单位预算;既包括一般预算收支计划,又包括政府基金预算收支计划;既包括正常经费预算,又包括专项支出预算;既包括财政预算内拨款收支计划,又包括财政预算外核拨资金收支计划和部门其他收支计划。

【经典习题·多选题】地方各级政府预算由本级各部门(含直属单位)的预算组成。地方各级政府预算包括( )。

A. 下级政府向上级政府上解的收入数额
B. 上一年度结余用于本年度的收入
C. 上级政府对下级政府返还的数额
D. 上级政府对下级政府给予补助的数额

【正确答案】A、C、D。

三、预算管理的职权

预算管理职权是指确定和支配国家预算的权力和对于国家预算的编制、审查、批准、执行、调整、监督权力的总称。按照预算管理职权主体的层次不同可以分为中央预算管理职权和地方预算管理职权。

(一) 各级人民代表大会的预算管理职权

▶ 1. 全国人民代表大会及其常务委员会的职权

(1) 审查权:审查中央和地方预算草案及中央和地方预算执行情况的报告。

(2) 批准权:批准中央预算和中央预算执行情况的报告。

(3) 变更撤销权:改变或撤销全国人民代表大会常务委员会关于预算、决算的不适当的决议。

【经典习题·多选题】下列关于全国人民代表大会的预算管理职权的表述中正确的是( )。

A. 审查中央和地方预算草案及中央和地方预算执行情况的报告
B. 批准和审查中央预算的调整方案
C. 撤销国务院制定的同宪法、法律相抵触的关于预算、决算的行政法规、决定和命令
D. 改变或者撤销全国人民代表大会常务委员会关于预算、决算的不适当的决议

【正确答案】A、D。

▶ 2. 县级以上地方各级人民代表大会的预算管理职权

(1) 审查权：审查本级总预算草案及本级总预算执行情况的报告。

(2) 批准权：批准本级预算和本级预算执行情况的报告。

(3) 改变撤销权：改变或者撤销本级人民代表大会常务委员会关于预算、决算的不适当的决议；撤销本级政府关于预算、决算的不适当的决定和命令。

【经典习题·单选题】地方各级政府预算由（　　）审查和批准。

A. 上级人民政府　　　　　　　　B. 本级人民政府

C. 本级人民代表大会　　　　　　D. 本级人民代表大会常务委员会

【正确答案】C。

▶ 3. 乡、民族乡、镇的人民代表大会的职权

(1) 审批权：审查和批准本级预算和本级预算执行情况的报告；审查和批准本级预算的调整方案及本级决算。

(2) 监督权：监督本级预算的执行。

(3) 撤销权：撤销本级政府关于预算、决算的不适当的决定和命令。

(二) 各级人民代表大会常务委员会的职权

▶ 1. 全国人民代表大会常务委员会的职权

(1) 监督中央和地方预算的执行。

(2) 审查和批准中央预算的调整方案。

(3) 审查和批准中央决算。

(4) 撤销国务院制定的同宪法、法律相抵触的关于预算、决算的行政法规、决定和命令。

(5) 撤销省、自治区、直辖市人民代表大会及其常务委员会制定的同宪法、法律和行政法规相抵触的关于预算、决算的地方性法规和决议。

▶ 2. 地方人民代表大会常务委员会的职权

县级以上地方各级人民代表大会常务委员会的职权：

(1) 监督本级总预算的执行。

(2) 审查和批准本级预算的调整方案。

(3) 审查和批准本级政府决算(以下简称本级决算)。

(4) 撤销本级政府和下一级人民代表大会及其常务委员会关于预算、决算的不适当的决定、命令和决议。

(三) 各级财政部门的职权

▶ 1. 国务院财政部门的职权

(1) 编制权：具体编制中央预算、决算草案；具体编制中央预算的调整方案。

(2) 执行权：具体组织中央和地方预算的执行。

(3) 提案权：提出中央预备费动用方案。

(4) 报告权：定期向国务院报告中央和地方预算的执行情况。

【经典习题·多选题】下列（　　）属于国务院财政部门的预算管理职权。

A. 编制中央预算、决算草案

B. 组织中央和地方预算的执行

C. 审查和批准中央预算的调整方案
D. 改变或者撤销中央部门和地方政府关于预算、决算的不适当的决定、命令
【正确答案】A、B。

▶ 2. 地方各级政府财政部门的职权
(1) 编制权：具体编制本级预算、决算草案；具体编制本级预算的调整方案。
(2) 执行权：具体组织本级总预算的执行。
(3) 提案权：提出本级预算预备费动用方案。
(4) 报告权：定期向本级政府和上一级政府财政部门报告本级总预算的执行情况。

(四) 各部门、各单位的职权

▶ 1. 各部门的职权
(1) 编制本部门预算、决算草案。
(2) 组织和监督本部门预算的执行。
(3) 定期向本级政府财政部门报告预算的执行情况。

▶ 2. 各单位的职权
(1) 编制本单位预算、决算草案。
(2) 按照国家规定上缴预算收入，安排预算支出，并接受国家有关部门的监督。

四、预算收入与预算支出

(一) 预算收入

▶ 1. 按来源划分

预算收入按其来源划分，主要包括各项税收收入、依照规定应当上缴的国有资产收益、专项收入和其他收入。

(1) 税收收入。税收收入是指国家按照预定标准，凭借其政治权力，向经济组织和居民强制、无偿地取得财政收入的一种形式，是国家财政收入的主要来源，也是国家预算资金的重要来源。

(2) 按规定应当上缴的国有资产收益。按规定应当上缴的国有资产收益是指各部门各单位占有、使用和依法处分境内外国有资产产生的收益，按规定应该上缴的部分，如国有资产投资产生的股息、利息收入等。

(3) 专项收入。专项收入是指根据特定需要由国务院批准或者经国务院授权由财政部批准，设置、征集和纳入预算管理、有专门用途的收入，包括排污费收入、水资源费收入、教育费附加收入、矿产资源补偿费收入等。

(4) 其他收入。其他收入是指不属于上述各项收入的额外收入，包括规费收入、罚没收入、捐赠收入等。

▶ 2. 按归属划分

预算收入按归属划分，可划分为中央预算收入、地方预算收入、中央和地方预算共享收入。

(1) 中央预算收入。中央预算收入是指按照分税制财政管理体制，纳入中央预算、地方不参与分享的收入，包括中央本级收入和地方按照规定向中央上解的收入。

(2) 地方预算收入。地方预算收入是指按照分税制财政管理体制，纳入地方预算、中

央不参与分享的收入,包括地方本级收入和中央按照规定返还或者补助地方的收入。

(3) 中央和地方预算共享收入。中央和地方预算共享收入是指按照分税制财政管理体制,中央预算和地方预算对同一税种的收入按照一定划分标准或者比例分享的收入。

知识窗

20世纪80年代末90年代初,中国的中央财政陷入了严重危机,财政收入占GDP比重和中央财政收入占整个财政收入的比例迅速下降,中央政府面临前所未有的"弱中央"的状态。正是这场财政危机,让党中央、国务院痛下决心。1994年,一场具有深远影响的分税制改革在中国拉开了序幕。分税制的实行,使中国的财政秩序为之大改,中央财政重获活力。

1994年,我国实行分税制改革后,搭建了市场经济条件下中央与地方财政分配关系的基本制度框架,也就是按税种划分中央和地方收入来源的一种财政管理体制。分税制要求按税种实现"三分":分权、分税、分管。所以,分税制实质上就是为了有效地处理中央政府和地方政府之间的事权和财权关系,通过划分税权,将税收按照税种划分为中央税、地方税(有时还有共享税)两大税类进行管理而形成的一种财政管理体制。

(二) 预算支出

预算支出,是国家对集中的预算收入有计划地分配和使用而安排的支出。

▶ 1. 按内容划分

预算支出按照内容划分,可划分为以下几类。

(1) 经济建设支出。

(2) 教育、科学、文化、卫生、体育等事业发展支出。

(3) 国家管理费用支出。包括权力机关、行政机关、司法机关的行政管理费用支出。

(4) 国防支出。包括国防费、国防科研事业费、民兵建设费等。

(5) 各项补贴支出。粮油补贴、农业生产资料价差补贴等。

(6) 其他支出。包括对外援助支出、物资储备支出、社会福利救济费支出等。

▶ 2. 按支出级次划分

预算支出按照支出级次划分,可分为中央预算支出和地方预算支出。

(1) 中央预算支出。中央预算支出是指按照分税制财政管理体制,由中央财政承担并列入中央预算的支出,包括中央本级支出和中央返还或者补助地方的支出。

(2) 地方预算支出。地方预算支出是指按照分税制财政管理体制,由地方财政承担并列入地方预算的支出,包括中央本级支出和地方按照规定上解中央的支出。

【经典习题·判断题】地方预算收入,是指按照分税制财政管理体制,纳入地方预算、中央不参与分享的收入,包括地方本级收入和中央按照规定返还或者补助地方的收入。(   )

【正确答案】√。

五、预算组织程序

根据《预算法》的规定,预算组织程序包括预算的编制、审批、执行和调整四个环节,如图 4-1 所示。

(一)预算的编制

预算的编制是预算计划管理的起点,是指各级政府、各部门、各预算单位制订筹集和分配预算资金年度计划的预算活动,是预算法必须规范的主要内容。预算编制应当遵守国家编制预算的原则,按照编制办法和程序进行。编制预算草案的具体事项由财政部门负责部署。

▶ 1. 预算年度

图 4-1　预算组织程序

预算年度亦称财政年度,根据《预算法》第十条规定,预算年度自公历 1 月 1 日起至 12 月 31 日止。

我国《预算法实施条例》规定,国务院于每年 11 月 10 日前向省、自治区、直辖市政府和中央各部门下达编制下一年度预算草案的指示,提出编制预算草案的原则和要求。财政部根据国务院编制下一年度预算草案的指示,部署编制预算草案的具体事项,规定预算收支科目、报表格式、编报方法,并安排财政收支计划。中央各部门应当根据国务院的指示和财政部的部署,结合本部门的具体情况,提出编制本部门预算草案的要求,具体布置所属各单位编制预算草案。中央各部门负责本部门所属各单位预算草案的审核,并汇总编制本部门的预算草案,于每年 12 月 10 日前报财政部审核。省、自治区、直辖市政府根据国务院的指示和财政部的部署,结合本地区的具体情况,提出本行政区域编制预算草案的要求。县级以上地方各级政府财政部门审核本级各部门的预算草案,编制本级政府预算草案,汇编本级总预算草案,经本级政府审定后,按照规定期限报上一级政府。省、自治区、直辖市政府财政部门汇总的本级总预算草案,应当于下一年 1 月 10 日前报财政部。

▶ 2. 预算草案的编制依据

预算草案是指各级政府、各部门、各单位编制的未经法定程序审查和批准的预算收支计划。

(1) 各级政府编制年度预算草案的依据如下。

根据《预算法实施条例》第十六条规定,各级政府编制年度预算草案的依据是:①法律、法规;②国民经济和社会发展计划、财政中长期计划以及有关的财政经济政策;③本级政府的预算管理职权和财政管理体制确定的预算收支范围;④上一年度预算执行情况和本年度预算收支变化因素;⑤上级政府对编制本年度预算草案的指示和要求。

(2) 各部门、各单位编制年度预算草案的依据如下。

根据《预算法实施条例》第十七条规定,各部门、各单位编制年度预算草案的依据是:①法律、法规;②本级政府的指示和要求以及本级政府财政部门的部署;③本部门、本单位的职责、任务和事业发展计划;④本部门、本单位的定员定额标准;⑤本部门、本单位上一年度预算执行情况和本年度预算收支变化因素。

▶ 3. 预算草案的编制内容

(1) 中央预算草案的编制内容如下。

根据《预算法实施条例》第十八条的规定,中央预算的编制内容包括:①本级预算收入和支出;②上一年度结余用于本年度安排的支出;③返还或者补助地方的支出;④地方上解的收入。中央财政本年度举借的国内外债务和还本付息数额应当在本级预算中单独列示。

(2) 地方各级政府预算草案的编制内容如下。

根据《预算法实施条例》第十九条的规定,地方各级政府预算的编制内容包括:①本级预算收入和支出;②上一年度结余用于本年度安排的支出;③上级返还或者补助的收入;④返还或者补助下级的支出;⑤上解上级的支出;⑥下级上解的收入。

【经典习题·多选题】根据《预算法》规定,中央预算的编制内容包括(　　)。

A. 本级预算收入和支出　　　　　　B. 收入返还或者补助地方的支出
C. 地方上解的　　　　　　　　　　D. 上一年度结余用于本年度安排的支出

【正确答案】A、B、C、D。

【经典习题·多选题】地方各级政府预算由本级各部门(含直属单位)的预算组成。地方各级政府预算包括(　　)。

A. 下级政府向上级政府上解的收入数额
B. 上一年度结余用于本年度的收入
C. 上级政府对下级政府返还的数额
D. 上级政府对下级政府给予补助的数额

【正确答案】A、C、D。

(二) 预算的审批

▶ 1. 我国国家预算的审批程序

各级预算草案在审批之前,应当在本级人民代表大会会议举行前1个月提交相关部门进行初步审查,具体内容如下。

(1) 每年财政部将国家预算草案附上文字说明,上报国务院审核后,由国务院提请全国人民代表大会审查批准。

(2) 全国人民代表大会审查和批准国家预算的程序是:在全国人民代表大会召开以前,财政部受国务院委托先向全国人大常务委员会的财经委员会报告上年度国家预算执行情况和本年度预算草案的原则性意见;在全国人民代表大会上,财政部长受国务院委托向全体会议报告上年度预算执行情况和本年度预算草案,人大代表对报告进行审议后由全国人大财经委员会提出审查报告,最后由全体代表表决,作出批准或否决国家预算的决议。

提交全国人民代表大会审查的预算草案,包括国家预算、中央级预算和地方预算三部分。预算草案经全国人民代表大会通过以后,即为正式的国家预算,具有法律效力。财政部根据核定的中央预算分别核定各主管部门的单位预算。

(3) 各省(市、区)根据国家预算提出的方针、政策和原则要求,并结合本地区的情况制定地方预算草案,提请本级人民代表大会审查批准。根据本级人民代表大会批准的预算,核定本级各主管部门的预算。县(市)财政总预算的审查和批准,与省总预算的审批程序基本相同。

▶ 2. 预算备案

各级政府预算经本级人民代表大会批准后,必须依法自下而上地向相应的国家机关备案,以加强预算监督。

备案制度是人大对政府工作进行监督的一个重要手段。全国人大常委会关于加强中央预算审查监督的决定规定,国务院应将全国人民代表大会授权其制定的经济体制改革和对外开放方面有关预算的暂行规定或条例,中央预算与地方预算有关收入和支出项目的划分、地方向中央上解收入、中央对地方返还或者给予补助的具体办法,省、自治区、直辖市政府报送国务院备案的预算的汇总,以及其他应报送的事项,及时报送全国人大常委会备案。

(1)乡、民族乡、镇政府和县级以上各级政府将本级预算报上一级政府备案;县级以上地方各级政府将下一级政府报送备案的预算汇总后报本级人民代表大会常务委员会备案。

(2)国务院将省、自治区、直辖市政府报送备案的预算汇总后,报全国人民代表大会常务委员会备案。

▶ 3. 预算批复

各级政府预算经过本级人民代表大会批准后,本级政府财政部门应当及时向本级政府各部门批复预算。

《预算法实施条例》规定:"中央预算草案经全国人民代表大会批准后,为当年中央预算。财政部应当自全国人民代表大会批准中央预算之日起30日内,批复中央各部门预算。中央各部门应当自财政部批复本部门预算之日起15日内,批复所属各单位预算。"

地方各级政府预算草案经本级人民代表大会批准后,为当年本级政府预算。县级以上地方各级政府财政部门应当自本级人民代表大会批准本级政府预算之日起30日内,批复本级各部门预算。地方各部门应当自本级财政部门批复本部门预算之日起15日内,批复所属各单位预算。

【经典习题·单选题】县级以上地方各级政府应当及时将经本级人民代表大会批准的本级预算及下一级政府报送备案的预算汇总,报(　　)备案。

A. 上一级人民代表大会　　　　B. 上一级政府
C. 上一级人民代表大会常务委员会　　D. 上一级财政部门

【正确答案】B。

(三)预算的执行

预算执行是指经法定程序审查和批准的预算的具体实施过程,是把预算由计划变为现实的具体实施步骤。预算执行工作是实现预算收支任务的关键步骤,也是整个预算管理工作的中心环节。

各级预算由本级政府组织执行,具体工作由本级政府财政部门负责,国库是预算执行的中间环节,是办理预算收入的收纳、划分、留解和库款支拨的专门机构。

▶ 1. 预算执行的负责部门

财政部门负责预算执行的具体工作,主要任务如下。

(1)研究落实财政税收政策的措施,支持经济和社会的健康发展。

(2)制定组织预算收入和管理预算支出的制度和办法。

(3)督促各预算收入征收部门、各预算缴款单位完成预算收入任务。

(4)根据年度支出预算和季度用款计划,合理调度、拨付预算资金,监督检查各部门、各单位管好用好预算资金、节减开支,提高效率。

(5)指导和监督各部门、各单位建立、健全财务制度和会计核算体系,按照规定使用预算资金。

(6)编报、汇总分期的预算收支执行数字,分析预算收支执行情况,定期向本级政府和上一级政府财政部门报告预算执行情况,并提出增收节支的建议。

(7)协调预算收入征收部门、国库和其他有关部门。

2. 预算执行的内容

1) 积极组织财政收入

各级财政、税务、海关等预算收入征收部门，必须依照有关法律、行政法规和财政部的有关规定，积极组织预算收入，按照财政管理体制的规定及时将预算收入缴入中央国库和地方国库；未经财政部批准，不得将预算收入存入在国库外设立的过渡性账户。

各项预算收入的减征、免征或者缓征，必须按照有关法律、行政法规和财政部的有关规定办理。任何单位和个人不得擅自决定减征、免征、缓征应征的预算收入。

一切有预算收入上缴任务的部门和单位，必须依照有关法律、行政法规和财政部的有关规定，将应当上缴的预算收入，按照规定的预算级次、预算科目、缴库方式和期限缴入国库，不得截留、占用、挪用或者拖欠。

2) 合理安排预算支出

政府财政部门应当加强对预算拨款的管理，并遵循下列原则。

（1）按照预算拨款，即按照批准的年度预算和用款计划拨款，不得办理无预算、无用款计划、超预算、超计划的拨款，不得擅自改变支出用途。

（2）按照规定的预算级次和程序拨款，即根据用款单位的申请，按照用款单位的预算级次和审定的用款计划，按期核拨，不得越级办理预算拨款。

（3）按照进度拨款，即根据各用款单位的实际用款进度和国库库款情况拨付资金。

各级政府、各部门、各单位应当加强对预算支出的管理，严格执行预算和财政制度，不得擅自扩大支出范围、提高开支标准；严格按照预算规定的支出用途使用资金；建立健全财务制度和会计核算体系，按照标准考核、监督，提高资金使用效益。

3) 严格预备费和周转金的管理

各级政府预算预备费的动用方案，由本级政府财政部门提出。政府财政部门对要求追加预算支出、减少预算收入的事项应当严格审核，确实需要动用预备费的，财政部门提出方案，报本级政府决定。

3. 预算执行的中间环节

预算的收入和支出必须通过国库，国库是办理预算收入的收纳、划分、留解和库款支拨的专门机构。国库分为中央国库和地方国库。

中央国库业务由中国人民银行经理。未设中国人民银行分支机构的地区，由中国人民银行商财政部后，委托有关银行办理。

地方国库业务由中国人民银行分支机构经理。未设中国人民银行分支机构的地区，由上级中国人民银行分支机构协商有关的地方政府财政部门后，委托有关银行办理。

具备条件的乡、民族乡、镇，应当设立国库。具体条件和标准由省、自治区、直辖市政府财政部门确定。

【经典习题·单选题】各级预算由本级政府组织执行，具体工作由（　　）负责。

A. 本级政府税务部门
B. 本级人民代表大会
C. 本级政府财政部门
D. 本级人民代表大会常务委员会

【正确答案】C。

（四）预算的调整

▶ 1. 概念

预算的调整是指经全国人民代表大会批准的中央预算和经地方各级人民代表大会批准的本级预算，在执行中因特殊情况需要增加支出或者减少收入，使原批准的收支平衡的预算的总支出超过总收入，或者使原批准的预算中举借债务的数额增加的部分变更。

▶ 2. 预算调整的审批和备案

各级政府对于必须进行的预算调整，应当编制预算调整方案。

中央预算的调整方案必须提请全国人民代表大会常务委员会审查和批准。县级以上地方各级政府预算的调整方案必须提请本级人民代表大会常务委员会审查和批准；乡、民族乡、镇政府预算的调整方案必须提请本级人民代表大会审查和批准。未经批准，不得调整预算。地方各级政府预算的调整方案经批准后，由本级政府报上一级备案。

【经典习题·多选题】根据《预算法》规定，有关县级人民政府的预算调整方案表述正确的有（　　）。

A. 调整方案必须提请本级人民代表大会常务委员会审查和批准
B. 调整方案必须提请本级人民代表大会审查和批准
C. 调整方案经批准后由本级政府报上一级政府备案
D. 调整方案经批准后由本级政府报上一级政府审批

【正确答案】A、C。

【经典习题·单选题】县级人民政府的预算调整方案必须提请（　　）审查和批准。

A. 县级人民政府
B. 县级人民代表大会常务委员会
C. 上一级人民政府
D. 县级人民代表大会

【正确答案】B。

案情简介

西藏自治区2014年财政预算执行情况如下：

自治区十届人大二次会议审议通过的自治区2014年财政预算为：一般公共预算总财力8 749 892万元。其中，一般公共预算收入736 868万元；中央补助6 812 405万元；上年结转1 200 619万元。公共财政预算支出8 749 892万元。2014年政府性基金预算收支安排232 056万元。年度预算执行中，根据财力变化情况，经自治区十届人大常委会第十二次会议同意，一般公共预算收支调整为11 713 840万元，政府性基金预算收支调整为309 730万元。

2014年，财政预算执行结果为：一般公共预算总财力13 238 646万元，比年初预算增加4 488 754万元，增长51.3%，比变更预算财力增加1 524 806万元，增长13%。其中：一般公共预算收入完成1 242 695万元，为预算的168.6%，比上年决算收入增长30.8%。一般公共预算支出11 854 594万元，比上年决算支出增加1 711 466万元，增长16.9%。上解支出2 367万元。收支相抵并扣除结转下年支出1 373 483万元后，当年实现净结余8 202万元，其中自治区净结余8 202万元。实现了收支平衡，略有结余。

政府性基金预算财力677 930万元,其中,地方政府性基金预算收入完成405 211万元。政府性基金预算支出525 240万元。收支相抵,结余资金152 690万元结转下年继续使用。

案例思考:
(1)地方政府财政预算收入由哪些构成?
(2)预算的编制需要平衡吗?

分析与提示:
(1)地方预算收入包括地方本级收入和中央按照规定返还或者补助地方的收入。

(2)目前我国预算审批包括收入、支出和收支平衡三方面,但核心是收支平衡,预算的编制要尽量达到收支平衡。

六、决算

决算,指根据年度预算执行结果而编制的年度会计报告。它是预算执行的总结。当国家预算执行进入总结阶段,要根据年度执行的最终结果编制国家决算。它反映年度国家预算收支的最终结果,是国家经济活动在财政上的集中反映。它包括决算报表和文字说明两部分。

财政部应当在每年第四季度部署编制决算草案的原则、要求、方法和报送期限,制发中央各部门决算、地方决算及其他有关决算的报表格式。

县级以上地方政府财政部门根据财政部的部署,部署编制本级政府各部门和下级政府决算草案的原则、要求、方法和报送期限,制发本级政府各部门决算、下级政府决算及其他有关决算的报表格式。

▶ 1. 决算草案的编制

决算草案由各级政府、各部门、各单位,在每一预算年度终了后按照国务院规定的时间编制。

编制决算草案的具体事项,由国务院财政部门部署。

▶ 2. 决算草案的审批

国务院财政部门编制中央决算草案,经国务院审计部门审计后,报国务院审定,由国务院提请全国人民代表大会常务委员会审查和批准。

县级以上地方各级政府财政部门编制本级决算草案,经本级政府审计部门审计后,报本级政府审定,由本级政府提请本级人民代表大会常务委员会审查和批准。

乡、民族乡、镇政府编制本级决算草案,提请本级人民代表大会审查和批准。

▶ 3. 决算的批复和备案

国务院财政部门应当在全国人民代表大会常务委员会举行会议审查和批准中央决算草案的三十日前,将上一年度中央决算草案提交全国人民代表大会财政经济委员会进行初步审查。

省、自治区、直辖市政府财政部门应当在本级人民代表大会常务委员会举行会议审查和批准本级决算草案的三十日前,将上一年度本级决算草案提交本级人民代表大会有关专门委员会进行初步审查。

设区的市、自治州政府财政部门应当在本级人民代表大会常务委员会举行会议审查和批准本级决算草案的三十日前,将上一年度本级决算草案提交本级人民代表大会有关专门委员会进行初步审查,或者送交本级人民代表大会常务委员会有关工作机构征求意见。

县、自治县、不设区的市、市辖区政府财政部门应当在本级人民代表大会常务委员会举行会议审查和批准本级决算草案的三十日前,将上一年度本级决算草案送交本级人民代表大会常务委员会有关工作机构征求意见。

七、预决算的监督

(一) 权力机关的监督

县级以上各级政府应当接受本级人民代表大会及其常务委员会对预算执行情况和决算的监督,乡级人民政府应当接受本级人民代表大会对预算执行情况和决算的监督;按照本级人民代表大会或其常务委员会的要求,报告预算执行情况;认真研究处理本级人民代表大会代表或者常务委员会组成人员有关改进预算管理的建议、批评和意见,并及时答复。

(二) 各级政府的监督

各级政府应当加强对下级政府预算执行的监督,对下级政府在预算执行中违反法律、行政法规和国家方针政策的行为,依法予以制止和纠正;对本级预算执行中出现的问题,及时采取处理措施。

下级政府应当接受上级政府对预算执行的监督;根据上级政府的要求,及时提供资料,如实反映情况,不得隐瞒、虚报;严格执行上级政府做出的有关决定,并将执行结果及时上报。

(三) 各级政府财政部门的监督

各部门及其所属各单位应当接受本级财政部门有关预算的监督检查;按照本级财政部门的要求,如实提供有关预算资料;执行本级财政部门提出的检查意见。

(四) 各级审计部门的监督

各级审计机关应当依照《中华人民共和国审计法》以及有关法律、行政法规的规定,对本级预算执行情况,对本级各部门和下级政府预算的执行情况和决算,进行审计监督。

复习思考题

1. 我国的国家预算的级次是如何划分的?
2. 我国的国家预算的构成是怎样的?
3. 全国人民代表大会的预算管理职权有哪些?
4. 预算组织的程序是怎样的?

第二节 政府采购法律制度

案例导入

有网民近日爆料,称在中国招标网看到一份大理州安监局的设备采购清单,其中采购"装备箱"一栏中,出现了奢侈品品牌路易威登(LV)。据该局局长解释,安监局最终采购的是"皇冠"品牌的箱子,而非"LV"。

案例思考：政府采购需要注意什么？

分析与提示：我国 2002 年颁布的《政府采购法》明确规定："政府采购应当遵循公开透明原则、公平竞争原则、公正原则和诚实信用原则。"这对政府采购提出了明确的要求，但同时，更应出台具体的执行措施，与严格的监督机制结合起来。在中共中央出台"八项规定"，大力改进行政作风之时，政府采购更应当严格审批手续，加强监督审查，减少铺张浪费，切实做到按需采购，理性采购，节俭采购。莫要让类似的奢华政府采购，透支政府的公信力。

一、政府采购法律制度的构成

政府采购法律制度是调整政府采购关系的法律规范的总称。我国以《中华人民共和国政府采购法》为核心的政府采购制度框架已初步形成。国务院和各省级地方政府财政部门也相继出台了关于政府采购的法规和规章。

（一）政府采购法

《中华人民共和国政府采购法》是为了规范政府采购行为、提高政府采购资金的使用效益，维护国家利益和社会公共利益、保护政府采购当事人的合法权益、促进廉政建设而制定，由中华人民共和国第九届全国人民代表大会常务委员会第二十八次会议于 2002 年 6 月 29 日通过，自 2003 年 1 月 1 日起开始施行。是针对政府采购的专门法规，对规范政府采购行为、提高采购资金的使用效率、维护国家利益、促进廉政建设具有十分重要的意义。

（二）政府采购部门规章

为了细化政府采购法中的原则性规定，进一步规范有法可依的采购行为，财政部陆续颁布了《政府采购货物和服务招标投标管理办法》（财政部令第 18 号）、《政府采购信息公告管理办法》（财政部令第 19 号）、《政府采购供应商投诉管理办法》（财政部令第 20 号）、《政府采购代理机构资格认定办法》（财政部令第 31 号）等一系列政府采购部门规章。

（三）政府采购地方性法规和政府规章

各省级地方政府根据本省的具体情况颁布本行政区域政府采购活动的地方性法规和政府规章。这些法规和规章以《中华人民共和国政府采购法》为依据，结合各地实际情况，具有较强的针对性，如《湖南省采购暂行办法》《湖南省 2015 年度政府集中采购目录及政府采购限额标准》等。

二、政府采购的概念

政府采购，是指各级国家机关、事业单位和团体组织，使用财政性资金采购依法制定的集中采购目录以内的或者采购限额标准以上的货物、工程和服务的行为。政府采购不仅是指具体的采购过程，而且是采购政策、采购程序、采购过程及采购管理的总称，是一种对公共采购管理的制度，是一种政府行为。

（一）政府采购的主体范围

政府采购是以政府为主体的采购活动，其主体范围主要包括政府采购管理机关、政府采购机关、采购单位、政府采购社会中介、供应商和政府采购资金管理部门。

▶ 1. 政府采购管理机关

政府采购管理机关是指在财政部门内部设立的，制定政府采购政策、法规和制度，规范和监督政府采购行为的行政管理机构。政府采购管理机关不参与和干涉采购中的具体商业活动。

▶ 2. 政府采购机关

政府采购机关是具体执行采购政策、组织实施采购活动的执行机构。政府采购机关可以分为集中采购机关和非集中采购机关。政府采购机关实施采购活动可以自己组织，也可以委托社会中介机构代理。

▶ 3. 采购单位

采购单位是政府采购中货物、工程和服务的直接需求者，主要包括各级国家机关和实施预算管理的政党组织、社会团体、事业单位和政策性的国有企业。

▶ 4. 政府采购社会中介机构

政府采购社会中介机构是指取得政府采购代理资格，接受采购机关委托、代理政府采购业务的中介组织。

▶ 5. 供应商

供应商是指在中国境内外注册的企业、公司及其他提供货物、工程和服务的自然人、法人。

▶ 6. 政府采购资金管理部门

政府采购资金管理部门是指编制政府采购资金预算、监督采购资金的部门。我国现阶段政府采购资金管理部门包括财政部门和采购单位的财务部门。

另外，根据《政府采购法》，下列四种情况不受约束：军事采购；采购人使用国际组织和外国政府贷款进行的政府采购；采购人对因严重自然灾害和其他不可抗力事件所实施的紧急采购和涉及国家安全和秘密的采购；中国香港和中国澳门两个特别行政区的政府采购。

（二）政府采购的资金范围

政府采购主要运用的是财政性资金，包括财政预算资金、预算外资金和单位自筹资金。财政预算资金是指国家财政以各种形式划拨的资金；预算外资金是指单位通过各种行政事业性收费、政府采购性基金、政府间捐赠资金等获得的收入。单位自筹资金指采购机关按照政府采购拼盘项目要求，按规定用单位自有资金安排的资金。

（三）政府集中采购目录和政府采购限额标准

集中采购目录，是指应当实行集中采购的货物、工程和服务类别目录。采购限额标准是指集中采购目录以外应实行政府采购的货物、工程和服务的最低金额标准。由于政府购买的项目品种很多，因此政府集中采购目录和政府采购限额标准实行分级管理，由国务院、省、自治区、直辖市人民政府或其授权的机构确定政府集中采购目录并公布。

《政府采购法》第七条第二款规定："属于中央预算的政府采购项目，集中采购目录由国务院确定并公布。属于地方预算的政府采购项目，集中采购目录由省、自治区、直辖市人民政府或其授权的机构确定并公布。集中采购范围则由省级以上人民政府确定。"

（四）政府采购的对象范围

政府采购的对象包括货物、工程和服务。

货物，包括有形和无形（专利）的各种形态和类型的物品。

工程，包括建筑以及相关勘探、设计、施工等。

服务，包括信息网络开发、金融保险服务、运输服务等。

三、政府采购原则

《政府采购法》规定："政府采购应当遵循公开透明原则、公平竞争原则、公正原则以及诚实信用原则。"在这些原则中，公平竞争是核心，公开透明是体现，公正和诚实信用是保障。

▶ 1. 公开透明原则

公开透明是政府采购必须遵循的基本原则之一，政府采购被誉为"阳光下的交易"，即源于此。政府采购的资金来源于纳税人缴纳的各种税金，只有坚持公开透明，才能为供应商参加政府采购提供公平竞争的环境，为公众对政府采购资金的使用情况进行有效的监督创造条件。公开透明要求政府采购的信息和行为不仅要全面公开，而且要完全透明。仅公开信息但仍搞暗箱操作属于违法行为。依本法精神，公开透明要求做到政府采购的法规和规章制度要公开，招标信息及中标或成交结果要公开，开标活动要公开，投诉处理结果或司法裁裁决定等都要公开，使政府采购活动在完全透明的状态下运作，全面、广泛地接受监督。

▶ 2. 公平竞争原则

公平原则是市场经济运行的重要法则，是政府采购的基本规则。公平竞争要求在竞争的前提下公平地开展政府采购活动。首先，要将竞争机制引入采购活动中，实行优胜劣汰，让采购人通过优中选优的方式，获得价廉物美的货物、工程或者服务，提高财政性资金的使用效益。其次，竞争必须公平，不能设置妨碍充分竞争的不正当条件。公平竞争是指政府采购的竞争是有序竞争，要公平地对待每一个供应商，不能有歧视某些潜在的符合条件的供应商参与政府采购活动的现象，而且采购信息要在政府采购监督管理部门指定的媒体上公平地披露。本法有关这方面的规定将推进我国政府采购市场向竞争更为充分、运行更为规范、交易更为公平的方向发展，不仅使采购人获得价格低廉、质量有保证的货物、工程和服务，同时还有利于提高企业的竞争能力和自我发展能力。

▶ 3. 公正原则

公正原则是为采购人与供应商之间在政府采购活动中处于平等地位而确立的。公正原则要求政府采购要按照事先约定的条件和程序进行，对所有供应商一视同仁，不得有歧视条件和行为，任何单位或个人无权干预采购活动的正常开展。尤其是在评标活动中，要严格按照统一的评标标准评定中标或成交供应商，不得存在任何主观倾向。为了实现公正，本法提出了评标委员会以及有关的小组人员必须要有一定数量的要求，要有各方面代表，而且人数必须为单数，相关人员要回避，同时规定了保护供应商合法权益及方式。这些规定都有利于实现公正原则。

▶ 4. 诚实信用原则

诚实信用原则是发展市场经济的内在要求，在市场经济发展初期向成熟时期过渡阶段，尤其要大力推崇这一原则。诚实信用原则要求政府采购当事人在政府采购活动中，本着诚实、守信的态度履行各自的权利和义务，讲究信誉，兑现承诺，不得散布虚假信息，不得有欺诈、串通、隐瞒等行为，不得伪造、变造、隐匿、销毁需要依法保存的文件，不得规避法律法规，不得损害第三人的利益。本法对此以及违法后应当承担的法律责任做了相应规定。坚持诚实信用原则，能够增强公众对采购过程的信任。

【经典真题·单选题】政府采购要按照事先约定的条件和程序进行，对供应商应一视同仁，不得有歧视条件和行为，这体现了政府采购的（ ）。

A. 公开透明原则　　B. 公正原则　　C. 公平竞争原则　　D. 诚实信用原则

【正确答案】B。

四、政府采购的功能

（一）节约财政支出，提高采购资金的使用效益

政府采购资金主要来源于财政资金，政府部门有义务合理使用采购资金，提高采购效益。实行政府采购，增强财政履行分配职能的力度和水平，保证政府采购资金按预算目标使用，既可以节约成本，又可以在保证产品质量的前提下，压低产品和劳务的价格。实践证明，政府采购制度是一种集中与分散相结合的公开透明的采购制度。从国际经验来看，实行政府采购一般资金节约率为10%以上。

（二）强化宏观调控

政府采购的采购量大，采购行为集中，能调整产业结构，对国家经济活动产生重要影响。例如，政府采购高技术产品，就能带动这类产品的生产供应与技术研发。因此，政府完全可以利用政府采购的间接影响力实现调控目的。《政府采购法》第九条明确规定："政府采购应当有助于实现国家的经济和社会发展政策目标，包括保护环境，扶持不发达地区和少数民族地区，促进中小企业发展等。"

（三）活跃市场经济

政府采购活跃市场经济主要表现在以下方面。

（1）政府采购使政府正常运转需要的货物、需建的工程和服务，由政府自产、自建、自管转为全方位面向市场开放，极大地活跃市场经济。

（2）政府采购的公开招标、竞争性谈判等方式，促使企业按市场经济的规律运行，不断提高产品质量，提高服务质量，提高产品竞争力等，也促使市场经济的活跃。

（3）政府宏观调控，加大投资，促进内需，大多通过政府采购渠道来进行。大量的政府采购行为使市场经济更加活跃。

（四）推进反腐倡廉

行政腐败是制约我国政治经济体制改革的重大问题，治理行政腐败不仅需要运用党纪国法的严厉制裁，而且需要从经济源头加以杜绝。大量的案例表明，政府购买过程中的钱权交易是滋生行政腐败的主要形式，因此，在实现政府采购市场体制化与公开化的基础上，通过政府采购政策，可以杜绝政府采购主体的行为规范，有效地、及时地铲除行政腐

败的幼苗，同时又由于政府采购建立了一套外在的监督制度，受到广大社会公众的监督，规范了采购的流程，强化了对采购行为的约束力。

（五）保护民族产业

在政府采购市场中适度保护民族产业是发展中国家在对外开放过程中的必要措施，根据 WTO 的规定，我国的进口关税水平，已降到极限，因此政府采购已成为重要的非关税壁垒之一。按照国际惯例，我们完全可以凭借国家安全、经济欠发达等理由为依据，制定一些具有保护民族产业的政府采购政策及相关的国内配套政策，在国际贸易中，这是保护本国政府采购市场，保护民族产业的一个合理、合法手段。

【经典习题·多选题】政府采购的功能除具有节约财政支出，提高采购资金的使用效益外，还包括的功能有（　　）。

A. 强化宏观调控　　B. 推进反腐倡廉　　C. 活跃市场经济　　D. 保护民族产业

【正确答案】A、B、C、D。

案情简介

俄罗斯政府和国企每年的采购额高达 13 万亿卢布（1 元人民币约合 5.31 卢布），无疑是极具诱惑力的一块大蛋糕。俄经济发展部会商工贸部 2012 年宣布，对参加政府采购招标的俄商品给予 15% 的合同价格优惠，俄罗斯总统普京也在视察俄罗斯伏尔加汽车厂时高调宣布，所有中央和地方政府机关、依靠联邦预算拨款的单位和企业，今后只能购买俄罗斯和统一经济空间（俄罗斯、白俄罗斯、哈萨克斯坦三国共同建立）境内生产的汽车。

政府采购规模居世界第一的当属美国，各级政府的年采购总额高达 2 万多亿美元（1 美元约合 6.33 元人民币）。尽管美国政府采购的程序十分透明，但依然从制度上确定了美国产品在政府采购中的优先地位。

美国国会早在 1933 年即颁布了"购买美国货"条款，要求美国联邦政府采购要购买美国产品，并明确用原产地规则来界定美国产品。金融危机爆发后，奥巴马政府为刺激政策，出台了一系列经济刺激方案，其中"购买美国货"条款也包含在内。该条款增加了美国产品 6% 的权重优势，例如，某项产品的美国企业和其他国家公司报价都是 100 美元，那么后者的报价将被视为 106 美元。

美国地方政府采购的一个新趋势是参加洲际采购联盟。采购联盟或采购组织是一个第三方的采购服务提供商，它通过为其他企业做采购，集小订单成大订单，获取采购规模优势。由于直接与制造商交易，减少中间层次，大大降低了流通成本，保障了产品质量。

美国各行业都有这样的采购联盟。例如，美国地方政府采购联盟是一个第三方采购组织，有 7 000 多个政府机构加入了这个采购组织，直接采购成本降低了 15% 以上。Amerinet 是美国最大的医院和诊所的采购组织，平均能为其客户节省 20% 的采购成本。

另外，美国政府采购还对中小企业给予积极支持。根据有关规定，10 万美元以下的政府采购合同，要优先考虑中小企业。例如，艾奥瓦州政府就规定，每年政府采购合同总额的 10% 应给予小企业。另外，还要求通过价格优惠方式对中小企业给予照顾，中型企业的价格优惠幅度为 6%，小型企业为 12%。

澳大利亚政府采购倾向国内公司，这在澳政府眼中是自然而然的事情。不久前就有这么一条新闻引发强烈关注，中国企业华为公司遭澳政府全面拒绝，无法参与澳大利亚国家宽带网络建设项目。

案例思考：
（1）政府采购有没有倾向性？
（2）材料中的内容体现了政府采购的哪些功能？
（3）美国的政府采购有什么特点？

分析与提示：
（1）世界上各个国家的政府采购都具有天然的采购本地或本国商品及服务的倾向，虽然大部分国家并没有明文规定，但出于采购速度、贸易壁垒、产业保护等多方面原因的考虑，采购主体会优先考虑购买本国商品。
（2）体现了政府采购的节约资金、提高效率功能；以及宏观调控的功能和保护民族产业的功能。
（3）美国的各行业都有采购联盟，能节约采购资金，再加上政府采购很早就注意到了采购的方向，以本国商品为主，极大地保护了国内的商家和企业，尤其是对小企业明显的政策倾斜，有利于小企业的发展。

五、政府采购的执行模式

根据我国《政府采购法》的规定，政府采购实行集中采购和分散采购相结合的模式。

（一）集中采购

采购人采购纳入集中采购目录的政府采购项目，应当实行集中采购。集中采购目录由省级以上人民政府确定并公布。采购人采购纳入集中采购目录的政府采购项目，必须委托集中采购机构代理采购。

（二）分散采购

采购人采购集中采购目录之外且达到限额标准以上的采购项目，应当实行分散采购。政府采购限额标准由省级以上人民政府确定并公布。采购未纳入集中采购目录的政府采购项目，可以自行采购，也可以委托集中采购机构在委托的范围内代理采购。

（三）集中采购和分散采购的比较

集中采购和分散采购的对比如表4-2所示。

表4-2　集中采购和分散采购的比较

项目	集中采购	分散采购
概念差异	政府设立的职能机构统一为其他政府机构提供采购服务的一种采购组织实施形式	各预算单位自行开展采购活动的一种采购组织实施形式
采购机构	委托集中采购机构代理采购	采购未纳入集中采购目录的政府采购，可以自行采购，也可以委托集中采购机构在委托范围内代理采购
优点	1. 取得规模效应、降低采购成本、保证采购质量； 2. 贯彻落实政府采购有关政策取向，便于实施统一的管理和监督	1. 能实现采购的多样性和及时性； 2. 手续简单，采购周期短

续表

项目	集中采购	分散采购
缺点	1. 不适合紧急情况采购； 2. 难以满足用户多样性的需求； 3. 采购程序复杂、采购周期长	1. 失去了规模效应； 2. 加大采购成本； 3. 不利于监督管理

【经典习题·单选题】下列项目中，属于集中采购不利之处的是（ ）。
A. 降低采购成本　　　　　　　　B. 保证采购质量
C. 便于实施统一的管理和监督　　D. 采购程序复杂
【正确答案】D。

【经典习题·多选题】下列项目中，属于分散采购不利之处的是（ ）。
A. 加大采购成本　　　　　　　　B. 失去了规模效益
C. 满足采购及时性和多样性的需求　D. 不便于管理和监督
【正确答案】A、B、D。

【经典习题·判断题】一般采购代理机构的资格由国务院有关部门或者省级以上人民政府有关部门认定，主要负责分散采购的代理业务。（ ）
【正确答案】√。

六、政府采购当事人

政府采购当事人是指在政府采购活动中享有权利和承担义务的各类主体，法律明确规定的当事人包括采购人、供应商和采购代理机构等。

（一）采购人

采购人是指依法进行政府采购的国家机关、事业单位和团体组织。根据我国宪法规定，国家机关包括国家权力机关、国家行政机关、国家审判机关、国家检察机关、军事机关等。事业单位是指政府为实现特定目的而批准设立的事业法人。团体组织是指各党派及政府批准的社会团体。我国《政府采购法》规定的采购人不包括国有企业，主要是考虑到企业是生产经营性单位，其资金并非全部是财政性资金，存在资金来源多元化；而且其采购活动涉及生产的效率，所以不能完全套用政府采购的规定运作。

（二）供应商

供应商是指向采购人提供货物、工程和服务的法人、其他组织或者自然人。关于法人、其他组织或者自然人，根据《民法通则》的相关规定来界定。供应商的各主体是指在我国境内注册登记的法人和其他组织以及中国公民，不包括在我国境外注册登记的法人和其他组织以及外国公民。

（三）采购代理机构

采购代理机构分为两种。一种是政府依法按照限制性原则、非强制性原则和独立设置原则设立的集中采购机构。它是非营利性事业单位，其业务有强制性的，也有非强制性的，主要是负责组织实施集中采购活动。

另一种是指具备一定条件的招投标代理中介机构。其具备的条件主要有两个：一是有省级以上有关政府部门授予的招投标代理资质，二是获得省级以上财政部门登记备案资格。采购代理机构的主要职能是为采购人提供采购代理服务，应当在采购人委托的事项和范围内开展工作。

【经典习题·多选题】下列选项中，可以作为政府采购当事人中采购人的有（　　）。
A. 商务部　　　　　B. 中国红十字会　　C. 财政部　　　　D. 个人独资企业
【正确答案】A、B、C。
【经典习题·多选题】政府采购当事人的范围包括（　　）。
A. 采购人　　　　　　　　　　　　　B. 供应商
C. 政府采购监督管理机构　　　　　　D. 采购代理机构
【正确答案】A、B、D。

七、政府采购方式

政府采购方式指政府为实现采购目标而采用的方法和手段。我国《政府采购法》规定，我国的政府采购方式有公开招标、邀请招标、竞争性谈判、单一来源采购、询价和国务院政府采购监督管理部门认定的其他采购方式。其中，公开招标应作为政府采购的主要采购方式。

（一）公开招标采购

公开招标采购是指招标人（政府采购中心或其委托的中介机构）按照法定的程序，在媒体上公开刊登通告，吸引所有潜在有兴趣的不特定的供应商参加投标，并按事先确定的标准择优选出中标供应商，与之签订政府采购合同的一种采购方式。公开招标是目前各国政府采购中普遍使用的方式，有着竞争性强、透明度高、程序规范、采购规模大等优点。

符合下列条件之一的，政府采购中心或其委托的中介机构应当采取公开招标采购。

(1) 合同价值5万元以上的物资。

(2) 合同价值50万元以上的工程。

(3) 合同价值5万元以上的服务。

(4) 采购目录中规定应当集中采购而未达到上述标准的项目。

特别注意的是，首先，政府采购达到规定限额的，应该采取公开招标的方式，因特殊情况需要使用公开招标以外的招标方式的，应当在采购活动开始前获得设区的市、自治州以上人民政府采购监督管理部门的批准。其次，采购人不得将应当公开招标的货物或者服务化整为零规避公开招标采购。最后，采购工程必须依法使用公开招标的方式。

（二）邀请招标

邀请招标，也称为有限竞争性招标，是指招标方根据供应商或承包商的资信和业绩，向3家或3家以上的供应商或承包商发出投标邀请，由被邀请的供应商、承包商投标竞争，从中选定中标者的招标方式。

有下列情形之一的，经批准可以进行邀请招标。

(1) 技术复杂、有特殊要求或者受自然环境限制，只有少量潜在投标人可供选择。

(2) 采用公开招标方式的费用占项目合同金额的比例过大。

（三）竞争性谈判

竞争性谈判，是指采购人或者采购代理机构直接邀请三家以上供应商就采购事宜进行谈判的方式。竞争性谈判采购可以缩短准备期，供求双方能够进行更为灵活的谈判，从而使采购项目更快地发挥作用，有利于提高工作效率，减少采购成本。

符合下列情形之一的货物或者服务，可以采用竞争性谈判的方式。

(1) 招标后没有供应商投标、没有合格标的或者重新招标未能成立的。

(2) 技术复杂或性质特殊，不能规定详细规格或者具体要求的。

(3) 采用招标所需时间不能满足用户紧急需要的。
(4) 不能事先计算出价格总额的。

(四) 单一来源采购

单一来源采购也叫直接采购,是没有竞争的采购,是一种从唯一供应商处直接购买的采购方式。

由于单一来源采购只同唯一的供应商、承包商或服务提供者签订合同,所以就竞争态势而言,采购方处于不利的地位,有可能增加采购成本;并且在谈判过程中容易滋生索贿受贿现象,所以对这种采购方法的使用,国际规则都规定了严格的适用条件。

符合下列情形之一的货物或者服务,可以采用单一来源采购的方式。
(1) 采购标的来源单一,只能从唯一供应商处采购的。
(2) 发生了不可预见的紧急情况不能从其他供应商处采购的。
(3) 为了保证一致或配套服务,需要继续从原供应商添购,并且添购资金总额不能超过原合同金额10%的。

【经典习题·多选题】下列货物或者服务,可以采用单一来源方式采购的是(　　)。
A. 只能从唯一供应商处采购的
B. 具有特殊性,只能从有限范围的供应商处采购的
C. 发生了不可预见的紧急情况不能从其他供应商处采购的
D. 必须保证原有采购项目一致性或者服务配套的要求,需要继续从原供应商处添购,且添购资金总额不超过原合同采购金额10%的

【正确答案】A、C、D。

(五) 询价采购

询价采购也称货比三家,通常是指对几个供货商(通常至少三家)的报价进行比较以确保价格具有竞争性的一种采购方式。对采购的货物规格、标准统一、现货货源充足而且价格变化幅度小的政府采购项目,可以采用询价方式采购。

询价采购适用条件如下。
(1) 采购现成的并非按采购实体的特定规格特别制造或提供的货物或服务。
(2) 采购合同的估计价值低于采购条例规定的数额。

各种政府采购方式比较如表4-3所示。

表4-3 政府采购方式比较

	对象	数量要求	适用情况
公开招标	不特定供应商	无	工程采购
邀请招标	特定供应商	3家以上	供应商有限
竞争谈判	特定供应商	3家以上	一对一单独进行详细商谈采购细节
单一来源	特定供应商	1家	唯一供应商、紧急情况、救灾
询价	特定供应商	3家以上	采购货物规格标准统一、货源充足

【经典习题·多选题】公开招标应作为政府采购的主要采购方式,除公开招标采购方式外,政府采购方式还可以采用的方式有(　　)。
A. 单一来源　　B. 邀请招标　　C. 竞争性谈判　　D. 询价

【正确答案】A、B、C、D。

八、政府采购的监督检查

(一)政府采购监督管理部门的监督

政府采购监督管理部门应当加强对政府采购活动及集中采购机构的监督检查。

(二)集中采购机构的内部监督

集中采购机构应当建立健全内部监督管理制度。采购活动的决策和执行程序应当明确,并相互监督、相互制约。

(三)采购人的内部监督

采购人必须按照《政府采购法》规定的采购方式和采购程序进行采购。政府采购项目的采购标准和采购结果应当公开。

(四)政府其他有关部门的监督

依照法律、行政法规的规定对政府采购负有行政监督职责的政府部门,应当按照其职责分工,加强对政府采购活动的监督。

(五)政府采购活动的社会监督

任何单位和个人对政府采购活动中的违法行为,有权控告和检举,有关部门、机关依照各自职责及时处理。

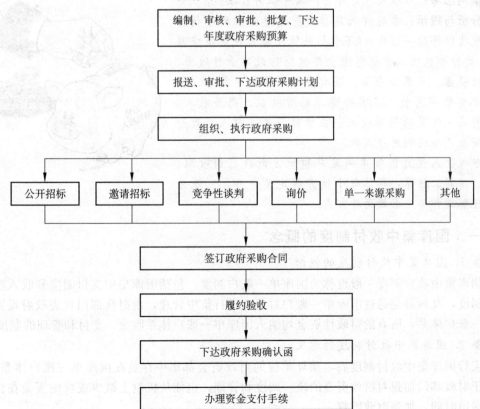

政府采购工作流程图

复习思考题

1. 政府采购的原则和功能是什么?
2. 政府采购有哪些当事人?
3. 集中采购和分散采购有什么不同?
4. 政府采购的方式有哪些?

第三节 国库集中收付制度

案例导入

2011年深圳市政府出台《深圳市政府非税收入管理办法》,对政府非税收入的范围做出了明确界定,作为政府非税收入的组成部分,彩票公益金列入其中。同时,彩票公益金利息也被纳入政府非税收入的范畴。

政府财政资金产生的利息收入即为税收和非税收入产生的利息收入,如果按照中国人民银行规定计息,应统一纳入政府非税收入管理范围。按照这一官方定义,彩票公益金所产生的利息应属于非政府收入范畴。因此,将彩票公益金利息计入政府非税收入不但有据可循,而且也将令公益金的管理变得更透明和规范。

案例思考:非税收入是什么?政府如何收取?

分析与提示:非税收入是指政府通过合法程序获得的除税收以外的一切收入(不包括社保基金及住房维修基金)。政府非税收入管理范围主要包括行政事业性收费、政府性基金、彩票公益金、国有资源有偿使用收入、国有资产有偿使用收入、国有资本经营收益、罚没收入、以政府名义接受的捐赠收入、主管部门集中收入、政府财政资金产生的利息收入等。

非税收入通过国库单一账户和地方财政汇缴收取、上缴、清算、核算,具体每个地方规定不一样,一般分为直接解缴和集中汇缴两种方式。

一、国库集中收付制度的概念

▶ 1. 国库集中收付制度的概念

国库集中收付制度一般也称为国库单一账户制度,包括国库集中支付制度和收入收缴管理制度,其核心是通过国库单一账户对现金进行集中管理,由财政部门代表政府设置国库单一账户体系,所有的财政性资金均纳入国库单一账户体系收缴、支付和管理的制度。

▶ 2. 国库集中收付制度的意义

实行国库集中收付制度后,预算单位的财政资金都集中存放在国库单一账户体系内,有利于财政部门加强对财政资金的统一调度和管理,也能从机制上减少或杜绝资金在预算单位滞留时间,加强财政监督。

二、国库单一账户体系

(一) 国库单一账户体系的概念和构成

国库单一账户体系是指以财政国库存款账户为核心的各类财政性资金账户的集合,所有财政性资金的收入、支付、存储及资金清算活动均在该账户体系运行,如图4-2所示。

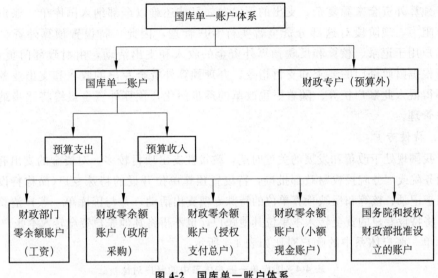

图4-2 国库单一账户体系

国库单一账户体系包括国库单一账户、财政部门零余额账户、预算单位零余额账户、预算外资金财政专户和特设专户。

(二) 各账户的功能

▶ 1. 国库单一账户

国库单一账户即财政部门在中国人民银行开设的国库存款账户,用于记录、核算和反映纳入预算管理的财政收入和支出活动,并用于同财政部门在商业银行开设的零余额账户进行清算,实现支付。

▶ 2. 财政部门零余额账户

财政部门零余额账户在商业银行为本单位开设的零余额账户,用于财政直接支付和与国库单一账户进行清算;并同时为预算单位开设的零余额账户,用于财政直接支付和与国库单一账户进行清算。

零余额账户与财政在中国人民银行开设的国库单一账户相互配合,构成财政资金支付过程的基本账户。为了保证财政资金在支付实际发生前不流出国库单一账户,《财政国库管理制度改革试点方案》实现了先由代理银行支付,每日终了再由代理银行向国库单一账户要款清算的方式。财政直接支付各单位的预算内资金就是通过"财政零余额账户"进行核算支付的,该账户不得提取现金。财政授权支付是通过"单位零余额账户"进行核算支付的,该账户可提取现金。

▶ 3. 预算单位零余额账户

预算单位零余额账户用于财政授权支出。该账户每日发生的支付,于当日营业终了前由代理银行在财政部批准的用款额度内与国库单一账户清算;财政授权的转账业务一律通过预算单位零余额账户办理。预算单位零余额账户在行政单位会计和事业单位会计中使用。

【经典习题·单选题】根据国库集中收付制度的规定,财政部门零余额账户在( )中使用。

A. 国库会计　　B. 财政总预算会计　　C. 行政单位会计　　D. 事业单位会计

【正确答案】A。

▶ 4. 预算外资金财政专户

由于预算外资金来源复杂,支出的不定向,目前还难以全部纳入国库单一账户。为了减少改革阻力,现阶段对这部分资金暂实行专户管理,因此,特设置预算外资金财政专户。该账户用于记录、核算和反映预算外资金的收入和支出活动,由财政部门负责管理。代理银行根据财政部门的要求和支付指令,办理预算外资金专户的收入和支出业务。预算内资金不得混入此账户核算。随着财税改革的逐步深化,预算外资金最终将逐步纳入国库单一账户管理。

▶ 5. 特设专户

由于我国现处于改革和发展的关键时期,政策性支出项目较多,对资金的支出有特殊要求,经国务院或国务院授权财政部批准,特设置预算单位开设的特殊专户(简称特设专户)。该账户用于记录、核算和反映预算单位的特殊专项支出活动,并与国库单一账户清算。预算单位不得将特设专户的资金转入本单位其他账户,也不得将其他账户资金转入本账户核算。

国库单一账户体系中的账户对比如表 4-4 所示。

表 4-4　国库单一账户体系中的账户对比

账户	开户银行	适用范围
国库单一账户	中国人民银行	用于记录、核算和反映纳入预算管理的财政收入和支出
预算外资金专户	商业银行	用于记录、核算和反映纳入预算外资金的收入和支出
财政部门零余额账户	商业银行	用于财政直接支付和国库单一账户进行清算
预算单位零余额账户	商业银行	用于财政授权支付
特设专户	商业银行	预算单位特殊专项支出,与国库单一账户结算

【经典习题·单选题】财政部门在中国人民银行开设的用于记录、核算和反映纳入预算管理的财政收入和支出活动,并用于与财政部门在商业银行开设的零余额账户进行清算,实现支付的账户是( )。

A. 国库单一账户　　　　　　　　　　B. 特设
C. 预算外资金专户　　　　　　　　　D. 财政部门零余额账户

【正确答案】A。

三、财政收入收缴方式和程序

(一) 收缴方式

▶ 1. 直接缴库

直接缴库即直接将应缴收入缴入国库单一账户或预算外资金财政专户。税收收入,由纳税人通过开户银行将税款缴入国库单一账户。

▶ 2. 集中汇缴

集中汇缴是指由征收机关将所收的应缴收入汇总缴入国库单一账户或预算外资金财政专户。小额零散税收和法律另有规定的应缴收入，由征收机关于收缴收入的当日汇总缴入国库单一账户非税收入中的现金缴款。

财政收入划分

按经济性质划分，所有的政府财政收入可以分为六类：税收收入、社会保障缴款、非税收入、转移和赠予收入、贷款回收本金与产权处置收入、债务收入。

税收收入是指国家依据其政治权力向纳税人强制征收的收入，它是最古老也是最主要的一种财政收入形式。

社会保障计划的缴款按缴款来源的不同分为雇员缴款、雇主缴款、自营职业者或无业人员缴款，以及不可分配的缴款。

雇员缴款要么由雇员直接缴纳，要么从雇员的工资和薪金中扣减并由雇主代雇员划拨。当缴纳和接收单位在同一部门或同一分部门时，由广义政府雇主缴纳的数额不因合并而对销，缴款被看作被改变了交易流程，随后由雇员缴纳。自营职业者或无业人员缴款，由不是雇员的缴纳者缴纳。不可分配的缴款，是不能确定其来源的缴款。

非税收入是指除税收以外，由各级政府、国家机关、事业单位、代行政府职能的社会团体及其他组织依法利用政府权力、政府信誉、国家资源、国有资产或提供特定公共服务、准公共服务取得的财政性资金，是政府财政收入的重要组成部分。

转移性收入是指国家、单位、社会团体对居民家庭的各种转移支付和居民家庭间的收入转移。包括政府对个人收入转移的离退休金、失业救济金、赔偿等；单位对个人收入转移的辞退金、保险索赔、住房公积金、家庭间的赠送和赡养等。赠予收入是指国家接受国内外政府、组织、团体、个人等无偿赠送的各类物资的收入。

贷款转贷回收本金收入是指国内外贷款回收本金的收入及国内外转贷回收本金的收入。资产处置收入主要有出售、出让国有资产收入以及国有资产的报废报损残值收入等。

债务收入是国家通过借贷的方式，从国内外取得的收入。国家财政部门在国内外发行债券、向外国或国际金融机构取得借款，都形成债务收入。

（二）收缴程序

▶ 1. 直接缴库方式

直接缴库方式是由预算单位或缴款人按规定，直接将收入缴入国库单一账户，属预算外资金的，则直接缴入预算外资金财政专户，不再设立各类过渡性账户。集中汇缴方式是由征收机关和依法享有征收权限的单位按规定，将所收取的应缴收入汇总直接缴入国库单一账户，属预算外资金的，则直接缴入预算外资金财政专户，也不再通过过渡性账户收缴。

▶ 2. 集中汇缴

小额零散税收、非税收入中的现金缴款等由征收机关(有关法定单位)按有关法律法规规定，将所收的应缴收入汇总缴入国库单一账户或预算外资金财政专户。实行集中汇缴方式的收入，主要包括小额零散税收和非税收入中的现金缴款。

案情简介

司机小王于大雨中小心翼翼驾车正常行驶到一个路口处时，被一辆小型轿车追截，小王原以为遇到劫匪正在莫名其妙的时候，从车上下来了两名身穿警服的人，态度蛮横且在未出示任何证件的情况下，索要小王的驾驶证和行驶证。小王不知道是何方神圣，坚持要求警察出示警官证时，其中一个态度恶劣地说："我没警官证，你给交警支队说说，让他们给我办个警官证，我会感谢你的！"之后恼羞成怒向其他人打电话，十余分钟之后，赶来一位自称有警官证的李姓交警，不说明理由将小王驾驶证扣留，要求必须将车辆开往停车场内处理。接着，李姓警官给开出了两份处罚：一份是故意遮挡机动车号牌，罚款200元，扣6分；另一份为警告处罚。面对清晰明了的车辆号牌，小王拍照留证，惹恼了李姓警官，将警告处罚变成了"违反禁令标志的处罚"，又罚100元，扣3分。面对莫名其妙的罚款，停车场则要求小王缴纳罚款后再交停车费方可离开。气愤中小王投诉该市交警支队，结果另一警官撂下一句"处罚得当，不服可以在15日内行政复议"。

案例思考：

(1) 交通违法的罚款所得属于非税收入吗？

(2) 上述案例暴露了非税收入的什么问题？

分析与提示：

(1) 非税收入的范围包括：行政事业性收费、政府性基金、国有资源有偿使用收入、国有资产有偿使用收入、国有资本经营收益、彩票公益金、罚没收入、以政府名义接受的捐赠收入、主管部门集中收入以及政府财政资金产生的利息收入等。

(2) 目前，我国采用的收支挂钩的收费体制，财政部门统筹固定的比例，分批返还给收费主体，收得越多，返还得越多，因此收费与单位利益联系紧密，为保住和扩大既得利益，各部门竞相行使分配职能，收费规模日益膨胀，难免出现用非法手段获取收入。

四、财政支出的支付方式和程序

(一) 财政支出支付方式

▶ **1. 财政直接支付**

财政直接支付是指预算单位按照部门预算和用款计划确定的资金用途，提出支付申请，经财政国库执行机构审核后开出支付令，送代理银行，通过国库单一账户体系中的财政零余额账户或预算外资金支付专户，直接将财政性资金支付到收款人或收款单位账户。财政直接支付类型包括工资支出、政府采购和其他支出。

▶ **2. 财政授权支付**

财政授权支付是国库集中支付的另一种形式。采用财政授权支付方式，是借鉴国际经验，将经常性小额支付在授权范围内交由预算单位管理。这样可以在不改变预算单位资金使用权的情况下，加强管理监督，方便预算单位用款。同时，每日大量发生的小额支付由财政授权预算单位自行支付,不需要逐笔向财政部门申请,可以提高支付效率。

财政授权支付可以办理提现、转账、汇兑、同城特约委托收款、资金退回、科目更正;也可以向本单位按照账户管理规定保留的相应账户划拨工会经费、住房公积金、提租补贴以及经财政部批准的特殊款项等。

【经典习题·多选题】根据国库集中收付制度的规定,财政性资金的支付方式有( )。
A. 财政直接支付 B. 财政分散支付 C. 财政集中支付 D. 财政授权支付
【正确答案】A、D。

(二)支付程序

▶ 1. 直接支付程序

(1)一级预算单位汇总、填制《财政直接支付申请书》上报财政局国库支付中心。

(2)财政局国库支付中心审核确认后,开具《财政直接支付汇总清算额度通知单》和《财政直接支付凭证》分别送中国人民银行、预算外专户的开户行和代理银行。

(3)代理银行根据《财政直接支付凭证》及时将资金直接支付到收款人或用款单位,然后开具《财政直接支付入账通知书》,送一级预算单位和基层预算单位。

(4)一级预算单位及基层预算单位根据《财政直接支付入账通知书》作为收到和付出款项的凭证。

(5)代理银行依据财政局国库支付中心的支付指令,将当日实际支付的资金,按一级预算单位、预算科目汇总,分资金性质填制划款申请凭证并附实际支付清单,分别与国库单一账户、预算外专户进行清算。

(6)人民银行和预算外专户开户行在《财政直接支付汇总清算额度通知单》确定的数额内,根据代理银行每日按实际发生的财政性资金支付金额填制的划款申请与代理银行进行资金清算。

财政直接支付流程如图4-3所示。

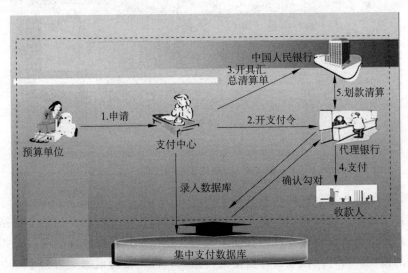

图4-3 财政直接支付流程

▶ 2. 财政授权支付程序

(1)申请和下达用款额度。预算单位按照规定时间和程序编报分月用款计划,申请财政授权支付用款额度。财政部门批准后,分别向中国人民银行和代理银行总行签发《财政授权支付汇总清算额度通知单》和《财政授权支付额度通知书》。

（2）预算单位办理支付业务。预算单位凭据《财政授权支付额度到账通知书》确定的额度，自行签发财政授权支付指令，通知代理银行办理资金支付业务。

（3）代理银行办理支付。代理银行收到预算单位提交的支付指令后，审核支付指令的金额是否在财政部下达的相应预算科目财政授权支付用款额度范围内，以及支付指令信息是否齐全完整。审核无误后，按照有关规定办理现金支付或转账、信汇、电汇等资金支付和汇划业务。

（4）代理银行清算资金。代理银行根据已办理支付的资金，在营业日终了前的规定时间内，填写《财政授权支付申请划款凭证》，向中国人民银行提出清算申请。中国人民银行审核无误后，按规定程序，在规定时间内将资金划往代理银行在中国人民银行的存款准备金账户。对于预算单位退回的资金，代理银行及时向中国人民银行提出《申请退款凭证》，中国人民银行营业管理部按规定办向国库单一账户的资金清算工作。

（5）中国人民银行办理清算业务。中国人民银行国库局收到代理银行提交的《财政授权支付申请划款凭证》后，审核凭证基本要素是否齐全、准确、规范，以及申请划款金额是否超出《财政授权支付汇总清算额度通知单》的累计额度和国库单一账户库存余额。审核无误后，通知营业管理部办理资金清算业务。

财政授权支付流程如图 4-4 所示。

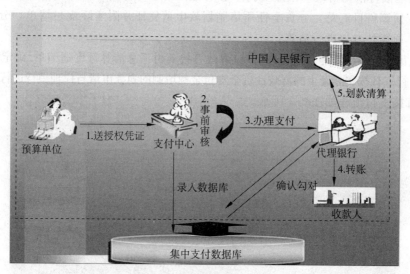

图 4-4　财政授权支付流程

▶ 3. 财政直接支付和财政授权支付的比较

财政直接支付是指由财政部门签发支付令，代理银行根据财政部门的支付指令，通过国库单一账户体系将资金直接支付到收款人或用款单位账户。财政授权支付是指采购人按照财政部门的授权，自行向代理银行签发支付指令，代理银行根据支付指令，在财政部门批准的预算单位的用款额度内，通过国库单一账户体系将资金支付到收款人账户。

对供应商来说，直接支付方式下，为采购人出具发票、合同、验收单等后，不能收取支票、现金等，需要等待财政部门的银行转账；而授权支付方式与传统方式相似，在为采购人出具发票、合同、验收单等后，需收取支票，注意该支票背后必须附零余额账户有关的12位科目编码，采购人将该支票存入银行即可。其他资金来源的支票或现金方式与传统方式一样。

【经典习题·判断题】财政授权支付是指预算单位按照财政部门的授权，自行向代理银行签发支付指令，代理银行根据支付指令，在财政部批准的预算单位的用款额度内，通过国库单一账户体系将资金支付到收款人账户。（　　）

【正确答案】√。

案情简介

某事业单位执行国库集中收付制度。2015年发生如下经济业务事项。

（1）工资由财政直接支付，收到代理银行转来的《财政直接支付入账通知书》及《工资发放明细表》，款项已由代理银行支付到个人工资账户，发放工资80万元。

（2）甲单位购买随买随用的办公用品，填制《财政授权支付凭证》送代理银行，购买办公用品1万元。

（3）甲单位为开展业务活动购买材料4.5万元，填制《财政授权支付凭证》送代理银行，款项支付完毕，材料已入账，并已全部用于业务活动。

（4）采购一台管理用设备，按照合同规定，购买价格50万元，由财政直接支付。甲单位收到代理银行转来的《财政直接支付入账通知书》及有关凭证，设备已验收入库。

案例思考：

（1）执行国库集中收付制度的单位，经过申请可设立哪些账户？

（2）财政直接支付与财政授权支付的使用范围是否合法？

（3）财政授权支付的程序是如何规定的？

分析与提示：

（1）执行国库集中收付的单位，经过申请可以设立预算单位零余额账户和特设账户。预算单位零余额账户可以办理转账、提取现金等结算业务，可以向本单位按账户管理规定保留的相应账户划拨工会经费、住房公积金及提取补贴以及财政部门批准的特殊款项。特设账户用于记录、核算和反映预算单位的特殊专项支出活动，并用于与国库单一账户清算。

（2）本案例中直接支付和授权支付都是符合规定的。根据规定，实行财政直接支付的支出包括工资支出、购买支出以及转移支付等。实行财政授权支付的支出包括未实行财政直接支付的购买支出和零星支出。

（3）授权支付包括：①预算单位申请月度用款限额；②通知支付银行；③代理银行办理支付；④代理银行办理资金清算；⑤预算单位使用资金。

复习思考题

1. 国库单一账户体系由哪几个账户构成？
2. 财政收缴的方式有哪些？
3. 财政支出的方式有哪些？
4. 财政直接支付和授权支付有什么区别？

第五章 会计职业道德

教学目的与要求

1. 了解职业道德和会计职业道德的概念,职业道德教育的形式、内容和途径。
2. 理解会计职业道德教育的含义和作用。
3. 掌握会计职业道德教育的途径和方法,会计职业道德与会计法律制度的关系以及会计职业道德建设组织与实施的具体方法,重点掌握会计职业道德规范的内容。
4. 规范会计工作的职业行为。
5. 加强会计工作的职业道德意识。

第一节 会计职业道德概述

案例导入

雷曼兄弟公司是为全球公司、机构、政府和投资者的金融需求提供服务的一家全方位、多元化投资银行,是全球最具实力的股票和债券承销和交易商之一。2007年,雷曼兄弟公司净收入、净利润和每股收益连续4年创历史新高,拥有资产达6 390亿美元。2007年夏,美国次贷危机爆发后,雷曼兄弟公司股价在次贷危机后的一年之内大幅下跌近95%,总股东权益仅为284亿美元。2008年9月15日,有着158年历史的华尔街老牌投行雷曼兄弟轰然倒闭,创下美国历史上最大规模的破产案。

安永会计师事务所和雷曼兄弟公司的总部均位于纽约,两家公司从2001年开始合作,直至后者倒闭。2010年12月22日,纽约总检察长库莫(Andrew Cuomo)起诉国际会计巨头安永会计师事务所,指责其帮助雷曼兄弟控股公司粉饰财务状况逾七年之久。库莫在诉讼中称,安永会计师事务所采取"回购105"的方式帮助雷曼兄弟暂时性转移资产。而雷曼兄弟收到的现金会被立即用来支付其他债务。这一做法经常在季度末使用,为雷曼兄弟暂时性转移的资产高达500亿美元,而正是安永会计师事务所"直接协助"在审计方面耍的花招,让雷曼兄弟的资产负债表看来光鲜亮丽。据相关证券资料披露,雷曼倒闭之前的十年,安永会计师事务所从雷曼兄弟身上赚取了超过1.85亿美元的审计费和其他费用。

安永会计师事务所在一份声明中表示,对该公司的指控"没有事实或法律依据",将针对库莫的指控积极为自己展开辩护。同时表示,对雷曼的审计都是按照一般公认会计原则进行的,雷曼破产"不是任何审计问题造成的"。

资料来源:付碧莲. 遭纽约总检察长起诉,安永被指替雷曼造假七年. 国际金融报,2010年12月23日第5版.

案例思考:安永会计师事务所帮助雷曼兄弟公司采用所谓"回购105"的会计手法,使其资产负债表看来光鲜亮丽。这样的做法对吗?

分析与提示:安永会计师事务所为雷曼兄弟公司采取"回购105"的方式帮助其暂时性转移资产。所谓"回购105"的会计调整手法是指被用来将资产从雷曼兄弟的资产负债表中转移,以得到可在数天后按溢价回购抵押品的承诺的业务手法。表面看起来符合会计准则,但其大规模、频繁性、有目的地使用,其实质是为了欺骗客户,掩盖雷曼兄弟公司资金方面已经出现的投资风险,并最终使得雷曼兄弟公司倒闭时众多投资者损失惨重。这是一种以合法形式掩盖非法目的的违法行为,雷曼兄弟公司的破产是雷曼兄弟公司与安永会计师事务所沆瀣一气共同造成的结果。

可见,安永会计师事务所的行为表面看起来是合法的,但违反了作为财会人员的职业道德,置社会公众利益于不顾,最终造成不可估量的损失,而这些损失由雷曼兄弟公司的所有债权人承担,沉重打击了美国以至世界的经济。由此可见,遵守会计职业道德具有重要的意义。

一、职业道德的特征与作用

(一)职业道德的含义

职业道德的概念有广义和狭义之分。广义的职业道德是指从业人员在职业活动中应该遵循的行为准则,涵盖了从业人员与服务对象、职业与职工、职业与职业之间的关系。狭义的职业道德是指在一定职业活动中应遵循的、体现一定职业特征的、调整一定职业关系的职业行为准则和规范。

每个从业人员,不管从事哪种职业,在职业活动中都要遵守职业道德。例如,教师的职业道德是为人师表,学而不厌,诲人不倦;医生的职业道德是救死扶伤,治病救人;法官的职业道德是保障司法公正,清正廉明;注册会计师的职业道德是独立、客观、公正等。职业道德不仅是从业人员在职业活动中的行为准则和要求,也是本行业对社会所承担的道德责任和义务。

【经典习题·单选题】职业道德是同人们的（　　）紧密联系的，具有自身职业特征的道德准则、职业行为规范的总和。

A. 道德活动　　　　　　　　　　B. 职业活动
C. 经济活动　　　　　　　　　　D. 政治活动

【正确答案】B。

【经典习题·单选题】狭义的职业道德是指在一定职业活动中应遵循的、体现一定职业特征的、调整一定职业关系的职业行为（　　）。

A. 规章和要求　　　　　　　　　B. 准则和规范
C. 规则和纪律　　　　　　　　　D. 纪律和规范

【正确答案】B。

（二）职业道德的内容

我国《公民道德建设实施纲要》提出了职业道德的主要内容是：爱岗敬业、诚实守信、办事公道、服务群众、奉献社会。职业道德是道德在职业实践活动中的具体体现。

▶ 1. 爱岗敬业

爱岗敬业就是要热爱本职工作，专心致志地对待自己的职业，工作一丝不苟、尽心尽力、忠于职守，为实现职业的目标而努力奋斗。一个人要想做好本职工作，没有爱岗敬业的职业精神是不行的，这是职业道德所要倡导的首要规范。

▶ 2. 诚实守信

诚实守信就是实事求是地为人做事，讲信用、守诺言，这是职业道德的最基本准则。

▶ 3. 办事公道

办事公道就是指处理各种职业事务时要公道正派、客观公正、不偏不倚、公开公平；对不同的对象一视同仁，秉公办事；不因职位高低、贫富、亲疏的差别而区别对待。

▶ 4. 服务群众

服务群众是指听取群众意见，了解群众需要，端正服务态度，改进服务措施，提高服务质量，这是职业道德的重要原则。

▶ 5. 奉献社会

奉献社会就是要履行对社会对他人的职业义务，自觉努力地为社会为他人做出贡献，这是职业道德的出发点和归宿。当社会整体利益与部分利益、个人利益发生冲突时，要求每一个从业人员把社会整体利益放在首位。

【经典习题·判断题】根据我国《公民道德建设实施纲要》，办事公道不属于职业道德的基本内容。

【正确答案】×。

（三）职业道德的特征

职业道德是道德在职业实践活动中的具体体现，具有以下四个特征。

▶ 1. 行业性

由于职业道德的内容与职业实践活动紧密相关，所以职业道德的行业性很强，不具有全社会普遍的适用性。一定的职业道德规范只适用一定的职业活动领域；有些具体的行业道德规范，只适用于本行业，其他行业就不完全适用，或完全不适用。

2. 实践性

由于职业活动都是具体的实践活动，因此根据职业实践经验概括出来的职业道德规范，具有较强的针对性、实践性，容易形成条文，一般用行业公约、工作守则、行业须知、操作规程等具体的规章制度形式，约束本行业的从业人员，并且公之于众，让行业内外人员检查、监督，有的甚至被纳入法律规范。如《中国注册会计师职业道德基本准则》就是以财政部门规范性文件的形式颁布的，可以直接指导、规范注册会计师的职业活动。

3. 继承性

任何职业都有自身历史的延续性。职业道德受社会经济关系决定，随着社会经济关系的变化而改变；但某一职业首先是与职业活动紧密结合的，同样一种职业因服务对象、服务手段、职业利益、职业责任和义务相对稳定，职业行为的道德要求的核心内容就被继承和发扬，即使在不同的时代也有其共性。由此决定职业道德具有较强的相对稳定性和历史继承性的特点。

4. 多样性

既然职业道德与具体的职业相联系，而社会上的职业是复杂的、多样的，因此有多少种职业就有多少种职业道德。例如，经商的有"商德"，行医的有"医德"，执教的有"师德"，从艺的有"艺德"。即使在同一行业中又有不同的岗位，这些不同的岗位又有更加具体的职业道德要求。随着生产力和社会的发展，新兴行业不断产生，与之相适应的职业道德也就层出不穷，职业道德就越来越多样，越来越丰富。

（四）职业道德的作用

职业道德是社会道德体系的重要组成部分，它一方面具有社会道德的一般作用，另一方面它又具有自身的特殊作用，具体表现在以下两个方面。

1. 有利于促进职业活动的有序进行

职业道德一方面可以约束职业内部人员相互之间的行为，促进职业内部人员的团结与合作。如职业道德规范要求各行各业的从业人员，都要团结、互助、爱岗、敬业、齐心协力地为发展本行业、本职业服务。另一方面，职业道德又可以调节从业人员和服务对象之间的关系，促进从业人员与服务对象之间互敬互信。如职业道德规定了制造产品的工人要怎样对用户负责；营销人员怎样对顾客负责；医生怎样对病人负责；教师怎样对学生负责等。职业活动的质量在一定程度上依靠员工的职业素质。员工素质主要包含知识、能力、责任心三个方面，其中责任心是最重要的。职业道德水平高的从业人员其责任心是极强的，有助于形成职业内部人员相互之间、从业人员和服务对象之间良性发展关系，从而帮助企业获得较高的经济效益并发展壮大。因此，职业道德能促进职业活动的有序进行。

2. 对社会道德风尚产生积极的影响

职业道德是整个社会道德的主要内容。职业道德一方面涉及每个从业者如何对待职业，如何对待工作，同时也是一个从业人员的生活态度、价值观念的表现；是一个人的道德意识，道德行为发展的成熟阶段，具有较强的稳定性和连续性。职业道德水平高的从业人员会严格要求自己遵守职业道德规范和法律规定，积极、认真地对待工作和生活。另一方面，职业道德也是一个职业集体，甚至一个行业全体人员的行为表现，如曾经的山西票号为代表的商人行业既求利也重信，发展为一股极为强大的金融力量。如果每个行业、每个职业集体都具备优良的道德，对整个社会道德风尚的形成肯定会产生积极的影响。

二、会计职业道德的概念与特征

（一）会计职业道德的概念

会计职业道德是指在会计职业活动中应当遵循的、体现会计职业特征的、调整会计职业关系的职业行为准则和规范。会计职业道德规范的对象主要包括单位会计人员、注册会计师。理解会计职业道德的概念，应把握以下几个方面。

▶ 1. 会计职业道德是调整会计职业活动中各种利益关系的手段

在市场条件下，会计职业活动中的各种经济关系十分复杂，这些经济关系的实质是经济利益关系。在我国社会主义市场经济建设中，各经济主体的利益与国家利益、社会公众利益常发生冲突。会计职业道德可以配合国家法律制度，调整职业关系中的经济利益关系，维护正常的经济秩序。会计职业道德允许个人和各经济主体获取合法的自身利益，但反对通过损害国家和社会公众利益而获取违法利益。

▶ 2. 会计职业道德具有相对稳定性

会计是一门实用性很强的经济学科，是为加强经营管理，提高经济效益，规范市场经济秩序，维护社会公众利益服务的。市场经济的客观性是通过价值规律表现出来的。任何社会和个人，对于客观价值规律，只能在认识的基础上，去主动适应、掌握和运用它，而不能去改造它，更不能违背它。在市场经济活动中，作为对单位经济业务事项进行确认、计量、记录和报告的会计，会计标准的设计、会计政策的制定，会计方法的选择，都必须遵循其内在的客观经济规律和要求。正是由于人们面对的是共同的客观经济规律，因此会计职业道德主要依附于历史继承性和经济规律，在社会经济关系不断变迁中，保持自己的相对稳定性。

▶ 3. 会计职业道德具有广泛的社会性

会计职业道德是人们对会计职业行为的客观要求。从受托责任观念出发，会计目标决定了会计所承担的社会责任。尤其是随着企业产权制度改革的不断深化，会计不仅要为政府机构、企业管理层、金融机构等提供符合质量要求的会计信息，而且要为投资者、债权人及社会公众服务，所以会计职业道德的优劣将影响国家和社会公众利益，直接影响着社会经济的发展和社会经济秩序的健康运行，会计职业道德必将受到社会关注，具有广泛的社会性。

【经典习题·单选题】（　　）依靠社会舆论、道德教育、传统习俗和道德评价来实现。

A. 会计行为规范　　　　　　B. 会计职业道德

C. 会计法律制度　　　　　　D. 会计行为准则

【正确答案】B。

（二）会计职业道德的特征

会计作为社会经济活动中的一种特殊职业，除具有职业道德的一般特征外，还具有一定的强制性和较多关注公众利益的特征。

▶ 1. 会计职业道德具有一定的强制性

会计工作与钱、财、物紧密相关,这就要求会计人员在职业活动中必须廉洁自律、奉公守法、公私分明,如果会计从业人员没有自觉履行自己应尽的职业和义务则要受到法律的制裁。我国《中华人民共和国会计法》《会计基础工作规范》等都规定了会计职业道德的内容和要求。例如,坚持原则、依法办事,为道德和法律所包容;违反道德,同时违反法律的行为,既要受到道德的谴责,又要受到法律的制裁。

▶ 2. 会计职业道德较多关注公众利益

在会计职业活动中,会计人员在个人利益、经济主体利益与国家和社会公众利益出现矛盾、发生利益冲突时,应讲求职业道德,不用手中的特权谋私利,不取不义之财,不取不法之财,不取不明之财,客观公正、坚持准则,把国家、人民、社会公众利益放在第一位。

【经典习题·判断题】当单位利益与社会公共利益发生冲突时,会计人员应首先考虑单位利益,然后再考虑社会公众利益。(   )

【正确答案】×。

三、会计职业道德的功能与作用

(一) 会计职业道德的功能

从功能的调节范围上看,会计职业道德的功能比法律要更广泛。在处理一些经济业务过程中还有许多法律涉及不到的领域,需要会计道德来调节。

▶ 1. 指导功能

道德规范具有指导主体行为的功能,即指导会计人员行为的功能。指导会计人员自愿选择有利于消除各种矛盾、调整相互关系的会计行为,改善会计领域内个人与国家、个人与单位、个人与个人之间的关系,促使会计人员协调一致,保证会计工作正常、稳定、高效地进行。

▶ 2. 评价功能

通过根据一定的道德标准进行评价,具有指导和纠正人们的行为和说话活动,协调人际关系,维护社会秩序的功能。激发会计人员的内在积极性和主动性,促进会计人员自我肯定、自我发展、自我完善,推动会计人员的会计行为从"现有行为"向"应有行为"的转化,帮助会计人员提高对会计、会计工作等一系列会计重大问题正确认识的水平,从而达到调节会计领域会计关系的目标。

▶ 3. 教化功能

道德具有劝善戒恶的教化功能,并辅之以舆论的赞扬或谴责,进而作用于人之道德良心和道德情感。会计职业道德通过评价、命令、指导、示范等方式和途径,运用塑造理想和典型榜样等手段,形成会计职业道德风尚,树立会计职业道德榜样,从而影响人们对会计职业道德观念和会计行为,培养人们的会计职业道德习惯和道德品质,启示人们的会计职业道德觉悟,培养人们践行会计职业道德行为的自觉性和主动性。

【经典习题·单选题】在规范会计行为中,会计职业道德具有(   )功能。

A. 独立   B. 强制   C. 管理   D. 教化

【正确答案】D。

(二)会计职业道德的作用

▶ 1. 会计职业道德是规范会计行为的基础

动机是行为的先导,有什么样的动机就有什么样的行为。会计职业道德对会计的行为动机提出了相应的要求,如诚实守信、客观公正等,引导、规劝、约束会计人员树立正确的职业观念,建立良好的职业品行,从而达到规范会计行为的目的。

▶ 2. 会计职业道德是实现会计目标的重要保证

从会计职业关系角度讲,会计目标就是会计职业关系中的各个服务对象获得真实、可靠的会计信息。由于会计职业活动既是技术性的处理过程,同时涉及对多种经济利益关系的调整,会计目标能否顺利实现,既取决于会计从业者专业技能水平,也取决于会计从业者能否严格履行职业行为准则。如果会计从业者故意或非故意地提供了不真实、不可靠的会计信息,就会导致服务对象的决策失误,甚至导致社会经济秩序混乱。因此,依靠会计职业道德规范约束会计从业者的职业行为,是实现会计目标的重要保证。

▶ 3. 会计职业道德是对会计法律制度的重要补充

在现实生活中,人们的很多行为很难由法律做出规定,会计职业道德的作用是其他会计法律制度所不能替代的。例如,会计法律只能对会计人员不得违法的行为作出规定,不宜对他们如何爱岗敬业、诚实守信、提高技能等提出具体要求,但是,如果会计人员缺乏爱岗敬业的热情和态度,缺乏诚实守信的做人准则,没有必要的职业技能,则很难保证会计信息达到真实、完整的法定要求。很显然,会计职业道德是其他会计法律制度所不能替代的。会计职业道德是对会计法律规范的重要补充。

▶ 4. 会计职业道德是提高会计人员职业素养的内在要求

社会的进步和发展,对会计职业者的素质要求越来越高。会计职业道德是会计人员素质的重要体现。一个高素质的会计人员应当做到爱岗敬业、提高专业胜任能力,这不仅是会计职业道德的主要任务,也是会计职业者遵循会计职业道德的可靠保证。倡导会计职业道德,加强会计职业道德教育,并结合会计职业活动,引导会计职业者进一步加强自我修养,提高专业胜任能力,有利于促进会计职业者整体素质的不断提高。

四、会计职业道德与会计法律制度的关系

(一)会计职业道德与会计法律制度的联系

会计职业道德、会计法律制度有着共同的目标、相同的调整对象,承担着同样的职责,会计法律制度是会计职业道德的最低要求,会计职业道德可以填补会计法律制度的某些空白,两者联系密切。

▶ 1. 两者在作用上相互补充、相互协调

在规范会计行为时,既需要会计法律制度的强制功能,又需要会计职业道德的教化功能。因此,会计法律制度和会计职业道德在功能上是相互补充的,会计职业道德是会计法律制度的重要补充。

▶ 2. 两者在内容上相互借鉴、相互吸收

会计法律制度中含有会计职业道德规范的内容,同时会计职业道德规范中也包含有会计法律制度的某些条款。

(二) 会计职业道德与会计法律制度的区别

▶ 1. 两者的性质不同

会计法律制度是由国家立法部门或行政管理部门颁布的对会计人员的工作行为进行约束的具体规定，通过国家机器来强制执行，具有很强的他律性。会计职业道德主要是从品行角度对会计人员的会计行为做出规范，主要依靠会计从业人员的自觉性，并依靠社会舆论、传统习惯和良心来实现，具有很强的自律性。

▶ 2. 两者的作用范围不同

会计法律制度侧重于调整会计人员的外在行为和结果的合法化，具有较强的客观性。会计职业道德则不仅要求调整会计人员的外在行为，还要调整会计人员的内心精神世界，主要靠自律，具有较强的主观性。

▶ 3. 两者的表现形式不同

会计法律制度是通过一定的程序由国家立法机关或行政管理部门制定、颁布和修改的，其表现形式是具体的、明确的、正式形成文字的规定。会计职业道德则出自于会计人员的职业生活和职业实践，日积月累、约定俗成，其表现形式既有明确的成文规定，也有不成文的规范，存在于人们的意识和信念之中，依靠社会舆论、道德教育、传统习俗和道德评价来实现。

▶ 4. 两者的实施保障机制不同

会计法律制度由国家强制力保障实施，既包括法律规范内容中明确的制裁和处罚条款，也包括设有与之相配合的权威的制裁和审判机关。会计职业道德既有国家法律的要求，也需要会计人员的自觉遵守。当人们在会计职业道德上的权利与义务发生争议时，由于没有权威机构对其中的是非曲直做出明确的裁定，或者即使有裁定也是舆论性质的，缺乏权威机构对裁定执行的保障。

▶ 5. 两者的评价标准不同

会计法律制度要求的是"应当"，评价的标准是合法和违法，对违反会计法律制度的行为，应当对其后果进行不利性追究，并视情节轻重予以不同程度的惩罚，将造成财产、人身甚至生命的损失。会计职业道德要求的是"应该"，评价标准是善与恶，是一个价值判断，对违背会计职业道德规范的行为应以舆论谴责，并引起行为人对违背良心的内疚和行为的反思，只会造成名誉、信用等方面的损失。

【经典习题·多选题】关于会计职业道德与会计法律制度，下列说法正确的有（　　）。
A. 会计职业道德是从工作业务角度对会计人员的会计行为做出规范
B. 会计法律制度是从工作业务角度对会计人员的会计行为做出规范
C. 会计职业道德主要依靠会计从业人员的自觉性，具有很强的自律性
D. 会计法律制度主要靠国家机器强制执行，具有很强的他律性
【正确答案】C、D。

(三) 会计行为的法治与德治

法律与道德都是社会上层建筑的重要组成部分，都是规范人们行为的重要手段，虽然两者具有各自不同的特点和作用，但它们相互联系、相互补充。会计职业道德规定了会计人员的最高行为标准和一些基本原则及行为规范，会计法律制度所规定的行为规范

是会计职业道德的最低要求。会计法律制度所规定的行为规范包括在会计职业道德要求之中,会计职业道德所规定的内容和范围比会计法律制度广得多,广泛存在于社会经济活动的各个领域、各个方面。违反会计法律制度的行为必定违反会计职业道德,而违反会计职业道德的行为则不一定违反会计法律制度。因此,从根本上治理会计行为失范问题,必须要把依法治理和以德治理紧密结合起来,两者相辅相成,充分发挥各自的作用。

案情简介

位于美国得克萨斯州的安然公司曾是世界上最大的电力、天然气以及电讯公司之一,资产规模曾达1 000多亿美元,于2001年申请破产。

安达信是和普华永道、毕马威、安永、德勤比肩的全球五大会计师事务所之一,自安然公司1985年成立伊始就为它做审计,安然一半的董事与安达信有着直接或间接的联系,甚至首席会计师和财务总监都来自安达信。2002年3月,美国司法部以妨碍司法公正对安达信提起刑事诉讼,理由是该公司在安然丑闻事发后毁掉了相关文件和电脑记录,从而开创了美国历史上第一起大型会计行受到刑事调查的案例。同年6月,安达信被美国法院认定犯有阻碍政府调查安然破产案的罪行。安达信就此宣告倒闭,正式遁迹于其从事了近90年的会计审计业。

2002年,安达信会计师事务所与安然公司之间的会计丑闻曾促发了美国出台了监督会计师的更多规定。《萨班斯·奥克斯利法案》力求确保审计师与客户之间保持一定的距离。另外,该法案还禁止会计师事务所为其审计的客户提供某些非审计服务,规定公司在雇佣会计师事务所某些前雇员之前,一年内不可接受该事务所提供的审计服务。

如前例所述,2008年雷曼兄弟公司倒闭,且不论雷曼兄弟的破产是不是"审计问题造成的",但安永会计师事务所与雷曼兄弟之间的亲密关系却显而易见。数据显示,在2007财年,即雷曼兄弟破产之前最后一个完整财年,雷曼兄弟是安永按审计费计算第八大美国客户,而此前的七年时间里,雷曼兄弟年年都是安永15家最大客户之一。值得注意的是,两家公司合作的七年时间里,雷曼兄弟先后有两个首席财务长早先都曾供职于安永。

资料来源:付碧莲.遭纽约总检察长起诉,安永被指替雷曼造假七年.国际金融报.2010年12月23日第5版.

案例思考:

(1)安达信会计师事务所的倒闭,促使美国《萨班斯·奥克斯利法案》的出台,美国对会计人员的法律监管是相对健全的。但是,在法律对会计师加强监管之后,2010年仍有安永案的发生,其原因何在?这说明会计法律制度与会计职业道德有何关系?

股民和会计师各有心事

(2) 要从根本上避免损害的发生，必须依靠什么？

(3) 会计法律制度与会计职业道德的关系？

分析与提示：

(1) 马克思指出："如果有10%的利润，资本就会保证到处被使用；有20%的利润，资本就能活跃起来；有50%的利润，资本就会铤而走险；为了100%的利润，资本就敢践踏人间一切法律；有300%以上的利润，资本敢犯任何罪行。"在利益面前，再严密的法律规定也存在漏洞并被恶意使用。

(2) 法律是在违法行为和损害事实发生后才能发生作用，要从根本上避免损害的发生，必须依靠会计人员通过职业道德形成有力的自我控制。会计师行业是公认的高收入行业。高报酬，意味着应该承担更多的责任和义务。这就要求会计人员保持清正廉洁的品质，是非常重要的职业道德规范。

(3) 会计法律制度是会计职业道德的最低要求，会计职业道德是对会计法律制度的重要补充，两者相辅相成，缺一不可。我们可以看到，历史总是惊人的相似。前有安达信会计师事务所为安然公司做不实审计，后有安永会计师事务所与雷曼兄弟公司关系亲密。

复习思考题

1. 职业道德与会计职业道德有何联系与区别？
2. 会计职业道德的概念和特征是什么？
3. 会计职业道德有何功能与作用？
4. 会计职业道德与会计法律制度之间是怎样的关系？
5. 会计行为的规范到底应当依靠法治还是德治？请简述理由。

第二节 会计职业道德规范的主要内容

案例导入

浙江JY集团有限公司成立于1993年，是一家拥有相当知名度和规模的民营企业，主要从事食品饮料制造、加工和销售。JY集团1999年度会计报表由JY集团本部及杭州SL食品工贸公司、浙江桐庐JY皇家实业公司、浙江JY集团嘉兴保健饮料厂、浙江JY集团涪陵有限责任公司五家具有法人资格、实行独立核算的企业报表汇编而成。1999年合并会计报表反映，该集团年末资产总计45 382万元，负债总计27 296万元，所有者权益为18 086万元，利润总额为217万元，当年会计报表未经社会中介机构审计。2000年7月，财政部门派出检查组，对JY集团及其下属四个子公司1999年的会计信息质量进行了检查。检查发现，JY集团财务管理混乱，会计核算不规范，基础工作薄弱，会计信息严重失真。经检查后调整会计报表，该集团实际资产为20 098万元，负债为15 667万元，所有者权益为4 431万元，利润总额为3 271万元。资产、负债、所有者权益分别虚增了

126%、74%、308%,利润虚增达3 488万元。检查结果被财政部门公告,在社会上引起了较强的反响。

资料来源:路晓华. 会计从业人员职业道德问题探讨:基于浙江JY集团的案例分析. 山西财经大学学报,2011年11月第4期,第36页.

案例思考:浙江JY集团有限公司的会计工作是否违反会计职业道德规范?如果是,违反了会计职业道德规范内容的哪个方面?所违背的会计职业道德规范在主要内容中具有何种地位和作用?

分析与提示:浙江JY集团有限公司的会计工作违反了会计职业道德规范,主要违反了会计职业道德规范中诚实守信的内容。诚实守信是会计职业道德的精髓,这在我国公民基本职业道德规范中也有相应规定,由此可见该内容的重要性。

会计造假是当前社会会计行业存在的主要问题。一些会计人员职业道德意识薄弱,不能遵守职业规范,不能坚持原则,直接或间接参与伪造、变造、篡改、隐匿、毁损会计资料,编造虚假会计账簿、会计报表等,对外提供虚假的会计信息和经济指标,严重影响了政府的决策,扰乱了社会的正常经济秩序。虚假会计信息的泛滥,严重扭曲了股票的价值,扰乱了资本市场秩序,损害了投资者的利益,会计业因"会计造假"而蒙羞。会计公司因违反独立会计准则,涉嫌"造假""共同造假"而被注销主体资格。市场经济是"信用经济""契约经济",注重的就是"诚实守信"。越是商业化的社会越应该是讲究诚信道德的社会,诚信不仅仅是一种道德要求,而且是市场经济下的基本游戏规则。职业道德是市场经济运行的基本保障,会计职业尤其要讲诚实信用。

会计职业道德规范,是指一定社会经济条件下,对会计职业行为及职业活动的系统要求或明文规定,是会计人员处理职业活动中各种关系的行为准则,是社会道德体系的一个重要组成部分,是职业道德在会计职业行为和会计职业活动中的具体体现。我国会计职业道德规范的主要内容为:爱岗敬业、诚实守信、廉洁自律、客观公正、坚持准则、提高技能、参与管理和强化服务。

一、爱岗敬业——会计职业道德的基础

(一)爱岗敬业的含义

爱岗敬业是爱岗与敬业的总称,指的是忠于职守的事业精神,这是会计职业道德的基础。爱岗就是会计人员应该热爱本职工作,安心本职岗位,并为做好本职工作尽心尽力、尽职尽责。敬业是指会计人员应当充分认识本职工作在社会经济活动中的地位和作用,认识本职工作的社会意义和道德价值,对其所从事的会计职业或行业具有正确认识和恭敬态度,并用这种严肃恭敬的态度,认真地对待本职工作,以强烈的事业心、责任感从事会计

工作。

"爱岗"是"敬业"的基石，"敬业"是"爱岗"的升华。爱岗和敬业互为前提，相互支持、相辅相成。如果会计人员对所从事的会计工作不热爱，工作中就难以做到兢兢业业，就不会主动刻苦钻研业务，更新专业知识，提高业务技能；就不会珍惜会计这份工作，努力维护会计职业的声誉和形象；就无法具备与其职务相适应的业务素质和能力，更谈不上坚持准则、客观公正、文明服务，维护国家和集体的利益，为国家和企业承担责任；反之，会计人员虽有热爱会计职业的一腔热情，但如果没有勤奋踏实的工作作风和忠于职守的实际行动，敬业也就成为一句空话。

（二）爱岗敬业的基本要求

爱岗敬业是会计人员做好本职工作的基础和条件，其基本要求如下。

▶ 1. 正确认识会计职业，树立职业荣誉感

爱岗敬业精神，自始至终都是以人们对职业的认知程度以及所采取的态度作为行动的指导并体现在实际工作中的。如果会计人员对所从事的会计职业缺乏正确的认识，认为会计不过是简单的"写写算算""收收支支""琐琐碎碎"的工作，或者认为"会计难当，职权难用，成绩难见，违纪难免"，这必然会自觉或不自觉地反映到其职业行为之中，或迟或早地会表现出"懒""惰""拖"的不良行为，给会计职业及其声誉造成不良影响。

会计人员只有正确地认识会计本质，明确会计在经济管理工作中的地位和重要性，树立职业荣誉感，才有可能爱岗敬业。这是做到爱岗敬业的前提，也是首要要求。

▶ 2. 热爱会计工作，敬重会计职业

热爱一项工作，首先就意味着对这项工作有一种职业的荣誉感，有自信心和自尊心；其次是对这项工作抱有深厚的兴趣，把职业生活看成一种乐趣。于是，平凡的甚至是琐碎的日常工作，就成为生活中不可缺少的内容，并且能在工作中时时感受到它的乐趣。

各行各业无数职业道德标兵的先进事迹告诉我们，对自己的工作是否热爱，对自己的岗位是否敬重，是做好本职工作的前提。会计人员只要树立了"干一行，爱一行"的思想，就会发现会计职业中的乐趣；只有树立了"干一行，爱一行"的思想，才会刻苦钻研会计业务技能，才会努力学习会计业务知识，才会发现在会计核算、企业理财领域有许多值得人们去研究探索的东西。有了对本职工作的热爱，就会派发一种敬业精神，自觉自愿地执行职业道德的各种规范，不断改进自己的工作，在平凡的岗位上做出不平凡的业绩。

▶ 3. 安心工作，任劳任怨

安心本职工作，就是以从事会计工作为"乐"，而不是"这山望着那山高"。只有安心本职工作，才能潜下心来"勤学多思，勤问多练"，才能对会计工作中不断出现的新问题去探索和研究，也才能真正做到敬业。任劳任怨，要求会计人员具有不怕吃苦的精神和不计较个人得失的思想境界。会计人员在进行会计事项的处理中，有时会处于两难的境地，当集体利益与职工个人利益或国家利益与单位利益发生冲突时，会计人员如果维护了国家利益或集体利益，就可能不被人们理解甚至抱怨；反之，则会有道德危机。会计职业道德要求会计人员既任劳也任怨。

▶ 4. 严肃认真，一丝不苟

从业者对自己本职工作的热爱，必定会体现在对工作所必需的职业技能的态度上，体现在对自己工作成果的追求上，这就是对工作严肃认真、一丝不苟，对技术精益求精。会计工作是一项严肃细致的工作，没有严肃认真的工作态度和一丝不苟的工作作风，就容易出现偏差。对一些损失浪费、违法乱纪的行为和一切不合法、不合理的业务开支，要严肃认真地对待，把好关，守好口。严肃认真、一丝不苟的职业作风贯穿于会计工作的始终，不仅要求数字计算准确，手续清楚完备，而且决不能有"都是熟人不会错"的麻痹思想和"马马虎虎"的工作作风。

▶ 5. 忠于职守，尽职尽责

忠于职守就是忠实地履行自身的岗位职责，主要表现为三个方面，即忠实于服务主体、忠实于社会公众、忠实于国家。尽职尽责表现为会计人员对自己承担的责任和义务所表现出的责任感和义务感，即两方面内容：一是社会或他人对会计人员规定的责任；二是会计人员对社会或他人所负的道义责任。

会计人员忠实于服务主体，就是要客观真实地记录和反映服务主体的经济活动状况，监督其财产安全，同时还应筹划其资金的有效动作，积极参与经营和决策。会计人员忠实于社会公众，就是要正确、真实地对外提供有关服务主体的会计信息，以便让投资者、债权人及其他社会公众获取客观真实的会计信息，从而进行正确判断和合理决策。会计人员忠实于国家，就是对社会整体利益负责。

【经典习题·单选题】 会计人员在工作中"懒""拖"的不良习惯，违背了会计职业道德规范中（　　）的具体内容。

A. 爱岗敬业　　　B. 诚实守信　　　C. 坚持准则　　　D. 客观公正

【正确答案】 A。

二、诚实守信——会计职业道德的精髓

（一）诚实守信的含义

诚实是指言行思想一致，不弄虚作假、不欺上瞒下，做老实人、说老实话、办老实事。守信就是遵守自己所做出的承诺，讲信用，重信用，信守诺言，保守秘密。诚实守信是做人的基本准则，是人们在古往今来的交往中产生的最根本的道德规范，也是会计职业道德的精髓。

人无信不立，国无信不强。在现代市场经济社会，"诚信"尤为重要。市场经济是"信用经济""契约经济"，注重的就是"诚实守信"。可以说，信用是维护市场经济步入良性发展轨道的前提和基础，是市场经济社会赖以生存的基石。中国现代会计学之父潘序伦先生认为，"诚信"是会计职业道德的重要内容。他终身倡导："信以立志，信以守身，信以处事，信以待人，勿忘'立信'，当必有成。"朱镕基同志在 2001 年视察北京国家会计学院时，为北京国家会计学院题词："诚信为本，操守为重，坚持准则，不做假账"。这是对广大会计人员和注册会计师最基本的要求。

【经典习题·多选题】 朱镕基同志在 2001 年视察北京国家会计学院时，为北京国家会计学院题词的内容包括（　　）。

A. 诚信为本　　　B. 操守为重　　　C. 坚持原则　　　D. 不做假账

【正确答案】 A、B、D。

（二）诚实守信的基本要求

▶ 1. 做老实人，说老实话，办老实事，不搞虚假

做老实人，要求会计人员言行一致、表里如一、光明正大。说老实话，要求会计人员说话诚实，是一说一、是二说二、不夸大、不缩小、不隐瞒，如实反映和披露单位经济业务事项。办老实事，要求会计人员工作踏踏实实、不弄虚作假、不欺上瞒下。总之，会计人员应言行一致，如实反映单位经济业务活动情况，不为个人和小集团利益伪造账目、弄虚作假，损害国家和社会公众利益。

▶ 2. 保密守信，不为利益所诱惑

所谓保密就是指会计人员在履行自己的职责时，应树立保密观念，做到保守商业秘密，对机密资料不外传、不外泄，守口如瓶。会计人员因职业特点经常接触到单位和客户的一些商业秘密，如单位的财务状况、经营情况、成本资料及重要单据、经济合同等，因而会计人员应保守单位秘密，这是会计人员应尽的义务，也是诚实守信的具体体现。

泄密，不仅是一种不道德的行为，也是违法行为，是会计职业的大忌。会计人员在没有得到法律规定或经单位规定程序批准外，不能以任何借口或方式把单位商业秘密泄露出去。我国有关法律制度对会计人员保守秘密做了相关的规定。例如，《注册会计师法》第十九条规定："注册会计师对执行业务中知悉的商业秘密，负有保密的义务。"财政部印发的《会计基础工作规范》第二十三条规定："会计人员应当保守本单位的商业秘密。除法律规定和单位领导人同意外，不能私自向外界提供或泄露单位的会计信息。"

▶ 3. 执业谨慎，信誉至上

诚实守信，要求注册会计师在执业中始终保持应有的谨慎态度，对客户和社会公众尽职尽责，形成"守信光荣，失信可耻"的氛围，以维护职业信誉。首先，注册会计师在选择客户时应谨慎，不要一味地追求营业收入，迎合客户不正当要求，接受违背职业道德的附加条件。其次，注意评估自身的业务能力，正确判断自身的知识、经验和专业能力能否胜任所承担的委托业务。再次，严格按照独立审计准则和执业规范、程序实施设计，对审计中发现的违反国家统一的会计制度及国家相关法律制度的经济业务事项，应当按照规定在审计报告中予以充分反映。最后，在接受委托业务后，应积极完成所委托的业务，认真履行合同，维护委托人的合法权益，以免当事人的利益受到损害。

【经典习题·单选题】会计人员实事求是地反映企业的经济业务是（　　）道德规范的基本要求。

A. 文明服务　　　　B. 廉洁自律　　　　C. 坚持准则　　　　D. 诚实守信

【正确答案】D。

三、廉洁自律——会计职业道德的前提

（一）廉洁自律的含义

廉洁就是不贪污钱财、不收受贿赂，保持清白。自律就是指自律主体按照一定的标准，自己约束自己、自己控制自己的言行和思想的过程。自律的核心就是用道德观念自觉地抵制自己的不良欲望。同时，廉洁自律是提高会计职业声望的基石，廉洁自律是保证经济活动正常进行的前提条件，廉洁自律是会计工作的行为准则。

会计工作的特点决定了廉洁自律是会计职业道德的前提，也是会计职业道德的内在要求。会计人员整天与钱物打交道，没有"理万金分文不沾""常在河边走，就是不湿鞋"的道德品质和高尚情操是不行的。会计人员和会计组织只有首先做到自身廉洁，严格约束自己，才能要求别人廉洁，才能理直气壮地阻止或防止别人侵占集体利益，正确行使反映和监督的会计职责，保证各项经济活动正常进行。

（二）廉洁自律的基本要求

▶ 1. 树立正确的人生观和价值观

廉洁自律，首先要求会计人员必须加强世界观的改造，树立科学的人生观和价值观。人生观是人们对人生的目的和意义的总的观点和看法。价值观是指人们对于价值的根本观点和看法，它是世界观的一个重要组成部分，包括对价值的本质、功能、创造、认识和实现等有关价值的一系列问题的基本观点和看法。会计人员应树立科学的人生观和价值观，自觉抵制享乐主义、个人主义和拜金主义等错误的思想，这是在会计工作中做到廉洁自律的思想基础。

▶ 2. 公私分明，不贪不占

公私分明，是指严格划分公与私的界限，公是公，私是私。如果公私分明，就能够廉洁奉公，一尘不染。如果公私不分，就会出现以权谋私的腐败现象，甚至出现违法违纪行为。

廉洁自律的天敌就是"贪""欲"。在会计工作中，由于大量的钱财要经过会计人员之手，所以很容易诱发会计人员的"贪""欲"。一些会计人员贪图金钱和物质上的享受，利用职务之便，自觉或不自觉地行"贪"。有的被动受贿，有的主动索贿，有的贪污、挪用公款，有的监守自盗，有的集体贪污。究其根本原因是这些会计人员忽视了世界观的自我改造，放松了道德的自我修养，弱化了职业道德的自律。

▶ 3. 遵纪守法，一身正气

遵纪守法，正确处理会计职业权利与职业义务的关系，增强纠正行业不正之风的能力，是会计人员廉洁自律的又一个基本要求。会计人员的权利和义务在《会计法》中做出了明确规定。会计人员不仅要遵纪守法，不违法乱纪、以权谋私，做到廉洁自律；而且要敢于、善于运用法律所赋予的权利，尽职尽责，勇于承担职业责任，履行职业义务，保证廉洁自律。

会计人员应当一身正气，维护职业声望，这既关系到行业利益，也关系到每个从业人员的切身利益，同时也是反映社会对不同职业的认可程度的依据。如果会计人员不能廉洁自律，就必然会损失方方面面的利益，会计职业的公信力就会受到质疑。贪污浪费、公款吃喝、岗位谋私等行为不仅损害了国家利益、集体利益和他人利益，而且也降低了会计界的职业声望。

【经典习题·多选题】下列有关会计职业道德"廉洁自律"的表述中，正确的有（　　）。

A. 自律的核心就是自觉地抵制自己的不良欲望

B. 廉洁自律是会计职业道德的内在要求

C. 只有自身廉洁自律，才能抵制他人的不法行为

D. 不能做到廉洁自律，也就很难做到客观公正和坚持准则

【正确答案】A、B、C、D。

四、客观公正——会计职业道德的理想目标

(一) 客观公正的含义

客观是指按照事物的本来面目去反映,不掺杂个人的主观意愿,也不为他人的意见所左右。对于会计职业和会计工作而言,客观主要包括以下含义:一是真实性,即以实际发生的经济活动为依据,对会计事项进行确认、计量、记录和报告;二是可靠性,即会计核算要准确,记录要可靠,凭证要合法。

公正就是平等、公平、正直,没有偏失。在会计职业活动中,由于涉及对多方利益的协调处理,所以公正就是要求各企事业单位管理层和会计人员不仅要具备诚实的品质,还要公正地开展会计核算和会计监督工作,即履行会计职能时,摒弃单位、个人私利,公平公正,不偏不倚地对待相关的利益各方。注册会计师在进行审计鉴证时,应以超然独立的姿态,进行公平公正的判断和评价,出具客观、适当的审计意见。

客观是公正的基础,公正是客观的反映。要达到公正,仅仅做到客观是不够的。公正不仅仅指诚实、真实和可靠,还包括在真实、可靠中做出公正的选择。这种选择尽管是建立在客观的基础之上的,还需要在主观上作出公平、合理的选择。是否公平、合理,既取决于客观的选择标准,也取决于选择者的道德品质和职业态度。公正是相对的,世界上没有绝对的公正,客观公正是会计职业道德所追求的理想目标。

(二) 客观公正的基本要求

▶ 1. 依法办事

依法办事,认真遵守法律、法规,是会计工作保证客观公正的前提。当会计人员有了端正的态度和专业知识技能之后,必须依据法律、法规和制度的规定进行会计业务处理,并对复杂疑难的经济业务,做出客观的会计职业判断。总之,只有熟练掌握并严格遵守会计法律法规,才能客观公正地处理会计业务。

▶ 2. 实事求是

社会经济是复杂多变的,会计法律制度不可能对所有的经济事项做出规范,那么会计人员对经济事项的职业判断,就可能会出现偏差。因此,客观公正是会计工作和会计人员追求的目标,通过不断提高专业技能,正确理解、把握并严格执行会计准则、制度,不断消除非客观、非公正因素的影响,做到最大限度的客观公正。

在实际生活中,客观公正应贯穿于会活动的整个过程。要做到"客观公正",最根本的是要有"实事求是"的科学态度。没有实事求是的严谨态度,主观、片面、表面地看问题,就无法做到"情况明",也就无法根据客观情况来公正地处理问题。即使主观上想"客观公正",客观上也无从实现。

实事求是要求会计人员应以会计准则、制度为准绳,对会计业务的处理,对会计政策和会计方法的选择,以及对财务会计报告的编制、披露和评价必须独立进行职业判断,做到客观、公平、理智、诚实。注册会计师实事求是应当做到以下两点:一方面是注册会计师应当回避可能影响独立性的审计事项,实现形式上的实事求是,属于外在的实事求是;另一方面是注册会计师应当恪守职业道德,操守职业良心,保持实质上内在的实事求是。

▶ 3. 如实反映

各单位必须根据实际发生的经济业务事项进行会计核算,填制会计凭证,登记会计账

簿，编制财务会计报告。任何单位不得以虚假的经济业务事项或者资料进行会计核算，所以会计人员不论是记账、算账，还是报账，都应该做到内容真实、数字准确、手续完备、账目清楚，不为他人左右，更不为谋取个人私利而歪曲事实、弄虚作假。

【经典习题·多选题】下列有关会计职业道德"客观公正"的表述中，正确的有（　　）。
A. 依法办事是会计工作保证客观公正的前提
B. 扎实的理论功底和较高的专业技能是做到客观公正的重要条件
C. 在会计工作中客观是公正的基础，公正是客观的反映
D. 会计活动的整个过程都离不开客观公正

【正确答案】B、C。

五、坚持准则——会计职业道德的核心

（一）坚持准则的含义

坚持准则，是指会计人员在处理业务过程中，要严格按照会计法律制度办事，不为主观或他人意志左右。这里所说的"准则"不仅指会计准则，而且包括会计法律、国家统一的会计制度以及与会计工作相关的法律制度。坚持准则是会计职业道德的核心内容。

会计人员在进行核算和监督的过程中，只有坚持准则，才能在发生道德冲突时，以准则作为自己的行动指南，维护国家利益、社会公众利益和正常的经济秩序。注册会计师在进行审计业务时，应严格按照独立审计准则的有关要求和国家统一会计制度的规定，出具客观公正的审计报告。

（二）坚持准则的基本要求

▶ 1. 熟悉准则

熟悉准则是指会计人员应熟悉和掌握《会计法》和国家统一的会计制度及与会计相关的法律制度，这是遵循准则、坚持准则的前提。在实际工作中，由于经济的发展和社会环境的变化，会计业务日趋复杂，所以准则规范的内容也在不断变化和完善。这就要求会计人员不仅要经常学习、掌握准则的最新变化，了解本部门、本单位的实际情况，准确地理解和执行准则，还要在面对经济活动中出现的新情况、新问题及准则未涉及的经济业务或事项时，通过运用所掌握的会计专业理论和技能，做出客观的职业判断，予以妥善的处理。

▶ 2. 遵循准则

遵循准则即执行准则。准则是会计人员开展会计工作的外在标准和参照物。会计人员在会计核算和监督时要自觉地严格遵守各项准则、自律在先，同时也要求他人遵守准则，将单位具体的经济业务事项和经济行为与会计法律和国家统一的会计制度相对照，先做出是否合法合规的判断，对不合法的经济业务不予受理。

▶ 3. 敢于同违法行为作斗争

市场经济是利益经济，在企业的经营活动中，国家利益、集体利益与单位、部门以及个人利益时常发生冲突，为了保证会计信息的真实性和完整性，明确单位会计责任主体，《会计法》规定，单位负责人对本单位会计信息的真实性和完整性负责。会计人员应认真执行国家统一的会计制度，依法履行会计监督职责，发生道德冲突时，应坚持准则，对法律负责，对国家和社会公众负责，敢于同违法会计法律法规和财务制度的现象作斗争，确保

会计信息的真实、完整。为了切实维护会计人员的合法权益,《会计法》赋予了会计人员相应的权利,改善了会计人员的执法环境。

【经典习题·多选题】下列各项中,属于会计职业道德"坚持准则"要求的有( )。
A. 严格执行会计法律法规
B. 严格执行与会计相关的经济法律制度
C. 严格执行国家统一的会计制度
D. 严格执行单位内部会计控制制度

【正确答案】A、B、C、D。

六、提高技能——会计职业道德的保证

(一) 提高技能的含义

提高技能,是指会计人员通过学习、培训和实践等途径,持续提高职业技能,以达到和维持足够的专业胜任能力的活动。职业技能,也可称为职业能力,是人们进行职业活动、承担职业责任的能力和手段。就会计职业而言,职业技能包括会计理论水平、会计实务能力、职业判断能力、自动更新知识能力、沟通交流能力以及职业经验等。会计人员在对会计事项进行确认、计量、记录和报告及对单位内部会计控制制度设计中都需要有扎实的理论功底和丰富的实践经验;在进行具体业务处理时,对会计处理方法的选择、会计估计的变更、会计信息电算化的处理、网络化传输等技术性很强的工作,没有娴熟的专业技能,是无法开展会计工作、履行会计职责的。特别是我国加入世界贸易组织以后,我国经济逐渐融入全球经济体系,要求会计准则、会计制度与国际会计惯例充分协调,需要会计人员不断学习新的会计理论和新的准则制度、熟悉和掌握新的法律法规。会计人员只有不断地学习,才能保持持续的专业胜任能力、职业判断能力和交流沟通能力,不断地提高会计专业技能,以适应我国深化会计改革和会计国际化的要求。

在我国,要求会计人员参加继续教育,其实就是提高技能的一个基本要求。作为一名会计工作者必须不断地提高其职业技能,这既是会计人员的义务,也是在职业活动中做到客观公正、坚持准则的基础,是参与管理的前提。

【经典习题·单选题】会计人员通过学习、培训等手段提高职业技能,以达到足够的专业胜任能力的活动,指的是( )。
A. 客观公正
B. 提高技能
C. 参与管理
D. 强化服务

【正确答案】B。

(二) 提高技能的基本要求

▶ 1. 具有不断提高会计专业技能的意识和愿望

随着市场经济的发展、全球经济一体化及科学技术的日新月异,会计在经济发展中的作用越来越明显,对会计的要求也越来越高,会计人才的竞争也越来越激烈。会计人员要想生存和发展,就必须增强提高专业技能的自觉性和紧迫感,坚持不懈地学习科学文化知识、会计知识,提高专业技术,提高业务水平,使自己的知识不断更新,在会计人才竞争中立于不败之地。

▶ 2. 具有勤学苦练的精神和科学的学习方法

专业技能的提高和学习不是一劳永逸的,必须持之以恒,勤学苦练,刻苦钻研,掌握科学的学习方法,在学中思,在思中学,重视在会计实践中提高会计职业能力。会计是一种实践性很强的工作,会计业务的操作能力是在工作中逐渐锻炼培养出来的。因此,要做

到勤学苦练，刻苦钻研，一方面应该认真学习会计理论、会计准则等会计知识；另一方面要不断强化专业操作能力的训练。会计理论的不断更新，新会计学科分支的不断出现，会计电算化和网络化的发展，都要求会计人员对专业技能精益求精，谦虚好学。能否做到这一点，既是衡量会计人员事业心的重要尺度，也是衡量会计人员职业道德水准高低的重要标志之一。

【经典习题·不定选】下列各项中，符合会计职业道德"提高技能"要求的有（　　）。
A. 出纳人员向银行工作人员请教辨别假钞的技术
B. 会计人员向计算机专家学习会计电算化操作方法
C. 会计主管与其他单位财务人员交流隐瞒业务收入的做法
D. 总会计师通过自学提高会计专业判断、财务分析和政策水平

【正确答案】A、B、D。

七、参与管理——会计职业道德的重要内容

（一）参与管理的含义

参与管理是指间接参加管理活动，为管理者当参谋，为管理活动服务。参与管理要求会计人员积极主动地向单位领导反映本单位的财务、经营状况及存在的问题，主动提出合理化建议，积极地参与市场调研和预测，参与决策方案的制定和选择，参与决策的执行、检查和监督，为领导的经营管理和决策活动，当好助手和参谋。如果没有会计人员的积极参与，企业的经营管理就会出现问题，决策就可能出现失误。会计人员特别是会计部门的负责人，必须强化自己参与管理、当好参谋的角色意识和责任意识。

（二）参与管理的基本要求

▶ 1. 努力钻研业务，提高业务技能

努力钻研业务，熟悉财经法规和相关制度，提高业务技能，为参与管理打下坚实的基础。

娴熟的业务、精湛的技能，是会计人员参与管理的前提。会计人员只有努力钻研业务，不断提高业务技能，深刻领会财经法规和相关制度，才能有效地参与管理，为改善经营管理、提高经济效益服务。钻研业务、提高技能，首先，要求会计人员要有扎实的基本功，掌握会计的基本理论、基本方法和基本技能，做好会计核算的各项基础性工作，确保会计信息真实、完整；其次，要充分利用掌握的大量会计信息，运用各种管理分析方法，对单位的经营管理活动进行分析、预测；最后找出经营管理中的问题和薄弱环节，提出改进意见和措施，把管理结合在日常工作之中，从而使会计的事后反映变为事前的预测和事中的控制，真正起到当家理财的作用，成为决策层的参谋助手。

▶ 2. 熟悉服务对象的经营活动和业务流程

熟悉服务对象的经营活动和业务流程，使管理活动更具针对性和有效性。

会计人员应当了解本单位的整体情况，特别是要熟悉本单位的生产经营、业务流程和管理情况，掌握单位的生产经营能力、技术设备条件、产品市场及资源状况等情况。只有如此，才能充分利用会计工作的优势，更好地满足经营管理的需要，才能在参与管理的活动中有针对性地拟定可行性方案，从而提高经营决策的合理性和科学性，更有效地服务于单位的总体发展目标。

【经典习题·多选题】下列各项中，符合会计职业道德"参与管理"的行为有(   )。
A. 对公司财务会计报告进行综合分析并提交风险预警报告
B. 参加公司重大投资项目的可行性研究和投资效益论证
C. 分析坏账形成原因，提出加强授信管理、加快货款回收的建议
D. 分析当前企业盈利能力，查找存在的问题，提出多记费用减少纳税的措施
【正确答案】A、B、C、D。

八、强化服务——会计职业道德的归宿

（一）强化服务的含义

强化服务就是要求会计人员具有文明的服务态度、强烈的服务意识和优良的服务质量。服务态度是服务者的行为表现，要求文明服务，以礼待人。会计人员服务的态度直接关系到会计行业的声誉和全行业运作的效率。会计人员服务态度好、质量高，就能提高会计职业的信誉，增强会计职业的生命力；反之，就会影响会计职业的声誉，甚至直接影响全行业的生存和发展。

在人们的社会生活中，各岗位的就业者都处于服务他人和接受他人服务的地位。在服务他人的过程中，人们承担对他人的责任和义务的同时，也接受他人的服务。会计工作虽不能说是"窗口"行业，但其工作涉及面广，又往往需要服务对象和其他部门的协作及配合，而且会计工作的政策性又很强，在工作和处理业务过程中，容易同其他部门及服务对象有利益冲突或意见分歧。所以，会计人员为人处世的态度直接关系到工作能否顺利开展和工作的成效。这就要求会计人员不但要有热情、耐心、诚恳的工作态度，礼貌待人，而且遇到问题要以商量的口吻，充分吸收服务对象和其他部门的意见。做到大事讲原则，小事讲风格，沟通讲策略，用语讲准确，建议看场合。

强化服务的结果，就是奉献社会。任何职业的利益、职业劳动者个人的利益都必须服从社会的利益、国家的利益。如果说爱岗敬业是职业道德的出发点，那么强化服务、奉献社会就是职业道德的归宿点。

（二）强化服务的基本要求

强化会计职业服务的基本要求就是会计人员要有强烈的服务意识，服务要文明，质量要上乘。

▶ 1. 强化服务意识

会计人员要树立强烈的服务意识，为管理者服务、为所有者服务、为社会公众服务、为人民服务。不论服务对象的地位高低，都要摆正自己的工作位置，强化服务意识。只有树立了强烈的服务意识，才能做好会计工作，履行会计职能，为单位和社会经济的发展做出应有的贡献。

▶ 2. 提高服务质量

强化服务的关键是提高服务质量。质量上乘，并非无原则地满足服务主体的需要，而是在坚持原则、坚持会计准则的基础上尽量满足用户或服务主体的需要。不同的会计岗位，掌握的会计信息不同，服务的对象也不尽相同，这就需要广大会计人员充分运用会计理论、会计方法、会计数据，为单位决策层、政府部门、投资人、债权人以及社会公众提供真实、可靠的会计信息，积极主动地当好领导的财经参谋。单位会计人员的服务质量表

现在,是否真实地记录单位的经济活动,向有关方面提供可靠的会计信息,是否积极主动地向单位领导反映经营活动的情况和存在的问题,提出合理化建议,协助领导决策,参与经营管理活动。注册会计师的服务质量表现在,是否以客观、公正的态度正确评价委托单位的财务状况、经营成果,出具恰当的审计报告,为社会公众及信息使用者提供优质的服务。

【经典习题·判断题】在会计工作中一定要提供上乘的服务质量,不管服务主体提供什么样的要求,会计人员都要尽量满足服务主体的需要。( )

【正确答案】×。

案情简介

世通公司(WorldCom)是一家美国的通信公司,一度是仅次于AT&T的美国第二大长途电话公司,于2003年破产。在2006年1月被Verizon以76亿美元收购,重组成为其下属的事业部门。目前公司已更名为MCI有限公司,总部位于弗吉尼亚州。

从1999年开始,直到2002年5月,在公司财务总监斯科特·苏利文(Scott Sullivan)、审计官戴维·迈耶斯(David Myers)和总会计师巴福德·耶特斯(Buford Yates)的参与下,公司采用虚假记账手段掩盖不断恶化的财务状况,虚构盈利增长以操纵股价。他们主要采用两种手段进行财务欺诈:少记"线路成本"(与其他电信公司网络互联所产生的费用),将这部分费用计入固定资产;假造"企业未分配收入"科目虚增收入。

首席财务官苏利文曾下令审计长迈耶斯和会计部主任耶特斯将2000年第三季度和第四季度的线路成本分别调减(贷记)8.28亿美元和4.07亿美元,并按相同金额借记已计提的递延税款、坏账准备和预提费用等准备金科目,以保持借贷平衡。这类造假手法使世通2000年第三季度和第四季度对外报告的税前利润分别虚增了8.28亿美元和4.07亿美元。上述会计处理既无原始凭证和分析资料支持,也缺乏签字授权和正当理由。迈耶斯、耶特斯、贝蒂(管理报告部主任)和诺曼德(子公司会计主管)虽然知道这些账务处理缺乏正当理由,也不符合公认会计准则,但最终还是屈从于苏利文的压力,参与造假。

案例思考：

(1) 美国世通案显示出涉案人员违反了会计职业道德规范中的哪些主要内容？

(2) 所违反的会计职业道德规范与其他会计职业道德规范有何关系？

分析与提示：

(1) 美国世通案中涉案人员违反了所有会计职业道德规范中的内容。

公司财务总监斯科特·苏利文是会计犯罪行为的主犯，审计官戴维·迈耶斯、总会计师巴福德·耶特斯、贝蒂和诺曼德迫于苏利文的压力，最终协助其进行会计造假行为，是从犯。

会计职业道德规范的主要内容包括爱岗敬业、诚实守信、廉洁自律、客观公正、坚持准则、提高技能、参与管理和强化服务。

爱岗敬业要求会计人员具有会计职业的荣誉感和自豪感，恪尽职守地做好本职工作，上述人员的行为很显然罔顾会计职业的荣誉，超出本职工作从事犯罪行为。

诚实守信要求会计人员做老实人，说老实话，办老实事，不搞虚假，要保守秘密，不为利益所诱惑，要执业谨慎，信誉至上，上述人员的行为违背了这一会计职业道德规范的精髓，主要采用两种手段进行财务欺诈：少记"线路成本"将这部分费用计入固定资产；假造"企业未分配收入"科目虚增收入。

廉洁自律要求会计人员公私分明，不贪不占，而且要遵纪守法，一身正气，上述人员的财务欺诈行为显然违背法纪，损害了会计职业的声望。客观公正要求会计人员依法办事，实事求是并如实反映，上述人员用少记成本，多记收入的办法，既未实事求是，又未如实反映单位经济业务事项的实际情况，影响了客户的判断造成巨额损失。

坚持准则要求会计人员熟悉、遵循准则，并敢于同违法行为作斗争，世通公司的审计官戴维·迈耶斯、总会计师巴福德·耶特斯、贝蒂和诺曼德等人迫于财务总监苏利文的压力做假账，显然与坚持准则的要求相违背，最后与苏利文一起走上一条犯罪之路。

(2) 上述人员通过做假账的形式帮助世通公司隐瞒其真实的财务状况，其专业技能不可谓不高，但其专业技能的提升与使用却步入歧途，与会计职业道德规范的精髓——诚实守信相违背，因此其提高技能的出发点和目的都是违法的。参与管理要求会计人员为管理者当参谋，为管理活动服务，真实反映本单位的财务、经营状况和存在的问题，上述人员都属于公司的管理人员，但他们却在发现问题的时候只考虑到隐瞒问题，误导投资者，这与会计人员参与管理的职业道德规范的目的是相冲突的，如此管理将导致企业公布的财务状况不值得信任，破坏市场经济最基本的运行规则。强化服务要求会计人员强化服务意识，提高服务质量，而且强化服务的结果就是奉献社会。上述人员行为的服务对象仅限于所任职公司，漠视对公众与社会提供真实的会计服务，此种服务只谋私利，无原则地满足服务主体的需要，违背了会计人员的基本准则和原则。可见，会计人员职业道德规范的基本内容相互之间是一个完整的体系，从不同层面规定了会计人员应当遵守的基本行为规范，缺一不可，触犯一个就有可能触犯所有内容。

复习思考题

1. 会计职业道德规范的主要内容有哪些？各自的含义是什么？

2. 会计职业道德的基础是什么，有何基本要求？
3. 会计职业道德的精髓是什么，有何基本要求？
4. 会计职业道德的内在要求是什么，有何基本要求？
5. 会计职业道德的理想目标是什么，有何基本要求？
6. 会计职业道德的核心是什么，有何基本要求？
7. 会计职业道德的归宿是什么，有何基本要求？

第三节　会计职业道德教育

案例导入

南昌人魏兵（化名），毕业于南方一所重点高校，在校期间曾获得会计学和法学双学位。2005年，魏兵毕业后应聘到南昌一家国有建筑公司担任会计。

2009年12月的一天，该公司出纳有事需请假3天，公司临时安排魏兵兼任出纳。其间，魏某利用兼任出纳职务之便，通过收取公司进账现金存入自己银行账户的方法，一次性侵吞公司资金50万元。回到自己岗位后，魏兵还利用自己担任公司会计并兼任公司承建江西中科中诚办公楼、厂房工程，南昌市园林绿化局机场路景观工程东侧一期土方工程1标段等3个工程项目主管会计的职务之便，以缴税为由，分3次侵吞公司资金54万余元。

生活中的魏兵，是个热衷奢侈消费的人。魏兵侵占公司104万元公款后，大肆挥霍，除偿还自己多张银行信用卡的透支款约20万元外，还预付购买宝马车的订金10万元、购买钻石项链花费4余万元、购买名牌衣服和高档手机花费约6万元，购买了3台品牌电脑及高档进口美容化妆品等。

好景不长，公司财务交接对账的时候，魏兵挪用公司巨额资金的事实被发现。魏兵考虑到自己没有任何偿还能力，只好携带剩余的10多万元逃匿，暂住在郊区某高校附近的一小旅馆内。公司发现魏兵潜逃后，遂向南昌市公安局青云谱分局报案，后魏兵在一网吧被抓获。2011年7月14日，南昌市青云谱区法院一审以职务侵占罪判处被告人魏兵有期徒刑15年。

案例思考：上述案例中的罪犯魏兵作为一个高学历大学生，胆大妄为到这种程度，这说明当前会计职业道德教育存在什么问题？

分析与提示：魏某拥有会计与法学的双学士学历，说明其在校期间应当接受过系统的会计职业道德教育与法治教育，对于职务犯罪会有何种后果应该有清醒的认识。

但他出于满足个人奢侈生活目的的犯罪行为肆意妄为到一种令人瞠目结舌的程度,这说明会计职业道德教育与法治教育如果只依靠接受教育——外在教育,而受教育者本人不能将上述教育内化进而进行自我修养——内在教育,那所有的接受教育将形同虚设。魏某案发当年才27岁,这表明他生于1984年。作为一位"80后",魏某经历了我国社会改革开放大潮,物质文化极大丰富的时代,年轻人面对社会的灯红酒绿,一方面希望最大限度享受最高端的生活方式,另一方面按部就班依靠自己的踏实劳动所能获得的收入却在短时间内难以满足这一希望,正是"乱花渐欲迷人眼,浅草才能没马蹄"的真实写照。有人选择脚踏实地,知足常乐;有人选择投机取巧,谨守底线;有人选择铤而走险,今朝有酒今朝醉。很遗憾,魏某选择了后者,其结局也就难逃法律的制裁。会计从业人员只有从内心深处构筑牢固的道德防线,确立坚定的会计职业道德观念和法律观念,才能抵御生活中形形色色的诱惑,才不会出于个人私利而侵犯公共或他人利益。这说明会计职业道德中接受教育是基础,自我修养是根本。从会计职业道德规范的角度分析,该会计人员违背了"爱岗敬业""诚实守信""廉洁自律"等会计职业道德规范。此外,此案也说明了建立单位内部控制制度的重要性。

一、会计职业道德教育的含义

会计职业道德教育,是指根据会计工作的特点,有目的、有组织、有计划地对会计人员施加系统的会计职业道德影响,促使会计人员形成会计职业道德品质,履行会计职业道德义务的活动。会计职业道德教育有利于提高会计人员职业道德水平,有利于培养会计人员职业道德情感,有利于树立会计人员职业道德信念。提高会计人员的道德素质,既需要对会计人员加强会计职业道德方面的教育,也需要会计人员自身加强会计职业道德方面的修养,从他律走向自律,促使会计人员养成自觉遵守会计职业道德规范的良好行为。对此,会计职业道德教育应采取一定的教育形式,明确相应的教育内容和教育途径。

二、会计职业道德教育的形式

会计职业道德教育的主要形式包括接受教育(外在教育)和自我修养(内在教育)。

(一)接受教育(外在教育)

接受教育既外在教育,是指通过学校或培训单位对会计从业人员进行以职业责任、职业义务为核心内容的正面灌输,以规范其职业行为,维护国家和社会公众利益的教育。接受教育具有导向作用,行业部门或行业协会通常是职业道德教育的组织者,由其对从业人员开展正面的职业道德教育;接受教育是一种被动学习、被动接受教育。

(二)自我修养(内在教育)

自我修养即内在教育,是指从业人员自我学习、自我改造和提升自身道德修养的活动。自我教育是把外在的职业道德的要求,逐步转化为会计从业人员内存的职业道德情感、职业道德意志和职业道德信念。要大力提倡和引导会计人员的自我教育,在社会实践中不断加强职业道德修养,养成良好的道德行为,从而实现道德境界的升华。

【经典习题·单选题】通过会计人员的（　　）进行的会计职业道德教育，主要是通过会计人员自我教育、自我锻炼，将会计职业道德规范转化为内在品质，规范和约束自身会计行为。

A. 道德警示教育　　　　　　　B. 继续教育
C. 自我修养　　　　　　　　　D. 学历教育

【正确答案】 C。

三、会计职业道德教育的内容

会计职业道德教育的主要任务是帮助和引导会计人员培养会计职业道德情感，树立会计职业道德信念，遵守会计职业道德规范。因此，会计职业道德教育的内容主要围绕以上目标而展开。

（一）会计职业道德观念教育

会计职业道德观念教育就是在社会上广泛宣传会计职业道德基本常识，使广大会计人员懂得什么是会计职业道德，了解会计职业道德对社会经济秩序、会计信息质量的影响，以及违反会计职业道德将受到的惩戒和处罚；并利用广播、电视、报纸、杂志等媒介，表扬坚持原则、德才兼备的会计人员，鞭挞违法违纪的会计行为，形成遵守职业道德光荣、违反职业道德可耻的社会氛围。

【经典习题·单选题】发挥会计职业道德的作用，提升我国会计人员会计职业道德水平，需要多管齐下，开展全方位、多形式、多渠道的（　　）。

A. 会计职业道德教育
B. 会计职业道德警示教育
C. 会计职业道德情感教育
D. 会计职业道德观念教育

【正确答案】 D。

（二）会计职业道德规范教育

会计职业道德规范教育就是指对会计人员开展以会计职业道德规范为内容的教育。以爱岗敬业、诚实守信、廉洁自律、客观公正、坚持准则、提高技能、参与管理和强化服务为主要内容的会计职业道德规范是会计职业道德教育的核心内容，应贯穿于会计职业道德教育的始终。

（三）会计职业道德警示教育

会计职业道德警示教育就是指通过开展对违反会计职业道德行为和违法会计行为典型案例的讨论和剖析，给会计人员以启发和警示，从而可以提高会计人员的法律意识和会计职业道德观念，提高会计人员辨别是非的能力。

（四）其他与会计职业道德相关的教育

其他与会计职业道德相关的教育包括形势教育、品德教育和法制教育等。

【经典习题·单选题】以下（　　）是作为会计职业道德教育的核心内容，并贯穿于会计职业道德教育始终的。

A. 会计职业道德观念教育

B. 会计职业道德规范教育
C. 会计职业道德警示教育
D. 其他相关教育

【正确答案】B。

四、会计职业道德教育的途径

(一) 接受教育的途径

▶ 1. 岗前职业道德教育

岗前职业道德教育是指对将要从事会计职业的人员进行的道德教育，包括会计学历教育及获取会计从业资格中的职业道德教育。教育的侧重点应放在职业观念、职业情感及职业规范等方面。

会计学历教育中的职业道德教育。《公民道德建设实施纲要》中指出："学校是进行系统道德教育的重要阵地。各级各类学校必须认真贯彻党的教育方针，全面推进素质教育。"在我国，在大专院校会计类专业就读的学生，是会计队伍的预备人员，在校学习阶段是他们的会计职业道德情感、道德观念、是非善恶判断标准初步形成的时期，所以会计专业类大专院校是会计职业道德教育的重要环节，是会计人员岗前教育的主要场所，在会计职业道德教育中具有基础地位。据统计，我国每年有10万名左右的大中专毕业生进入会计队伍的行列。为保证进入会计队伍的"新鲜血液"具有良好的职业道德观念，会计职业道德教育必须从会计学历教育抓起。

▶ 2. 岗位职业道德继续教育

会计人员继续教育是指会计从业人员在完成某一阶段专业学习后，重新接受一定形式的、有组织的知识更新和培训活动。会计人员继续教育是强化会计职业道德教育的有效形式。

会计人员职业道德教育应贯穿于整个会计人员继续教育的始终。在职业道德的继续教育中应体现社会经济的发展变化对道德的要求，也就是说，在不同的阶段，道德教育的侧重点应当有所不同。就现阶段而言，会计人员继续教育中的会计职业道德教育目标是适应新的市场经济形势的发展变化，在不断更新、补充、拓展会计专业理论、业务能力的同时，通过会计职业道德观念教育、会计职业道德规范教育、会计职业道德警示教育等，使其政治素质、职业道德水平不断提高，形成良好的会计职业道德品行。

(二) 会计职业道德自我修养的途径

会计职业道德自我修养，是要通过自我教育、自我改造、自我锻炼、自我提高，将会计职业道德规范转化为会计人员的内在品质，规范和约束自身会计行为。自我修养的主要途径包括以下三个方面。

▶ 1. 慎独慎欲

会计职业道德修养的最高境界在于做到"慎独"，即在一个人单独处事、无人监督的情况下，也应该自觉地按照道德准则去办事。慎独的前提是具有坚定的职业信念和职业良心。会计职业道德修养讲"慎独"，就是要求每个会计人员严格要求自己，在履行职责时自律谨慎,不管财经法规、制度是否有漏洞,也不管是否有人监督,领导管理是否严格,都应按照职业道德的要求去办。慎欲,就是指用正当的手段获得物质利益。会计人员做到慎欲,一是要把国家、社会公众和集体利益放在首位,在追求自身利益时,不损害国家和他人利益;二是做到节欲,对利益的追求要适度适当,要合理合法,反对用不正当的手段达到利己的目的。

▶ 2. 慎省慎微

慎省是指认真自省。慎微,是指在微处、小处自律,从微处、小处着眼,积小善成大德。慎微,道德要求从微处自律。其次要求从小事着手,从一点一滴的小事做起,日积月累,就能获得良好的信誉。会计工作是一项非常细致而又复杂的工作,经常与钱、财、物打交道,稍有差错就可能产生严重的后果。因此,会计人员在处理每一笔会计业务时,对是否符合国家法律、法规,是否真实、准确,都需要认真自省,不断修正错误,树立正确的职业道德观念,培养高尚的道德品质,提高自己的精神境界。

▶ 3. 自警自励

自警就是要随时警醒、告诫自己,要警钟长鸣。防止各种不良思想对自己的侵袭。自励就是要以崇高的会计职业道德理想、信念激励自己、教育自己。经常用会计职业道德规范这把标尺,认真度量自己在职业实践中的一切言行,树立正确的会计职业道德观。

【经典习题·多选题】我国目前会计职业道德教育的途径主要包括( )。

A. 通过会计学历教育
B. 通过会计继续教育
C. 通过财政部监督检查
D. 通过会计人员的自我教育与约束

【正确答案】A、B、D。

案情简介

张志鹏,陕西汉中勉县人,2003 年毕业于陕西科技大学工商管理专业,同年,22 岁的他进入社保中心失业保险科,在出纳岗位工作。在众多同事眼里,张志鹏腼腆文静,话语不多,性格内向。

汉中市反贪局副局长李建红介绍,现已查实,汉中市社保中心失业保险科出纳张志鹏,采取向会计提供假银行对账单提取现金、收缴失业金不记账、填写假电汇单等手段,伙同其堂弟张志远从银行盗取社保基金。

"他贪污这些钱主要用于了个人挥霍。"负责侦查此案的汉中市反贪局侦查处处长王衡说,2004 年,张志鹏采取转账的办法两次私自将单位的 30 余万元的失业保险金转至勉县后提走,此事竟无人发觉。张的胆子越来越大,多次直接填写现金支票,又趁机盖上单位的印章到银行提取现金供自己挥霍。从 2004 年开始,张志鹏常年在汉中邮政大酒店包套房高消费,累计花费高达 13 万余元;先后用 20 多万购买"劳力士"手表两块,"欧米茄"手表一块,他使用的名牌打火机每个价值 4 000 多元。在一年多时间里,张志鹏购买高档手机 9 部,送给家人、朋友和自己使用。花 10 多万元购买进口名牌化妆品供自己使用,购买高档电脑、摄像机、照相机、高档服装等奢侈用品花费 10 多万元;然后就是经常坐飞机到各地游览名胜古迹,进行高档消费。到张志鹏投案自首时,张随身只剩下 6 万余元,其余全部被挥霍一空。

2007 年 8 月 22 日,该案在汉中市中级人民法院刑事审判第一法庭开庭审理。汉中市检察院检察员公诉张志鹏 22 次贪污公款 140 余万元,其中张志鹏单独作案 20 次,贪污 1 056 291.08 元,与其堂弟张志远合谋贪污公款 348 078 元。

资料来源:董晓明.举报信牵出社保大案 转存侵吞保金两千多万.华商报,2007 年 7 月 5 日.

案例思考:

(1) 作为普通出纳的张志鹏贪污 140 余万元主要用于个人挥霍,这说明会计职业道德教育中哪部分内容未起到作用?

(2) 作为会计人员在接受职业道德教育中,其自我修养的途径有哪些注意事项?

汉中乖娃:集体资金我也要来分一杯羹,不过我要给自己谋点福利!

分析与提示:

(1) 张志鹏贪污的钱主要用于个人挥霍,这说明在他心目中,个人私欲远比他人和社会利益重要。会计职业道德教育的内容包括道德观念教育、道德规范教育与道德警示教育,张志鹏的行为说明道德警示教育未起到作用。

(2) 会计职业道德教育的途径包括接受教育和自我修养两种,前者的侧重点在于职业观念、职业情感及职业规范等方面,后者一般包括道德认知、道德情感、道德信念和道德行为等方面。可见,会计职业道德教育要内化于心,外化于行,关键靠自我修养,而自我修养的途径中要做到慎独慎欲、慎省慎微和自警自励。即每个会计人员严格要求自己,在履行职责时自律谨慎,不管财经法规、制度是否有漏洞,也不管是否有人监督,领导管理是否严格,都应按照职业道德的要求去办。会计人员做到慎欲,一是要把国家、社会公众和集体利益放在首位,在追求自身利益时,不损害国家和他人利益;二是做到节欲,对利益的追求要适度适当,要合理合法,反对用不正当的手段达到利己的目的。要随时警醒、告诫自己,要警钟长鸣。防止各种不良思想对自己的侵袭。要以崇高的会计职业道德理想、信念激励自己、教育自己。经常用会计职业道德规范这把标尺,认真度量自己在职业实践中的一切言行,树立正确的会计职业道德观。张志鹏在自我修养方面很明显是与会计职业道德背道而驰的,最终身陷囹圄,前途尽毁,就是没有讲究"慎",控制"欲"。

复习思考题

1. 请简述会计职业道德教育的含义。
2. 会计职业道德教育有哪些形式?
3. 会计职业道德教育包含哪些内容?
4. 会计职业道德教育的途径有哪些?

第四节　会计职业道德建设组织与实施

案例导入

江西宜春市袁州区检察院一份调研显示：2008年1月至2011年4月，该院共立案侦查国家机关及国有企、事业单位贪污、挪用类案件17件27人，涉案金额达627万元，其中财务人员贪污、挪用公款案6件8人，占立案件数的35%，涉案金额达296万元。

来自江西省检察院一份数据显示：2008年至2011年6月，全省检察机关立案侦查共计313名国家机关、国有公司、企事业单位财会人员职务犯罪案，涉案金额高达1.9亿元。财会人员贪污、挪用公款犯罪，已成为职务犯罪案中的"常见病"和"高发病"。

据介绍，犯罪形式呈多样化也是一大特点，他们有的是出借高利贷、有的是用于赌博、有的则是购买股票和基金。省检察院通过调研发现，财会人员迷恋赌博或投资，成为刺激犯罪的重要诱因。上述313人中，九成以上作案目的是投资期货、炒股、赌博或借与他人从事营利活动等，这类高风险活动带来的后果是巨额公款流失。

除此之外，犯罪涉案金额较大，从最初的万元、百万元发展到千万元的惊天大案；私设"小金库"成为相对集中的发案部位；单位领导与财会人员相互勾结，共同贪污、挪用等是财会人员职务犯罪案呈现的三大特点。

案例思考：上述数据说明当前社会中，财会人员犯罪具有哪些特点？在会计职业道德建设的组织与实施方面，应当如何防治财会人员犯罪？

分析与提示：当前社会，财会人员犯罪具有以下特点：一是职务犯罪案件频发，涉案金额不断攀升。二是职务犯罪罪名相对集中，以贪污、挪用公款犯罪成为"常见病"和"高发病"。三是犯罪形式多样化，如出借放贷、赌博、购买股票和基金等，其目的一般是为了赌博或投资。四是犯罪具体表现相对集中，单位领导与财会人员相互勾结，共同贪污、挪用，主要表现为私设"小金库"，这说明财会人员属于单位的重要组成部分，单位领导的很多涉及金钱的违法犯罪行为都不能缺少财会人员的参与，这对财会人员的职业道德素养与法治意识提出了更大的挑战。

财会人员违法犯罪行为现象日益多发，其根源为谋利、逐利的内因和单位领导要求、指示的外因。由于社会的发展与个人价值观的变化，影响财会人员行为选择的内外因在"利益"面前更容易结合，更趋于隐蔽，其防治也更为困难。这需要以各级财政部门、会计职业团体、机关和企事业单位为主的会计职业道德建设群策群力，齐抓共管，扼制内因，防止外因，追本溯源，惩防结合，保证会计职业道德建设的各项任务和要求落到实处。

为了充分发挥会计职业道德的作用，健全会计职业道德体系，应在建立会计职业道德规范和加强职业道德教育的基础上，强化对会计人员职业道德规范遵循情况的检查，强化和改善会计职业道德建设的组织和领导，建立以各级财政部门、会计职业团体、机关和企事业单位为主的会计职业道德建设，齐抓共管，保证会计职业道德建设的各项任务和要求落到实处。

一、财政部门的组织推动

会计职业道德建设是会计管理工作的重要组成部分，作为会计管理工作的职能部门，各级财政部门会计管理机构和中央会计从业资格管理部门应当结合本地区的实际情况，将会计职业道德建设纳入重要议事日程，负起组织和推动本地区会计职业道德建设的责任，要深入实际，调查研究，了解新情况，分析新问题，及时发现、总结和推广会计职业道德建设的新经验，在内容、形式、方法、手段和机制等方面积极创新，与时俱进，探索新的有效途径和实践形式。

（一）会计管理工作者要努力学习会计法律知识

会计管理工作者要以调试的责任感和事业心，适应新时期的要求，努力学习会计法律知识，不断提高自身的政策理论水平和服务质量，在工作中应求真务实，依法办事，廉洁奉公，勤政为民，率先垂范，以身作则，树立良好的会计职业道德风尚。

（二）把会计职业道德建设与会计法制教育紧密结合

各级财政部门应当负起组织和推动本地区会计职业道德建设的责任，把会计职业道德建设与会计法制教育紧密结合起来。在认真宣传贯彻《会计法》和国家统一的会计制度的同时，加大执法力度，严厉打击违法会计行为，维护国家和社会公众利益，维护正常经济秩序，为会计职业道德建设提供强有力的法律支持和政策保障。

【经典习题·判断题】财政部门组织和推动会计职业道德建设，依法行政。（   ）

【正确答案】√。

二、会计职业组织的行业自律

会计职业组织的行业自律是一个群体概念，是会计职业组织对整个会计职业的会计行为进行自我约束、自我控制的过程。会计职业组织起着联系会员与政府的桥梁作用，应充分发挥协会等会计职业组织的作用，改革和完善会计职业组织自律机制，有效发挥自律机制在会计职业道德建设中的促进作用。

我国现有的会计职业组织包括中国注册会计师协会和中国会计学会等组织。中国注册会计师协会的宗旨是服务、监督、管理、协调，即以诚信建设为主线，服务注册会计师协会会员，监督会员执业质量、职业道德，依法实施注册会计师行业管理，协调行业内、外部关系，维护社会公众利益和会员合法权益，促进行业健康发展，先后发布了《中国注册会计师职业道德基本准则》《中国注册会计师职业道德规范指导意见》《注册会计师、注册资产评估师行业诚信建设实施纲要》等。中国会计学会创建于1980年，是财政部所属由全国会计领域各类专业组织，以及会计理论界、实务界会计工作者自愿结成的学术性、专业性、非营利性社会组织。为了加强管理，该学会制定了《中国会计学会个人会员分级管理办法》。

目前，中国会计职业的行业自律机制尚不健全，对违反会计职业道德的会计人员和会计师事务所惩处力度不够。所以，我国可以借鉴国外通过会计职业组织实施职业道德约束的做法和经验，建立健全会计职业团体自律性监管机制，即在注册会计师协会、会计学会和总会计师协会等职业组织中建立职业道德委员会，专门管理职业道德规范的制定、解释、修订和实施，对涉及会计职业道德的案件由会计职业组织进行处罚，确保会计职业的健康发展。

【经典习题·单选题】 在会计行业自律组织比较健全的情况下，可以由（　　）通过自律性监管。

A. 财政部门　　　B. 审计机关　　　C. 职业团体　　　D. 所在单位

【正确答案】 C。

三、企事业单位内部监督

企事业单位应形成内部约束机制，防范舞弊和经营风险，支持并督促会计人员遵循会计职业道德，依法开展会计工作。

企事业单位做好内部监督工作，首先必须任用具备会计从业资格的人员从事会计工作，在任用重要会计岗位的人员时，应审查其职业记录和诚信档案，选择素质高、道德好的会计人员，在日常管理中，应注意开展对会计人员的道德和纪律教育，并加强检查，督促相关行为；其次在制度建设上要加强和完善单位内部的控制制度，形成内部约束机制，依法开展会计工作，为会计人员遵守职业道德提供良好的执业环境，从而可以有效地防范舞弊和经营风险，规避道德失范。特别是单位负责人要做好表率，支持会计人员依法开展工作。其次是推动职业组织的形成，一方面认真学习和借鉴国外做法，比如设立职业道德委员会；另一方面大力实施道德惩戒，通过构建和完善调查事实、确定条款、做出决定和执行等程序作为后盾，保障道德惩戒的实施。

四、社会各界的监督与配合

加强会计职业道德建设，既是提高广大会计人员素质的一项基础性工作，又是一项复杂的社会系统工程；不仅是某一个单位、某一个部门的任务，还是各地区、各部门、各单位的共同责任。正如《公民道德建设实施纲要》中所指出的："推进公民道德建设，需要社会各方面的共同努力。各级宣传、教育、文化、科技、组织人事和纪检监察等党政部门，工会、共青团和妇联等群众团体及社会各界，都应当在党委的统一领导下，各尽其责，相互配合，把道德建设与业务工作紧密结合起来，纳入目标管理责任制，制定规划，完善措施，扎实推进。要充分发挥各民主党派和工商联在公民道德建设中的作用。"因此，加强会计职业道德建设，不仅各级党组织要管，各级机关、群众组织等也要管。只有重视和加强各级组织、广大群众和新闻媒体的监督作用，齐抓共管，形成合力，才能有效地搞好会计职业道德建设，更好地提高广大会计人员的思想道德素质。

【经典习题·多选题】 只有重视和加强（　　）监督作用，形成合力，才能有效地搞好会计职业道德建设，更好地提高广大会计人员的思想道德素质。

A. 各级组织　　　　　　　　　　B. 广大群众
C. 会计人员　　　　　　　　　　D. 新闻媒体

【正确答案】 A、B、D。

案情简介

2009年5月27日,南康市森林公安局原局长郭奕华因犯滥用职权罪、贪污罪,获刑4年零6个月。这位局长之所以落马,原因是他私设高达137万元的"小金库"。

2003年11月起,郭奕华以弥补办公经费为由,由该局对辖区内的部分木材家具行业业主和托运行业业主不开票收取包月赞助费,收费后不管运输木材、家具有无办放行手续或货证是否相符,都一律予以放行。对森林火灾、侵占林地、无证运输家具等涉林案件以及其他走私烟叶、贩卖假证、贩卖爆竹等刑事案件当事人,以暂扣款的形式代替罚款,对案件进行变相处理。其间,郭奕华指使局办公室主任张某、会计李某,将赞助款和暂扣款两款项合计137.6万元,设立账外账。之后,他多次以给上级送礼、出差补贴等名义,授意会计将"小金库"的钱提出,从而落入自己口袋。

案例思考:

(1)会计李某设立"账外账"将"小金库"的钱提出使其落入郭某私人口袋,均是遵照上级领导指示而为,他的行为涉及会计职业道德建设的组织与实施中的哪个环节?

"小金库",内部监督方面出现了问题!

(2)如何改进这个环节以形成有效的内部约束机制?

分析与提示: 会计职业道德建设的组织与实施,涉及各级财政部门的组织推动、会计职业组织的行业自律、企事业单位内部监督和社会各界的监督与配合四个环节,四个环节要齐抓共管,保证会计职业道德建设的各项任务和要求落到实处。其中,企事业单位的内部监督是基础性环节,本案中的原局长郭奕华与会计李某的违法犯罪就是由于内部监督方面出现了问题。

国家在宏观层面上,对财务管理的制度是健全和规范的,只是在微观层面上,有些单位执行不严格、不规范,与制度的要求相去甚远。比如,在一些单位上,会计与出纳人员相互监督不到位;或某些单位对一些不够完善、不够严谨的规章制度没有进行必要的修改和补充,对一些过时的规章制度,没有及时抓紧制定相关措施,留有制度管理的"真空"等。另外,一部分财务人员职业道德素质差,虽有财会专业知识,但缺乏应有的职业准则和廉政操守,由于价值观错位,对金钱诱惑抵抗力低,特别在单位领导自身不正,管理监督不到位的情况下,这些人员极易滋生贪污、挪用犯罪动机,实施犯罪行为。因此,企事业单位要做好内部监督工作,首先必须任用具备会计从业资格的人员从事会计工作,在任用重要会计岗位的人员时,应审查其职业记录和诚信档案,选择素质高、道德好的会计人员,在日常管理中,应注意开展对会计人员的道德和纪律教育,并加强检查,督促相关行为;其次,在制度建设上要加强和完善单位内部的控制制度,形成内部约束机制,依法开展会计工作,为会计人员遵守职业道德提供良好的执业环境,从而可以有效地防范舞弊和经营风险,规避道德失范。特别是单位负责人要做好表率,支持会计人员依法开展工作,并且切忌主动违法,否则单位的内部监督将形同虚设,会计职业道德建设也将实施无力。

复习思考题

1. 会计职业道德建设的组织与实施包括哪几个环节？
2. 财政部门在组织推动会计职业道德建设时，还需要注重与哪些方面相结合？
3. 企事业单位对于会计职业道德建设的内部监督应当注意哪些工作？
4. 社会各界对于会计职业道德建设与实施可以起到什么作用？

第五节 会计职业道德的检查与奖惩

案例导入

1999年，黎明股份为了粉饰其经营业绩，虚增资产8 996万元，虚增负债1 956万元，虚增所有者权益7 413万元，虚增主营业务收入1.5亿元，虚增利润总额8 679万元，其中虚增主营业务收入和利润总额两项分别占该公司对外披露数字的37%和166%。更为严重的是，该企业出现的上述问题，除常规性的少提少转成本、费用挂账、缩小合并范围等违规行为外，有90%以上的数额是人为编造假账、虚假核算虚增出来的。

管理舞弊手法一般有以下几种，主要目的是虚增资产、收入和利润，虚减负债、费用。

资料来源：郑朝晖. 上市公司十大管理舞弊案分析及侦查研究. 审计研究，2001年第6期，第45—46页.

案例思考： 上市公司财务造假成风，其原因除制度性漏洞外，管理层人员的职业道德缺失也是重要因素。会计职业道德规范的实施除依赖会计人员的自律外，还包括哪些外部奖惩机制？

分析与提示： 对于会计人员职业道德规范的实施，除依赖自律外，还应建立外部监督的长效机制，强化对会计人员职业道德规范遵循情况的检查，建立起会计职业道德的奖惩机制，其内容包括：一是财政部门的监督检查，采用多种形式开展会计职业道德宣传教育，将会计职业道德建设与会计从业资格证书注册登记管理相结合，将会计职业道德建设与会计专业技术资格考评、聘用相结合，与会计执法检查相结合，与会计人员表单奖励制度相结合等；二是会计行业组织的自律管理与约束，对违反会计职业道德的会计人员

和会计师事务所进行惩处；三是建立激励机制，对自觉遵守会计职业道德的优秀会计工作者进行表彰、宣传。

为了充分发挥会计职业道德的作用，健全会计职业道德体系，应在建立会计职业道德规范和加强职业道德教育的基础上，强化对会计人员职业道德规范遵循情况的检查，并根

据检查的结果进行相应的表彰和惩罚，建立起会计职业道德的奖惩机制，这是会计职业道德他律机制的重要组成部分。

一、会计职业道德检查与奖惩的意义

开展会计职业道德检查与奖惩是道德规范付诸实施的必要方式，也是促使道德力量发挥作用的必要手段，有着很重要的现实意义。

▶ 1. 会计职业道德的检查与奖惩，具有促使会计人员遵守职业道德规范的作用

奖惩机制利用人类趋利避害的特点，以利益的给予或剥夺为砝码，对会计人员起着引导或威慑的作用，使会计行为主体不论出于什么样的动机，都必须遵循会计职业道德规范，否则就会遭受利益上的损失。奖惩机制把会计职业道德要求与个人利益结合起来，体现了义利统一的原则。

▶ 2. 会计职业道德的检查与奖惩，可以对各种违法会计行为进行裁决，对会计人员具有深刻的教育作用

作为会计人员，哪些会计行为是对的，哪些会计行为是不对的，均可通过会计职业道德的检查与奖惩做出裁决。在这里，会计职业道德的检查与奖惩起着道德法庭的作用。它是运用各种会计法规、条例及道德要求等一系列标准，鞭答违反道德的行为，同时褒奖那些符合职业道德要求的行为，并使其发扬光大，蔚为风气，互相砥砺。因此，通过会计职业道德的检查与奖惩，使广大会计人员生动而直接地感受到道德的价值分量，其教育的作用是不可低估的。

▶ 3. 会计职业道德的检查与奖惩，有利于形成抑恶扬善的社会环境

会计职业道德是整个社会道德的一个组成部分，因此，会计职业道德的好坏，对社会道德环境的优劣会产生一定的影响；反之，社会道德环境的好坏，也影响着会计的职业行为。奖惩机制是抑恶扬善的杠杆。对会计行为而言，判断善恶的标准就是会计职业道德规范。那些遵守职业道德规范的行为，就可称之为善行；反之，那些违背职业道德规范的行为，就可称之为恶行。通过倡导、赞扬、鼓励自觉遵守会计职业道德规范的行为，贬抑、鞭挞、谴责查处会计造假等不良行为，有助于人们分清是非，形成良好的社会风气，从而进一步促进会计职业道德的发展。

就道德规范自身特点而言，它主要是依靠传统习俗、社会舆论和内心信念来维系的。这种非刚性的特征也就决定了它的落实、实施还必须同时借助政府部门的行政监管、职业团体自律性监管和企事业单位内部纪律等外在的硬性他律机制。只有这样才能有效地发挥道德规范潜在的裁判和激励效力。

二、会计职业道德检查与奖惩机制

会计职业道德检查与奖惩机制的建立是一个复杂的系统工程，需要政府部门、行业组织、有关单位的积极参与，运用经济、法律、行政、自律等综合治理手段。在我国，会计职业道德检查与奖惩机制的建立尚处探索阶段，需要在理论上深入研究，实践中不断摸索。

（一）财政部门对会计职业道德进行监督检查

《中华人民共和国会计法》规定，国务院财政部门主管全国的会计工作，县级以上财政

部门管理本行政区域内的会计工作。《中华人民共和国注册会计师法》规定，财政部对注册会计师、会计师事务所和注册会计师协会进行监督指导。会计职业道德建设是会计管理工作的重要组成部分，因此，各级财政部门应负起组织和推动本地区会计职业道德建设的责任。财政部门可以利用行政管理上的优势，对会计职业道德情况实施必要的行政监管。

▶ 1. 采用多种形式开展会计职业道德宣传教育

各级财政部门要有计划、有步骤地开展会计职业道德宣传教育工作，要制定切实可行的宣传教育方案和规划，明确任务，落实责任；要采取灵活多样的宣传形式，充分利用广播、电视、网络、报纸、杂志等媒体；广泛宣传会计职业道德先进典型，弘扬正气，树立诚实守信等会计新风尚；要通过座谈会、研讨会、演讲会、论坛、知识竞赛、有奖征文等活动，研讨和宣传加强会计职业道德建设的必要性和具体措施，引导广大会计人员积极参与会计职业道德建设，同时发挥思想文化阵地在职业道德建设中的作用，营造会计职业道德建设的氛围。

▶ 2. 会计职业道德建设与会计从业资格证书注册登记管理相结合

会计从业资格证书注册登记制度，是指取得会计从业资格的人员，被单位聘用从事会计工作时，应由本人或本人所在单位提出申请，按照会计从业资格管理部门规定的时间到会计从业资格管理部门进行注册登记。《会计法》《会计从业资格管理办法》和《会计基础工作规范》均规定会计人员必须遵守会计职业道德。《会计基础工作规范》中第二十四条规定："财政主管部门、业务主管部门和各单位应当定期检查会计人员遵守职业道德的情况，并作为会计人员晋升、晋级、聘任专业职务、表彰奖励的重要依据。会计人员违反职业道德的，由所在单位进行处罚；情节严重的，由会计从业资格证书发证机关吊销其会计从业资格证书。"年检即年度检查验证制度。根据《会计从业资格管理办法》的规定，会计从业资格证书实行定期年检制度。年检时审查的内容包括持证人员遵守财经纪律、法规和会计职业纪律情况，依法履行会计职责情况。不符合有关规定的不予通过年检。

因此，将会计从业资格证书注册登记和年检制度与会计职业道德检查结合起来，有利于强化对会计人员行为的约束，强制引导会计人员遵守会计职业道德，使会计人员像重视自己的从业资格一样重视自身的职业道德操守，自觉遵守会计职业道德规范的要求。

▶ 3. 会计职业道德建设与会计专业技术资格考评、聘用相结合

根据财政部、人事部联合印发的《会计专业技术资格考试暂行规定》及其实施办法规定，报考初级资格、中级资格的人员，应"坚持原则，具备良好的职业道德品质"等。会计专业技术资格考试管理机构在组织报名时，应对参加报名的会计人员职业道德情况进行检查。对有不遵循会计职业道德记录的，应取消其报名资格。

目前，高级会计师资格的取得是采取考试和评审相结合的方式，其中会计职业道德考评也要进行检查、考核。一是在考试方面。考虑到职业道德对高级会计师的重要性，有必要增设职业道德的内容，从理论上加深其对会计职业道德的理解和认识。二是在评审方面要对申报人的会计职业道德情况严格审查。高级会计师评审委员会在对申报人的会计职业道德进行考核时，则可以采取量化评分的方式，即对申报人的职业道德进行打分，使之与其专业学识、工作成绩等的得分一样作为其评审得分的重要组成部分。三是规定一些关于

职业道德规范的否决条款。例如，申报人曾因违法犯罪行为而受过刑事处罚的，不能参加高级会计师资格的评审。

为了加强对会计人员职业道德情况的考核检查，财政部门正在考虑建立会计持证人员诚信档案。目前，财政部门对会计从业资格证书档案实行电子计算机管理，为建立会计人员诚信档案创造了有利条件。可以结合会计从业资格证书注册登记、年检和其他行政检查工作，将会计人员执行会计法规制度和会计职业道德情况，以及受到的奖惩情况等，输入电子档案，形成会计人员的诚信档案，不仅作为财政部门监管会计人员的依据，也可以向用人单位和社会公众开放，从而督促、约束、激励会计人员严格自律，认真执行会计职业道德规范。

▶ **4. 会计职业道德建设与会计执法检查相结合**

财政部门作为《会计法》的执法主体，可以依法对社会各单位执行会计法律制度情况及会计信息质量进行不同形式的检查。通过检查，一方面督促各单位严格执行会计法律法规；另一方面也是对各单位会计人员遵守会计职业道德情况的检查和检验。检查中发现的会计人员违反《会计法》的行为，同时也一定是违反会计职业道德的行为，会计人员不仅要承担《会计法》规定的法律责任，受到相应的行政处罚或刑事处罚，同时还必须接受相应的道德制裁。

自改革开放以来，我国财政部门经常开展全国性的财经大检查。财政部门对执法检查过程中查出的违法违规行为，《中华人民共和国会计法》等有较详细的处理规定。有违反《中华人民共和国会计法》的行为，同时也一定是违反了会计职业道德要求的行为，所以国家在开展会计执法检查的同时，也对会计人员是否遵守会计职业道德规范的情况进行了检查。会计人员若存在这种行为，不仅要承担《中华人民共和国会计法》规定的法律责任，受到行政处罚或刑事处罚，同时还必须接受相应的道德制裁，采取在会计行业范围内通报批评、指令其参加一定学时的继续教育课程、暂停从业资格、在行业内部的公开刊物上予以曝光等。法律惩罚和道德惩罚两者是并行不悖、不可替代的，应同时并举。财政部门把会计职业道德建设与会计执法检查相结合，是构筑会计职业道德检查与奖惩机制的重要组成部分和有力抓手。

▶ **5. 会计职业道德建设与会计人员表彰奖励制度相结合**

《会计法》规定："对认真执行本法，忠于职守，坚持原则，做出显著成绩的会计人员，应给予精神的或者物质的奖励。"对自觉遵守会计职业道德规范的优秀单位和优秀会计工作者进行表彰、奖励的具体形式有晋升工资、职级，发放一定数额的资金，授予荣誉称号，颁发荣誉证书，在公共媒体上积极宣传其先进事迹等，这样既可以使受奖者感到自豪和骄傲，进一步调动他们的工作积极性和主动性，从而促使他们强化职业道德行业，同时还可以起到弘扬正气、鞭笞后进的作用，从而在潜移默化中提高全体会计人员的职业道德素质。

【经典习题·单选题】（　　）利用行政管理上的优势，对会计职业道德情况实施必要的行政监督检查。

A. 政府部门　　　　B. 行业组织　　　　C. 财政部门　　　　D. 人事部门

【正确答案】C。

(二)会计行业组织对会计职业道德进行自律管理与约束

对会计职业道德情况的检查,除了依靠政府监管外,行业自律也是一种重要手段。会计行业自律是一个群体概念,是会计职业组织对整个会计职业的会计行为进行自我约束、自我控制的过程。在会计职业较发达的市场经济国家,会计职业道德准则一般由会计职业组织制定、颁布与督导实施的。有些做法和经验值得我们借鉴。

在日常会计工作中,经常会发生这样的情况:一些会计人员缺乏必要的专业胜任能力,业务素质低下,专业知识贫乏,对新颁布的会计准则、会计制度知之甚少,从而导致记账不符合规范,账簿混乱,账账、账表不符,报表挤数现象时有发生;还有一些会计人员按照领导的意志,放弃了客观性原则,钻准则、制度的空子,通过改变会计估计或会计方法,调节利润或亏损,从而达到隐瞒、拖欠或逃避应交税费的目的。这些做法有的虽然没有触犯法律,但却违反了会计职业道德的要求。在会计行业自律组织比较健全的情况下,可以由职业团体通过自律性监管,对发现的违反会计职业道德规范的行为进行受益人惩罚,根据情节轻重程度采取通报批评、罚款、支付费用、取消其会员资格、警告、退回向客户收取的费用、参加后续教育等方式。

当然,近些年来,我国通过会计行业组织强化自律管理和行业惩戒也已取得了一定进展。中国注册会计师协会作为注册会计师行业自律组织,为提高我国注册会计师职业道德水平做出了积极努力,先后发布了《中国注册会计师职业道德基本准则》《中国注册会计师职业道德规范指导意见》以及《注册会计师、注册资产评估师行业诚信建设实施纲要》等。研究建立调查委员会、技术鉴定委员会、惩戒委员会等行业自律性决策组织。由于我国会计职业组织建立比较晚,自律性监管还比较薄弱,在注册会计师职业道德规范的实施与惩戒过程中仍存在不少问题。这就要求注册会计师职业组织从行业整体利益和社会责任出发,切实改进管理和服务,把行业建设好。

(三)依据会计法等法律法规,建立激励机制,对会计人员遵守职业道德情况进行考核和奖惩

对自觉遵守会计职业道德的优秀会计工作者进行表彰、宣传,可以使受奖者感到对遵守道德规范的回报和社会肯定,从而促使其强化道德行为。同时,还可以树立本行业的楷模、榜样,使会计职业道德原则和规范具体化、人格化,使广大会计工作者从这些富于感染性、可行性的道德榜样中获得启示、获得动力,在潜移默化中逐渐提高自身的职业道德素质。奖励是积极的,是对一个人的肯定。它利用人的上进心,调动人的荣誉感,使其遵纪守法、尽职尽责,并发挥内在的潜能。它带给人的是满足、自尊、自豪感。而惩罚则是消极的,它利用人的恐惧心理,使人循规蹈矩。过分的惩罚会使人产生挫折感,损伤自尊心和自信心。实践中的大量事实表明,奖励和惩罚相结合的方法优于只奖不罚或只罚不奖。赏罚结合可以带来双重的激励效果。因此,在对违反会计职业道德的行为进行惩戒的同时,还应对自觉遵守会计职业道德的先进人物进行表彰。

我国会计人员表彰制度早在1963年就已实现制度化。1963年1月,国务院发布了《会计人员职权试行条例》,确立了会计人员奖惩制度;1985年1月,全国人大常委会通过的《中华人民共和国会计法》规定:"对认真执行本法,忠于职守,坚持原则,作出显著成绩

的会计人员,给予精神的或者物质的奖励。"1988年6月,财政部印发《颁发会计人员荣誉证书试行规定》,为在全民所有制企业、事业单位、国家机关、军队、社会团体、县以上集体所有制企业、事业单位以及中外合资、合作和外资经营企业从事财务会计工作满30年的会计人员颁发《会计人员荣誉证书》。财政部先后于1990年、1995年组织了两次全国先进财会工作集体和先进会计工作者表彰大会,共评选出全国先进会计工作者900名。对先进集体授予"全国先进财会工作集体"荣誉称号,颁发奖牌;对先进个人授予"全国先进会计工作者"荣誉称号,颁发奖章和证书。这些表彰活动,调动了广大会计人员的工作积极性和开拓创新的精神,增强了会计人员的职业荣誉感,树立了可信、可学的楷模,推动了会计职业道德建设活动。

会计职业道德激励机制应当与会计人员表彰制度相结合,以起到弘扬正气、激励先进、鞭策后进的作用。对会计职业道德检查中涌现出的先进人物事迹进行表彰奖励,应注意将物质奖励和精神奖励相结合。

我国会计人员的庞大队伍,其中蕴藏着许许多多优秀的先进人物和动人事迹。在会计职业道德检查中,应善于发现典型、树立榜样。通过对优秀会计工作者进行表彰、奖励,营造抑恶扬善的环境,从而在潜移默化中提高全体会计人员的职业道德素质。

【经典习题·单选题】会计人员在会计职业道德建设中具有主观能动性,因此要充分发挥会计职业组织的(   )机制在会计职业道德建设中的促进作用。

A. 自律   B. 他律
C. 奖惩   D. 激励

【正确答案】D。

案情简介

万福生科股份有限公司(简称"万福生科")是湖南省常德市的一家农产品加工企业,主营稻米精深加工系列产品的研发、生产和销售,于2011年9月27日在创业板上市。2012年9月14日,公司发布公告称因涉嫌违反相关证券法律法规而被证监会湖南监管局立案调查。9月18日,万福生科发布公告称证监会决定对公司进行立案调查,其股票从第二天开始停牌。10月25日,万福生科发布《关于重要信息披露的补充和2012年中报更正的公告》(以下《补充更正公告》),承认其在2012年上半年度报告中虚增营业收入1.88亿元、虚增营业成本1.46亿元、虚增净利润4 023.16万元,进而使得公司2012年上半年利润总额由盈利2 874.01万元变为亏损1 117.37万元,减少了138.88%,此外还未披露公司上半年停产事项。2013年3月2日,万福生科发布自查公告,承认财务造假。至此,万福生科成为创业板造假第一股。随着造假事件的不断升级,投资者才发现万福生科的造假由来已久。多年来,万福生科通过粉饰报表、虚增利润等手段,达到创业板上市公司的业绩要求。由此也反映出另一个问题,即作为审计师一方的中磊会计师事务所没有履行其应有的职责,甚至在万福生科IPO过程中姑息纵容、联合造假。近年来,上市公司造假事件屡有发生。胜景山河、绿大地和万福生科等事件的接连曝光,使得监管机构规范资本市场秩序的措施越来越严厉。

案例思考：上市公司造假事件多发、频发，这与会计人员与会计师事务所的不作为或主动配合账务造假密切相关，监管机构的监管举措也日益严厉，但仍屡禁不止，这说明监管举措中存在什么问题？外部监管要真正发挥对会计职业道德建设的作用，还需要注意哪些方面？

分析与提示：资本市场的日趋复杂需要会计师事务所提供与时俱进的高水平专业服务。因此，事务所需要将如何提高执业人员的专业胜任能力和职业道德素养摆在首位，不仅要重视开展执业人员的业务培训，还要努力加强职业道德建设。长期以来，对上市公司进行监管的只有证监会。但对于证监会而言，其权限仅有撤销相关责任人的证券业务执业资格。这一执法上的限制并不足以对未尽职甚至直接参与造假的会计师事务所及相关审计师予以惩戒。比如当2013年证监会下达处罚令取消为绿大地提供审计的深圳鹏城会计师事务所的执业资格时，该事务所及相关人员早已并入国富浩华会计师事务所，导致证监会开出的罚单没有了执行对象。这说明，一方面，会计职业道德建设与会计执法检查相结合的程度仍然不够，财政部门全国性的财经大检查需要制度化和常态化；另一方面，财政部门与证券监管部门的配合不够，两个部门发现问题后要及时沟通、协调，加强对违法违纪行为的惩处。

要真正发挥外部监管对会计职业道德建设的作用，会计职业道德的检查与奖惩要注意三个方面：一是奖与惩相结合，奖为激励，惩为警示。二是内部管理与外部监督相结合，内部管理由上而下，需要目标化；外部监督由外而内，需要常态化。三是制度的制定与实施相结合，制定重在全面，实施重在落实。

复习思考题

1. 会计职业道德他律机制包括哪几个方面？
2. 财政部门对会计职业道德的监督检查可以采取哪些方式？
3. 会计行业组织对会计职业道德建设可以起到什么作用？

参考文献

[1] 国家税务总局. 国家税务总局2019年4号公告:《国家税务总局关于小规模纳税人免征增值税政策有关征管问题的公告》.

[2] 国家税务总局. 国家税务总局公告2019年第8号:《国家税务总局关于扩大小规模纳税人自行开具增值税专用发票试点范围等事项的公告》.

[3] 财政部 税务总局 海关总署. 财政部 税务总局 海关总署公告2019年第39号:《财政部 税务总局 海关总署 关于深化增值税改革有关政策的公告》.

[4] 财政部 国家税务总局. 财税〔2016〕129号:《财政部 国家税务总局关于对超豪华小汽车加征消费税有关事项的通知》.

[5] 财政部 国家税务总局. 财税〔2018〕51号:《财政部 税务总局关于企业职工教育经费税前扣除政策的通知》.

[6] 财政部. 财税〔2018〕32号令:《财政部 国家税务总局关于调整增值税税率的通知》.

[7] 财政部. 财税〔2018〕33号令:《财政部 国家税务总局关于统一增值税小规模纳税人标准的通知》.

[8] 财政部. 财税〔2016〕103号令:《财政部 国家税务总局关于调整化妆品消费税政策的通知》.

[9] 中华人民共和国主席第二十四号令:中华人民共和国会计法(修订),2017.

[10] 财政部. 财税〔2016〕36号令:关于全面推开营业税改征增值税试点的通知. http://szs.mof.gov.cn/zhengwuxinxi/zhengcefabu/201603/t20160324_1922515.html.

[11] 中华人民共和国财政部. 国家档案局令第79号文:会计档案管理办法. http://tfs.mof.gov.cn/zhengwuxinxi/caizhengbuling/201512/t20151214_1613338.html.

[12] 公文网. 新旧《会计档案管理办法》对比分析对照表. http://gw.yjbys.com/banfa/41082.html.

[13] 财政部. 财政部〔2016〕80号令:代理记账管理办法. http://tfs.mof.gov.cn/zhengwuxinxi/caizhengbuling/201602/t20160224_1764932.html.

[14] 中华会计网校. 新《代理记账管理办法》修订了哪些内容. http://www.chinaacc.com/tansuo/shijiao/hu1602245221.shtml.

[15] 中国注册会计师协会编写组. 税法[M]. 北京:经济科学出版社,2018.

教师服务

感谢您选用清华大学出版社的教材！为了更好地服务教学，我们为授课教师提供本书的教学辅助资源，以及本学科重点教材信息。请您扫码获取。

▶▶ 教辅获取

本书教辅资源，授课教师扫码获取

▶▶ 样书赠送

会计学类重点教材，教师扫码获取样书

清华大学出版社

E-mail: tupfuwu@163.com
电话：010-83470332 / 83470142
地址：北京市海淀区双清路学研大厦 B 座 509

网址：http://www.tup.com.cn/
传真：8610-83470107
邮编：100084